1F 居間は壁一面、造り付けの本
棚。1000 冊のマンガが並ぶ。
吹き抜けに 9 連窓とハンモック。
かかっているのは amazarashi。

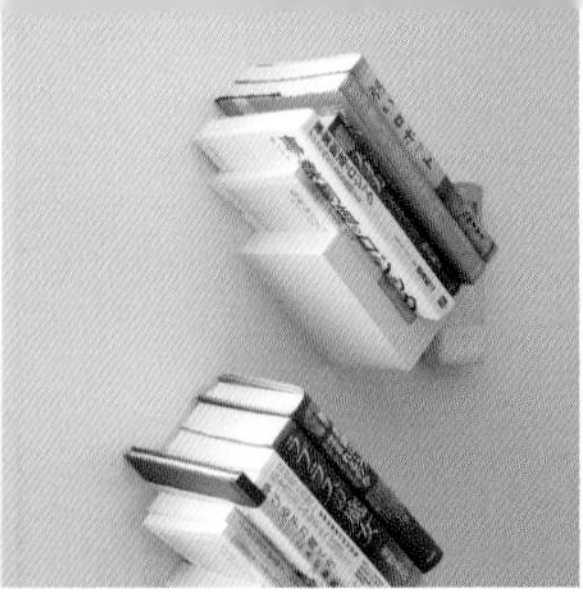

家中、隙間なく、本棚だらけ。
左：本棚の間に、手造りの棚。
上：壁に MUJI の壁棚、2F のトイレの前に図書コーナー、トイレの中にも雑誌・CD 棚。
下：1F トイレ前もマンガ棚。

現代天文学小事典
宇宙論の危機
コンピュータ用語辞典
四次元の世界
スペースシャトルの科学
巨大惑星の宇宙
フェルマーの大定理が解けた!
進化しすぎた脳
新しい免疫学

2F書斎の東面。好きな本は面陳。本の隙間に遮光器土偶、増長天、アンモナイトに三葉虫。机の下はアンプに大きなスピーカー。歴史と音楽に囲まれる。

塔
カムナビ
極北クレイマー
読む目・読まれる目
世界の建築家581人

MAGICAL SUPER ASIA

# 戦略読書〔増補版〕

三谷宏治

日経ビジネス人文庫

# はじめに

**読書は楽しむためのもの。**それでいい、とずっと思っていました。

小学校入学直後の入院生活で「40日間100冊読破」をして以来、私はただ興味の赴《おもむ》くままに本を読み漁《あさ》っていました。SF、科学書、ときどき童話。浪人時代に歴史小説の味を覚え、心は宇宙や未来だけでなく、過去にも飛ぶようになりました。自由自在の空想少年です。

大学4年の秋、生まれて初めて「必要に迫られての読書」をしました。内定先のボストンコンサルティンググループ（BCG）から、『マーケティング・マネジメント』（フィリップ・コトラー）、『競争の戦略』（マイケル・ポーター）が送られてきたのです。その厚みに驚きつつ、でも結局、楽しく読み進めました。それらは確かに、その後20年弱の経営戦略コンサルタント生活の基礎になりました。それからは、ビジネス書を大量に読むようになりました。

でもその**「ビジネス書中心路線」は、すぐ行き詰まりました。**みんなが読んでいるのと同じ本や雑誌、ネット記事を読んでいては、「ヒトと違ったオモシロイ発想」などなかなか生み出せませんでした。「ツマラナイ奴」から脱却するには、情報源を変える・拡げることが必要と、社会人2年目のときに悟りました。

なのでとりあえず、SF・科学書に回帰です。ビジネス書を1冊読んだら、SF・科学書を1冊読む、と決めました。その「読書ポートフォリオ」（56頁参照）の変更がうまくいき、「ちょっとオモシロイ奴」に戻れました。

**読書には戦略が必要でした。**

その後も少しずつ意識して「資源配分」（どんな本をどれくらい読むか）を変え、「読み方」（精読か斜め読みか）を変えて、知識や思索を深め、幅を拡げていきました。この世界は深く広く、読み尽くせない大きさです。でも過去や未来、空想世界はさらに複雑で面白い、洞察《どうさつ》に満ちた空間でした。それが私の発想力の源泉となりました。

そして**読書には、ケイパビリティ（能力）が必要でした。**

私は読むことも好きでしたが、得意だったのはそこから何を読み取るか（「読め方」）、であったでしょう。一葉知秋《いちようちしゅう》。秋が来たことを知るのに、葉っぱ全部の紅葉や落葉《らくよう》を待つ必要はありません。1枚の落葉《おちば》が、それを知らせてくれます。問題はそれに気づくかどうかだけ。その気づきのコツやスキルがありました。

この本はこれまでの**私の読書経験の集大成**でもあります。とっても私的な読書遍歴の話あり、本やマンガのディープな解説（ネタバレ含む）あり、書斎のつくり方やわが家の本棚の写真あり、巻末には519冊分のブックガイドもあります。SF・ファンタジーだけで157冊！

この本を通じて、みなさんがより多くの素敵な本に出会い、そしてそれらがみなさんの血肉となることを、信じています。

戦略と空想に満ちた**「読書の海」**へ、いざ。

# 戦略読書〔増補版〕　目次

第1章

# 読書ポートフォリオ・シフト

## ——セグメント管理で資源配分を変える

# 第2章 セグメント別ワリキリ読書

## ——読み方を変えて効率的にリターンを得る

# 楽章1 ボクたちは読んだものでできている
## ——私的読書全史

第3章

# 発見型読書法
## ――5つの視点で5倍読み取る読め方革命

# 第4章

# 知のオープン化
## ――書斎と本棚と魔法の1冊

楽章2

# みんなと同じ本ばかり読んではいけない

## ――オリジナリティを育てる珠玉の15冊

終章

# 知と行のサイクル
## ――読書↓思索・行動↓発信↓スキル



付録

# 序章

## 戦略読書のススメ

### ——読書には戦略が必要なのだ

# なぜ、読書に戦略が必要か？

## 「読書に戦略」なんて、とんでもない！

私は本を読むのが大好きです。子どもの頃からずっと好きでした。最初はSFや科学書（ときどき日本童話全集）しか読みませんでしたが、大学浪人時代以降は手当たり次第に乱読です。その奇想天外なストーリーや新しい知識や物語に、ただ浸って満足でした。

手元に本がなければ、食卓のアジシオの成分表示だって読んじゃいます。「L－グルタミン酸ナトリウム10％」云々。だって、**活字を読むことそのものが、好きだった**のですから（笑）

だから「読書に戦略」なんてありませんでした。個人的には、本を楽しく読み続けていられるのなら、それでよかったのです。

1_ 2014年の書籍販売部数6.4億冊、公立図書館での個人貸出冊数7億冊より。

2_「国語に関する世論調査」（2019年10月、文化庁）より。

日本人平均の年間読書数は（雑誌を除いて）10冊ちょっと[1]。月1・4冊程に過ぎません。

16歳以上の日本人の約半分は1ヶ月間に本を1冊も読みませんし、月3冊以上読む人は15％だけ。全体の6割が「読書量を増やしたい」と答えますが、3分の2は「読書量は以前に比べて減っている」と答え[2]ます。

日本人の**読書についての問題は、戦略云々よりまずは「量」**。どれだけ読むか、こそが問題なのです。

電子書籍でもマンガ版でも構いません。みんなが楽しくいっぱい本を読んでいること、が何よりなのです。

でも大人になってみたら、少し読書への考えが変わりました。

日本の世代別 読書冊数（月間平均）

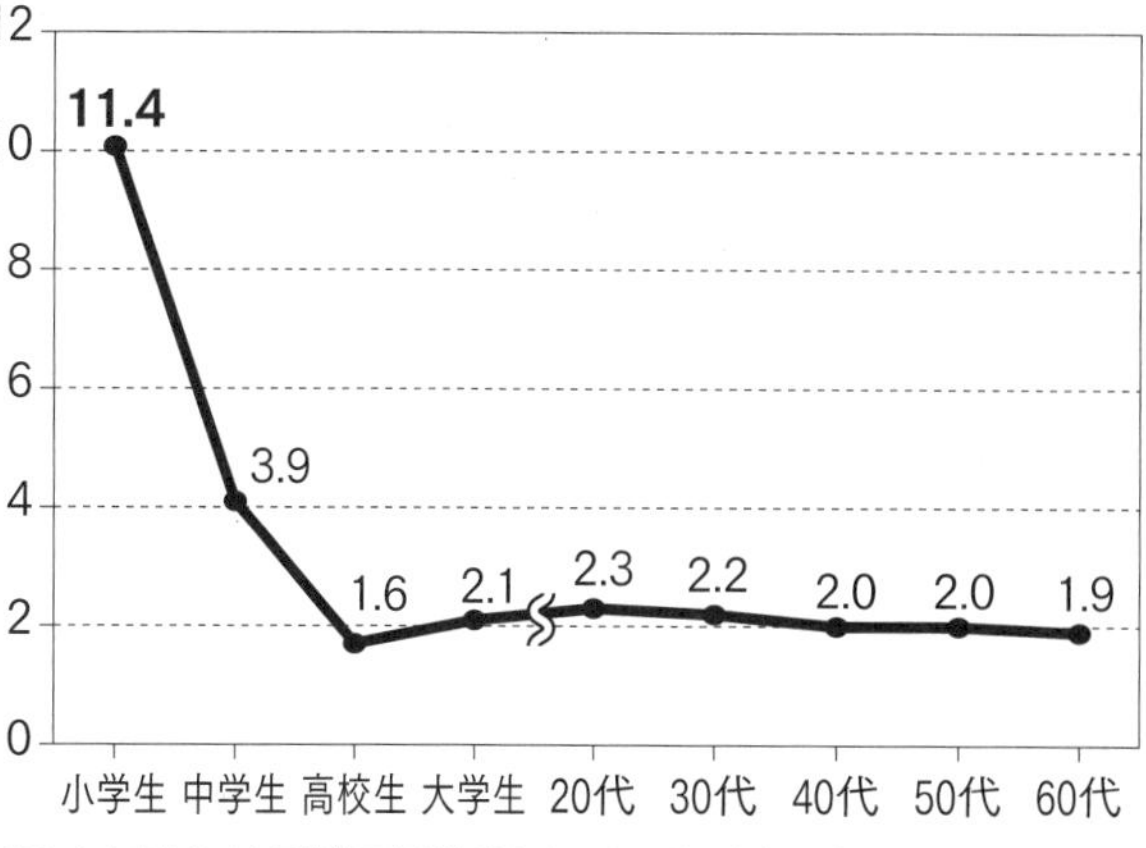


出所：小中高校生は全国学校図書館協議会・毎日新聞社調査（2014）。大学生は信州大学 八木雄一郎調査（2011）より、20代～60代は国立青少年教育振興機構（2019）より筆者の独自計算（本＋電子書籍）。

自分にとっての「楽しい」が変わったせいもあります。それとは別に、読書を仕事や人生に効率的に「役立てたい」という邪心が生まれたせいもあります。

読書には「戦略」が必要だと、思うようになりました。

## みんなと同じ本を読んでいたら、みんなと同じことを言うようになった

自分が読書（何をどう読むか）に大きく影響を受けている、と初めて気がついたのは、社会人2年目の頃でした。

それまでSFにせよ、新聞（中1からずっと2紙以上を読んでいる）にせよ、司馬遼太郎の『竜馬がゆく』にせよ、読んでいたのはただ「楽しいから」でした。私にとって読書とはほぼ純粋にエンターテインメントであり、テレビと変わらない存在でした。

結果として「国語が超得意な理系学生」にはなっていましたが、それだけ（＝本好きだと読解力が上がる）のことだと思っていました。

でも違いました。

ある日**職場で、初めて人と意見が被《かぶ》りました。**

「○○って××だよね」と、同僚と同時に口に出してしまったのです。その内容までは（あまりに昔すぎて）覚えていませんが、まあ、実に凡庸《ぼんよう》な意見でそれが二重のショックでした。

「他人と同じこと」「ツマラナイこと」しか言えない経営コンサルタントなんて、存在意義はありません。いや、それ以前に、私自身、ただただ恥ずかしく悲しく感じました。「面白い視点でものを言う」ことこそが価値（それで採用もされたらしい）だったのに、そんなツマラヌ存在になってしまったのかと。

そうなってしまった理由は簡単でした。**その前の1年半、人と同じものを読み続けていたため**でした。

社会人経験もなくＭＢＡ[3]も持たない学卒若手コンサルタントが、その弱点を埋めるため、必死に本を読みました。城山三郎らのサラリーマン小説を１００冊、そして、ビジネス基礎本を１００冊以上。雑誌も「日経ビジネス」やらのビジネス系ばかりを月何誌も。

そんな生活を1年半続けていたら、すっかりそれに染まって、人と同じ反応をする凡庸なコンサルタントができあがっていた、というわけです。

人の体が食べるものからできているように、**人（の精神）は読むものからできている**のだ、と理解しました。

3_ Master of Business Administration。経営学修士などと訳される、ビジネス・マネジメントのための修士課程学位。

## 大人の読書には、戦略が必要です

それからすぐに、楽しむだけの読書、ビジネスのためだけの読書から、**自分の独自性をつくり上げるための読書**にちょっとシフトさせました。

楽しむことを止めたわけではありませんし、ビジネス知識の吸収を止めたわけでもありません。でも、自分を自分であり続けさせるために、単なる折衷でも平均でもない、独自のバランスや読み方が必要でした。

それが、これから紹介する「読書ポートフォリオ・マトリクス」であり、「ワリキリ読書」であり、「5つの視点での発見型読書」でした。「本棚や書斎の持ち方」にもこだわりました。

それらは決して一度にできたわけではありません。私自身が社会人になってからの30年間、試行錯誤しながら編み上げてきた**「戦略的な読書法」**なのです。

第1章以降、それらを順に説明していきます。

大人になるって、存外難しいことでした。

実際に経験していないことでも、知識を得て現場や当事者の心を想像し、それへの問題点の指摘や独自の解決策の立案が必要でした。大きなコトから小さなコトまで何でも質問されるので、常に独自の洒落《しゃれ》た見解を持っていることを期待されていました。

若手経営コンサルタントとして思いっきり背伸びをしていたので、いつも相手は、自分の10歳も20歳も上の人たちでした。その人たちに「こいつ意外とやるな」と思ってもらわないと、仕事になりません。それを数ヶ月ごとに、初めての業界・初めての人たち相手に、やり続けないといけませんでした。

そのための私の最大の武器が「読書」でした。読書がどうヒトをつくるのかを感じ、考え、自らをもって実践し続けてきました。

この本は、その私的物語《ストーリー》であり、そのノウハウの集大成なのです。三谷流の「戦略読書」を、ぜひ楽しみながら、味わってみてください。

読書とは一体何なのか。まずは、読書という活動が持つパワーについて、お話ししましょう。

# 読書とは何か、どんな価値があるのか？

## 美智子皇后の子どもたちへのメッセージ。「この世界は複雑で悲しみに満ちている」

1998年に出版された『**橋をかける**』[4]は美智子皇后（当時）による講演録です。国際児童図書評議会（IBBY）[5]から、印ニューデリー大会での基調講演を依頼された美智子皇后が、ビデオによる1時間の講演を行ったのです。演題は「子供の本を通しての平和——子供時代の読書の思い出」でした。

私が「読書とは何か」を考えるとき、一番に思い浮かぶのは、この本です。

美智子皇后は、自身の幼少期からの読書経験を振り返りながら、世界各国からの聴衆に静かに語りかけました。

彼女が最初に紹介した本は、新《にい》美《み》南吉《なんきち》の絵本『**でんでんむしのかなしみ**』でした。

『橋をかける』
美智子
文春文庫
2009年

4_日本語版と英語版の合本。右から読むと縦書き日本語、左から読むと横書き英語になっている。宮内庁のホームページで全文が読める。

5_International Board of Books for Young People

でんでんむしがある日、自分の背中の殻《から》に「悲しみ」がいっぱい詰まっていることに気がつきます。

不安になったそのでんでんむしは、友を訪ねそれを打ち明けます。「もう生きていけないのではないか」と。でもその友も、別の友も、また別の友もみな言うのです。「私の殻にも悲しみは詰まっているよ」と。

その小さなでんでんむしは、「みな悲しみを背負っている、それをこらえて生きていかなくてはならないのだ」と気づきます。そして、もう嘆くことを止《や》めるのです。

子どもに、ちょっと生きていくことへの不安を感じさせるこのお話が、美智子皇后は嫌いではなく、折に触れて思い出されたそうです。

彼女がIBBYで語ったことは、ただの読書礼賛《らいさん》ではありませんでした。この世界を生きることの難しさと、互いの間の「橋」の大切さ、そこでの本の価値、でした。

『でんでんむしのかなしみ』
新美南吉
大日本図書
1997年

**●この世の中は単純でなく、「人と人」の間も「国と国」の間も、複雑で悲しみや困難に満ちている。子どもたちはそれに耐えて生きていかなくてはならない**

**●そのためには、悲しみに耐える心が養われるとともに、喜びを敏感に感じそれに向かって伸びようとする力が必要だ。本はその両方を与えてくれる**

**●1冊の本が世界平和をもたらすわけではないが、本は自分が周囲との間に「橋」をかけるための助けとなってくれる**

**●この「橋」は内へとも向かい、自己の確立や発見へとつながっていく。本はそれを手伝ってもくれる**

子どもたちに、そしてそれを支える大人たちに、生きていくことへの覚悟を促し、そこでの本の大切さを教えてくれました。

読書は「橋をかける」力を持っているのです。

## 読字によって脳を鍛える、心を豊かにする——『プルーストとイカ』

読書は、さらに根源的な力を持っています。

文字を読む（読字《どくじ》）という行為こそが、われわれの脳をここまで鍛え上げ、このような文明構築へと導いたものだからです。

**音だけで処理できる会話と異なり、読字には「視覚」「図形認識」とともに「図形（視覚表象）と言語情報・概念情報との結びつけ」が必要**になります。

その要求によって、大脳（特に連合野）の機能は構築・活性化され、ヒト独自の能力を発揮していくのです。

文字は歴史上、エジプトの象形文字とシュメールの楔形《くさびがた》文字がその端緒《たんしょ》でした。視覚的に極めて複雑な表意文字です。ただいずれも数千年をかけて、もっとも簡便なアルファベット[6]という表音文字（正確には音素《おんそ》文字）へと収斂《しゅうれん》していきました。多民族・異文化がぶつかり合う世界では、簡単で単純な方が、普及しやすかったのです。

でも中国では違いました。漢字という脳負荷の高い表意文字を独自に発達させました。甲骨文字から金文《きんぶん》、小篆《しょうてん》、隷書《れいしょ》、行書《ぎょうしょ》、草書《そうしょ》に楷書《かいしょ》まで。そしてわれわれは日本で、その両方（表音文字と表意文字）を組み合わせた、さらに複雑な文字体系をつくり上げたのです。

複雑な字体は、空間認識能力自体を上げないと、学べません。そこで楔形文字のシュメール人たちは、子どもたちに徹底的に「書かせ」ました。手で実際に書くことによって、脳を

6_ 英語、ドイツ語、フランス語、イタリア語などに独自のアルファベットがあるが、すべてローマ帝国時代のラテン文字を基礎とする。ラテン文字の元はギリシャ文字で、その最初の２文字（$\alpha\beta$）をとってアルファベットと呼ばれるようになった。

鍛え、覚え、使えるようになるのです。今のわれわれと同じです。

だからわれわれ人類、特に日本人にとって「文字」は、ただの記号ではないのです。

文字は身体的経験や空間的感覚を伴い、直接、意味につながる絵画のような存在なのです。その姿（字体）が美しければ、それだけで幸せになれます。逆もまた然り。

**文字を読み続ける訓練「読字」によって、私たちは脳を鍛え、心を豊かにすることができる**のです。

タフツ大学教授メアリアン・ウルフ（Maryanne Wolf）の『**プルーストとイカ**』は、そんなことを語っています。

## 読書で「想像力」「批判的思考力」「メタ認知能力」を鍛えて「自由になる」

[7]**読書の目的は「自由に生きる」こと**だ、と沖縄キリスト教短期大学教授の上原明子は言います。そして、「自由に生きる」ために必要な3つの力、

『プルーストとイカ』
メアリアン・ウルフ
インターシフト
2008年

**①想像力**

**②批判的思考力《クリティカルシンキング》**

**③自己コントロールを支えるためのメタ認知能力**

を鍛えるために、読書は大いに役に立つのだと。

確かにそうです。読書はテレビやYouTube《ユーチューブ》の視聴と違って、自分で多くを想像しなくてはなりません。状況を思い浮かべ、登場人物たちの心情を思いやる、「想像力」が必須です。

ヒトの思考は習得した言語によって行われています。ヒミツの暗号で動いているわけではありません。読書によってこそ、より複雑で美しい言語に親しむことができ、きちんとした合理的・論理的な思考力「クリティカルシンキング」を身につけられます。

そして「メタ認知能力」。メタとは「一階層上の」という意味なので、「メタ認知」とは、

「自分がそれを『知らない』ということを知っている（無知《むち》の知）」

「自分が何をやっているかをわかっている」

「自分が今はやれないことをやれるように改善する」（PDCA[8]）



7_『「自由への読書」のための基礎的研究』上原明子、沖縄キリスト教短期大学紀要（35）、2007年、参照。

8_ Plan（計画）、Do（実行）、Check（点検）、Act（改善）。Aが次のPにつながる継続的な改善サイクルである。

というような心の働きや、そこからの行動を指します。要は**自己を客観視し、変革できる力**といえるでしょう。それが、適切な自己コントロールにつながります。

多くの本は第三者的視点で書かれています。たとえそれが一人称で書かれていても、読み手は自分を第三者と認識します。読書はそんな「客観的な視点（後方斜め上にいるもうひとりの自分）」を育てることにもなるのでしょう。

ただしそのためには、楽しむための読書（趣味的読書）だけでなく、鍛えるための読書（鍛錬《たんれん》型読書）が必要だと上原は説きます。

齋藤孝《たかし》に言わせればそれは、「太宰治《だざいおさむ》や井上靖《いのうえやすし》、ヘッセ等の作品」であり、「それを大学4年間で文庫１００冊、新書50冊読みこなせ」[9]となります。

……すみません、ヘッセも太宰も読んでません。小林秀雄や司馬遼太郎じゃダメでしょうか？

読むで終わらず**「教える」ことも、メタ認知能力向上には効きます**。学んだことのひとつで構いません。得た知識を、「相手に合わせて自分の言葉で説明する」という行為が、メタ認知を生み出します。

いずれにせよ読書は、単なる知識獲得の手段ではないということです。

『インビジブル・エッジ』
マーク・ブラキシル他
文藝春秋
2010 年

9_ 中高校生では各 3 年間で「文庫 20 冊、新書 2 冊」という。

## 読書で「経験の壁」を超える。つまり、人生の先輩に勝つ！

ここまで「読書の価値」として、「人と人、自分自身に橋をかける」「脳を鍛え、心を豊かにする」「想像力・クリティカルシンキング・メタ認知能力を高める」ことを挙げてきました。でももちろん本は能力開発だけでなく、**知識の泉**でもあります。

世のベストセラーとは、その領域において良質の「知識セット」を一気に習得するツールだともいえるでしょう。

- 知財戦略の過去と現在　**『インビジブル・エッジ』**
- 大企業におけるイノベーション実現ノウハウ　**『ストラテジック・イノベーション』**
- 経営戦略論の変遷　**『戦略サファリ』**（そうそう『経営戦略全史』も！）

など、たった数百頁を読むだけで、先達の膨大な思索と実践の結果を学ぶことができます。なんとお得なことでしょう。

『ストラテジック・イノベーション』
ビジャイ・ゴビンダラジャン他
翔泳社
2013年

『戦略サファリ 第２版』
ヘンリー・ミンツバーグ他
東洋経済新報社
2012年

いつの時代も、若者の前には「経験の壁」が立ちはだかっています。世の中がどんなに複雑でも、さして変化がないのであれば、経験こそがモノをいいます。たまたま先に生まれた者の体験とノウハウが、後輩のそれに優るのです。でも、**本のような「知の集積」が存在すれば逆転が可能**です。そこから先人の得たノウハウを学び、疑似体験が積めるからです。

ヒトは、実際の経験だけでなく、本からも深く学び行動できる存在です。だからこそ、ヒトは大きく前に進めるのです。

人生という有限の時間の中で、ヒトが諸先輩方に優《まさ》り、進化を続けるためには、高密度の学びである「良い本」を読みこなすことが一番の近道なのです（ただし、人と同じものを読み続けると、ツマラヌ人間になってしまうので注意！）。

世の中が急激かつ大きく変化する時代には、そういった経験よりも、新しいものを生み出す発想こそが大切になってきます。そこでは、過去の知識の塊である本は役に立たないと思うかもしれません。まったくそんなことはありません。

**幅広いジャンルの本を読むことは、新しい発想を生み出すことにつながります。**発想《アイデア》の多くは、幅広い知識の組み合わせによるものだからです。その知識は、自らの観察によるものもあるでしょうし、本や雑誌、ネットから得られるものかもしれません。

それが十分破壊力のある発想であれば、「経験の壁」を乗り越えるのではなく、打ち壊すことができるでしょう。それをわれわれはイノベーションと呼ぶのです。

本は、そんな力や知識を得たいみなさんの、もっとも身近な味方なのです。

# コモディティにならないための「戦略読書」

**「何を」「いつ」「どう」読むかでオリジナリティと効率が決まる。それがしなやかなキャリアにつながっていく**

どんなにイノベイティブな商品・サービスも、そのうち競合に追いつかれ、独自性を失ってコモディティ（誰でも安くつくれるもの）になっていきます。みんなの役には立つけれど、価格も下がり、いつでも他社品に取り替えられてしまう、ちょっと悲しい存在です。

シャープの液晶テレビも、カシオの電卓もそうでした。

ただ、商品自体がコモディティになってしまっても、自社にオリジナリティがあれば話は別です。

世界で毎年2億台が売られる電卓にしても、AMADAやメタフィスといったデザイン性の高いものは高値で売れますし、カシオは「インド向けに特化した電卓」で成功を収めました。

インド特有の「桁《けた》区切り」[10]「検算機能」に対応した商品です。

インドの商習慣にいち早く、かつ徹底的に対応したお陰で、競合の倍の値段で年間100万台売れるようになりました。

瀧本哲史《てつふみ》は**『僕は君たちに武器を配りたい』**で、人材のコモディティ化について論じ、6つのスペシャリティ（独自の価値ある存在）を定義しました。

**①トレーダー（営業）**
**②エキスパート（専門家）**
**③マーケター**
**④イノベーター（起業家）**
**⑤リーダー**
**⑥インベスター（投資家）**

そしてこれからの世の中では、①②はダメで、③〜⑥だ、特に「業界の裏を読める人」である⑥の力を持て、と主張しました。

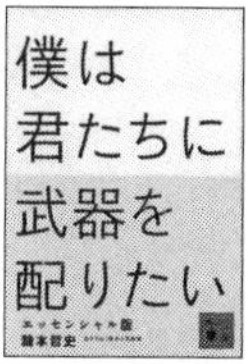


『僕は君たちに武器を配りたい エッセンシャル版』
瀧本哲史
講談社文庫
2013年

10_ インドなど南アジアでは、千の位（3桁）で区切った後は2桁ずつ区切る。
1千万の表記
・インド式：1,00,00,000
・米式：10,000,000
・独式：10.000.000
・仏式：10 000 000

まあ、みんながそこまですごくなくても大丈夫です。この6つの他にもスペシャリティはいろいろありますし、特に人間相手のサービス業では、人の存在価値は変わらず大きいでしょう。成功した④⑤の下で、しっかり働く人材も必須です。

でももちろん、誰とでも取り替え可能な大量に存在するコモディティ人材になってしまっては、話になりません。自分をこれまでより少しだけ、取り替え困難で、少数しか存在しない価値ある存在にしていくことが、必要です。つまりそれは、**自身をオリジナリティある、時間効率の高い人間に高めていく**ということなのです。

それがきっと、みなさんの楽しい人生、変化に強く競争力のある[11]キャリアにつながります。

これから紹介する**「戦略読書」は、自らをコモディティにしないための、**（個人的経験に基づく）**戦略的な読書法**です。

「何を」「いつ」「どう」読むかの工夫によって、自身のオリジナリティを育て、維持することができます。情報収集や知識会得の時間効率が上がります。

そしてそれは、この「複雑で困難に満ちた」世の中が、新しいものに見える視点や視座、視力をみなさんにきっと与えることでしょう。

11＿最近はレジリエント（resilient）とも表現する。弾性や復元・回復力があること。

## 読書ポートフォリオで「何を」読むのか時間配分する

この後の第1章でまず紹介するのが「読書ポートフォリオ」です。

ポートフォリオとはもともと、紙の書類（や現金）を入れるジャバラ式の容れ物や平カバン。書類を取引先別とか、時系列で分類して、入れていきます。そこから転じて、その集められた資料や情報そのものを意味するようにもなりました。

資産が1000万円あったなら、1割は手元に現金で、5割は手堅く債券投資し、残り4割はリスクが大きい（そしてリターンも大きいかもしれない）株式投資をする。そういった分類・配分がされたものが、資産運用ポートフォリオと呼ばれます。

ポートフォリオを組む目的は、リスクとリターンのバランスを自分なりに取ることです。でもひとつの金融商品だけでそれは達せされないので、いくつかのものを組み合わせていくわけです。

読書も同じ。目的は、自分のオリジナリティを時間効率よく構築することです。でも1種類の本だけではそれは達せられないので、自分なりの分類・配分をしていかなくてはなりません。

ポートフォリオ型ファイルホルダー

**軸①【ビジネス系】（今の仕事）の本か、【非ビジネス系】（趣味や将来の仕事）の本か**

**軸②【基礎】か【応用・新奇】か**

年間１００冊読める時間があったなら、５割はビジネス系に、残り５割は非ビジネス系に振り分けましょう。私の場合、ビジネス系の中では、基礎に２割、応用に８割。非ビジネス系の中では基礎ジャンルに７割、新奇ジャンルに３割といった感じです。

もちろんこれも、人次第。自分のオリジナリティを時間効率よく構築するために、どんな割合がベストなのか、試しながら決めましょう。

**読書ポートフォリオ・マトリクス**

| | ビジネス系 | 非ビジネス系 |
|---|---|---|
| 応用・新奇 | ②ビジネス応用<br>多数<br>×<br>ファクト集中 | ④非ビジネス新奇<br>少数<br>×<br>流行チェック |
| 基礎 | ①ビジネス基礎<br>少数<br>×<br>徹底攻略 | ③非ビジネス基礎<br>多数<br>×<br>楽しく雑学 |

## 読書ポートフォリオを時間（成長）とともにシフトさせる

この読書ポートフォリオは、人次第でもありますが、「キャリア段階」次第でもあります。新入社員とベテランでは当然違いますし、キャリアチェンジを図るときも、違ってくるでしょう。第1章の後半では、そんな読書ポートフォリオの「シフト」を語ります。

**①社会人1年目**　【ビジネス系】にほぼ100％投入。【基礎】10冊と【応用】90冊

**②社会人2〜3年目**　【ビジネス系】と【非ビジネス系】を1対1に。【ビジネス系】では【基礎】から【応用】にシフトし、「基礎2」対「応用8」（時間比）。【非ビジネス系】では、【新奇】は1割ほどでOK

**③社会人5〜10年目**　このあたりで己の殻を破り、幅を拡げるために【非ビジネス系】、特に【新奇】を増やす。【非ビジネス系】6割で、「基礎5」対「新奇5」程度に

**④キャリアチェンジ準備期**　挑戦領域のものを【ビジネス系】として定義し、まずそれに集中し、①→②へと回す。つまり1年間は新キャリア領域のものを徹底して読む

ここで示した配分やシフトのタイミングは、あくまで一例に過ぎません。もっと早くこれら

をこなす人もいるでしょうし、遅い人もいるでしょう。自分に合わせて調整してみてください。

そのために必要なのが、読書に対するメタ認知能力です。

**●自分の読書ポートフォリオ状況（何を読むのか、読んでいるのか）を常に意識・把握する**
**●それを自分の成長や、そのときのキャリアの方向性と合っているかどうかを確認する。もしズレていれば修正する**

ことを半年に1回くらいでいいので、意識・実行しましょう。

読んだ本や読む予定の本の管理をちゃんとやりたい場合には、Webやスマートフォンアプリの「ブクログ」や「読書メーター」なんかが便利でしょう。私は使っていませんけれど……。私は本棚派なのです！（第4章参照）

## セグメントごとに読み方を変える

読書は楽しいことが第一です。イヤイヤ読んでも頭には残りません。

でも、全体としての読書効率を上げるためには、「効率の良い読み方」もトライしてみましょう。第2章では、読書ポートフォリオのセグメントごとの、効率の良い読み方を考えます。基本は「ビジネス系は必要なところだけピックアップ」「非ビジネス系はじっくり味わう」なのですが、そうするための前提も考えると、次のような感じの読み方がいいでしょう。

**ビジネス基礎** 少数の古典をじっくり読む。応用読書の基礎をつくる

**ビジネス応用** 成功・失敗事例やファクトのみをピックアップし、新しいコンセプトやフレームワークの学習は最小限に留める。どうせ使いこなせないから

**非ビジネス基礎** ヒトやコトの本質に迫る本を選んでじっくり読む

**非ビジネス新奇** 売れたものや信頼する人のオススメ本を斜め読み

ビジネス系は、基礎ができていれば応用はつまみ読みで大丈夫です。もともとがロジカルな世界なので。経営事業戦略・財務会計・マーケティング・生産・物流・人事組織・商品開発・IT・オペレーション・ロジスティクスなどの基礎をまず理解しましょう。あとはその上に立つピラミッドに過ぎません。ただその基礎を築くために、各分野の基礎本を1冊でいいので熟読玩味《がんみ》しましょう。線を引いて、メモして、SNSやブログに書い

て、もう1回読んで。

その「基礎」さえあれば、応用セグメントではそこから何が違うのか、新しいのかだけを、気にすればいいことになります。


非ビジネス系は、とにかく幅が広く「すぐに何かの役に立つわけではない」本だらけですが、だからこそ本質にこだわります。

ヒトやコトの本質を描いた（といわれる）名作を選び、じっくり味わいましょう。そして良いと思ったなら、その本質をちゃんと抽象化して記憶しておきましょう。

アーサー・C・クラークのＳＦ**『幼年期の終り』**で語られるのは、新人類の誕生と旧人類（われわれ）の救助です。でもそこでの本質は「進化とは断絶である」ということなのでしょう。

われわれから生まれ出た新人類は、圧倒的な能力とコミュニケーション力を持ちます。それはままごと遊びで地球を破壊できるほどの力なのです。そんな者たちを相手に、どんなコミュニケーションが成り立つでしょうか。われわれは親ですが、子どもたちを理解すらできないことになるのでしょう。

そんな名著のいくつか（三谷選）は、その本質を、楽章2で紹介します。

『幼年期の終り』
アーサー・C・クラーク
ハヤカワ文庫
1979年

## さまざまな視点と技法で本を使い倒す

戦略というほどではなくとも、読書の「生産性」をあげるための方法は、さまざまあります。

**●読書生産性＝読書から得るもの（リターン）÷かかった時間や手間（コスト）**

私はいわゆる速読とかはしないので、本を読むのにかかる時間が極端に短いわけではありません。でも、同じ本や記事を読んでも、結構、人とは違ったことに気がついたり、見つけたりします。そしてそれらが将来、別のこととつながって新しい発想を生んだりします。コスト削減ではなく、リターン増加で勝負しているわけです。

その「発見」につながる読み方を、第3章に「5つの視点」としてまとめました。

①**反常識**：それまでの業界常識・固定観念が覆された部分を探す
②**数字**：とにかく数字に落ちるものを見逃さず発見する
③**対比**：過去や他業界の例と比較して差を見つけだし、それが大事かどうかを見極める
④**一段深く**：出典まで読む、検索結果を1000件辿《たど》る、関連書籍も見てみる
⑤**抽象化**：事例や情報をそのままでなく、一段だけ抽象化して記憶する

いつも注目していて、絶対見逃さないようにしているのは、①反常識と②数字です。

その業界ではこれこれが常識だったが、それが間違っていた。この企業ではこういう常識があったが、変えてみたらうまくいった。そんな「反常識」の事例こそがわれわれの心の殻を破ってくれます。

「数字」にもこだわります。というか、なぜみんながあんなにこだわらないのかが、わかりません。「大きい！」とか「速い！」とかで、ものごとは覆りませんが、「規模が10倍」、「配送リードタイムが5時間」（当日配送可能ということ）、「2ヶ月で体脂肪率が半分」なら、経営や人生の意思決定につながります。ヒトを説得する力があるからです。

いろいろなことを見つけ出すために、いつも無意識に「比べて」います。過去の類似事例と、現在の他業界事例と。似ているところ、とても違うところ。もし、矛盾しているところなんて見つかったら、宝の山が眠っているかも、しれません。

**①②③で何か見つけたら、すぐに調べます。**[12] **ネットや雑誌で十分**です。ただし、人より「一段深く」調べること。検索結果の上位だけ見ずに、マイナーな意見が出現するところまでどんどん見ます。Amazonも「この商品を買った人はこんな商品も買っています」の関連図書をどんどん見ます。Wikipediaは、英語版の方が詳しければそっちを見たり、出典のところの論文を読んだりします。

「抽象化」は直前でも述べましたが、そうすることであとで知識同士がつながりやすくなります。新人類によるコミュニケーションが云々ではなく、「進化とは断絶である」と記憶しておくことで、あとで「進化」や「断絶」に行き当たったときに、おっと『幼年期の終り』でもそういうことがあったぞ、となるのです。

これらは、その文章から何を読み取るかの「読解力」や「読み方」ではなく、これまでの情報との組み合わせで**どう読めるかの「読め方」**といえるでしょう。読め方革命で、本の価値は何倍にも上がります。

## 書斎を持って本棚をオープン化する

読んだ本をどうするかは、人によっていろいろでしょう。物理的に置く場所がなければ、仕方ありません。どんどん古本に出す・極力電子化する・電子書籍を買う・図書館で借りて読む、しかないでしょう。

でも工夫次第で、本棚は結構つくれます。**奥行き17㎝の浅い棚を、床から天井まで**伸ばせば、文庫本で600冊（単行本でも350冊）ほどが、幅75㎝のスペースに収納できるはず。廊下の壁一面を、これで覆《おお》い尽くせば2000～3000冊の蔵書は、それだけで収蔵可能な

12_ 図書館司書に頼めるならそれもよいが、まずは自分でトライ!

のです。

でも出来れば書斎を持ちたいところです。それこそ、廊下の突き当たりでも、リビングの一部やそのロフト内でも構いません。「書斎コーナー」で、いいんです。

そこで本を読み、仕事や勉強をする専用スペースをつくりましょう。そしてそこをそんな本棚で囲いましょう。自分が何を読んできたか、読んでいるのかが、家族みんなにわかるように。

最近小学校に行くと、教室内に留まらず、廊下もロビーもあらゆる場所が、子どもたちの作品で溢《あふ》れています。作文だったり絵画だったり書道だったり。いわゆる「学びの集積」です。それは自らの自信にもつながりますが、下級生たちへの無言のメッセージでもあります。みんなはこれから、こんなことを学んでいくのだ、という。

書斎も同じです。その存在や、そこでの**「学びの集積」（＝本棚に開架《かいか》された書籍群）を通じて、親の学びが子に伝わったりする**のです。私の書斎の本棚からいつの間にか消えた本たちが、娘たちの部屋の隅で発見されたりするのも、きっと悪いことではないのでしょう。

書斎がムリなら、ちょっと廊下をリフォームして「家族図書室」という作戦もあります。第4章では、そんな書斎のつくり方を少々。

## 戦略読書で自らを2年でつくり変えよう。1000時間の投資を！

本を読む効用って何でしょう。

「2ヶ月で絶対痩《や》せる」とも「結果にコミットする」とも言えません。でも、「2年あれば自己改造は可能」です。

新しい腹筋をつくり上げるのには、最低2ヶ月間、38万円[13]がかかるとしましょう。では、新しい頭脳をつくり上げるには？

その意欲さえあるならば、「丸2年間、730日」でなんとかなるでしょう。

これからみなさんが2年で読む200冊が、きっとそれを実現します。かかるお金は買うか借りるか次第ですが、全部新刊を買ってもおそらく20万円足らず。減量よりは、お安いものです。

もちろん、時間はもっとずっとずっとかかります。本の厚みや読むスピードにもよりますが、1冊平均4時間として、全部で800時間。

でも通勤[14]・通学電車の中でのスマートフォンとの時間を、朝夕半分ずつ（つまり30分×2）振り向けるだけで年500時間は捻出《ねんしゅつ》できるはず。あとは、ランチタイムに10分、寝る前に15分の読書、を毎日続ければ、もう300時間強が生まれます。

13_ 2020年2月現在、ライザップの料金（入会金と2ヶ月16回分の税込価格）。

週末だけに頼ると、多分崩壊します。週末は、2年で104回しかないので800時間確保のためには、毎週末8時間弱を読書に費やす必要があります。そのためには、好きなゴルフやゲームをきっぱりやめる、などの大きな犠牲《いけにえ》が不可欠です。

**戦略読書に踏み込むためには、まずは、戦闘資源の確保**から。

といっても、最近われわれがFacebook《フェイスブック》やLINE《ライン》、ゲームに捧げてしまっている時間を、半分、読書に戻すだけでいいのです。それだけで、1日平均80分の読書時間が生まれるはず。

そしてそれを上手に振り分け（読書ポートフォリオ・シフト）、割り切って読み（セグメント別読み方）、多くの発見をする（5つの視点）こと。

自己改造は、その継続の結果に過ぎません。

**読書には戦略が必要でした。**人と同じことを言っちゃうツマラヌ人に、ならないために。

**読書とは素晴らしいものでした。**人と世界、人と自分とに橋をかけ、脳を鍛えて心を豊かにし、「メタ認知能力」を与えてくれ、人生の諸先輩を凌駕《りょうが》するための道具ともなってくれます。

**読書には戦略が存在しました。**何をいつどう読むかという「戦略読書」によってわれわれは、自らのオリジナリティを磨き、効率を上げることができるようになるでしょう。

14_ 東京都内に通勤する子持ちサラリーマンの平均通勤時間は58分（アットホーム、2014年）。

それで初めて、私たちはしなやかで強靭《レジリエント》なキャリア（人生）を手に入れられるようになるのです。

これは決してビジネスの話だけに留まりません。「ビジネス＝今メインでやっていること」と読み替えれば、ＮＰＯ職員であろうが公務員であろうが、専業主婦（主夫）であろうが同じです。

読書を仲間に、新しい世界へ。

「なぜ」私がこういったことを考えるようになったのかが気になる方は、１５５頁の楽章１からどうぞ。「読書が私をどうつくり上げてきたのか」という超個人的ストーリーを綴《つづ》っています。

本１００冊を友にした、49年前の福井県立病院がそのスタート地点です。

**●さっそく戦略読書の内容に進む↓次々頁に**
**●戦略読書の誕生秘話に進む　　↓１５５頁に**

# 第1章

# 読書ポートフォリオ・シフト

## ――セグメント管理で資源配分を変える

# 経営とは「個別的」で「動的」な「資源(再)配分」をなすこと

## 経営戦略とは経営資源の動的な再配分である。その枠組みがPPM

この本では、「読書という個人の学習活動」を、企業に対する経営戦略論の視点から考えていきます。企業を律する経営戦略論のフレームワークで、使えそうなものを人間相手に使っちゃおうという作戦です。

たとえば、私は「三谷宏治《みたにこうじ》株式会社（M社と呼ぶ）」の社長です。M社はいろいろな（執筆とか講演とか食事とかスポーツとか）活動をしていますが、社長としてはM社をもっと発展させていきたいと、思うわけです。

**経営戦略とは、その企業が持つ経営資源を、どの事業にどれだけ振り分けるかを決めること**でもあります。新規事業には手厚く、成熟事業にはギリギリ気味に……。それは静的（一度決めたらずっとそのまま）なものではなく、事業の状況や時期、**時間とともにどんどん変わって**

**いく動的なもの**なのです。

経営戦略の世界に、こういった「動的（ダイナミック）」な「経営資源配分」という考え方とツールを持ち込んだのが、ボストン コンサルティング グループ（BCG）です。創業間もない1969年のことでした。

その2×2のシンプルなマトリクス「成長・シェアマトリクス」は、「プロダクトポートフォリオ・マトリクス（PPM）」とも、「BCGマトリクス」とも呼ばれ、多種多様な事業の管理に悩む経営者たちへの、大いなる福音となりました。

**BCGの成長・シェアマトリクス（PPM）**

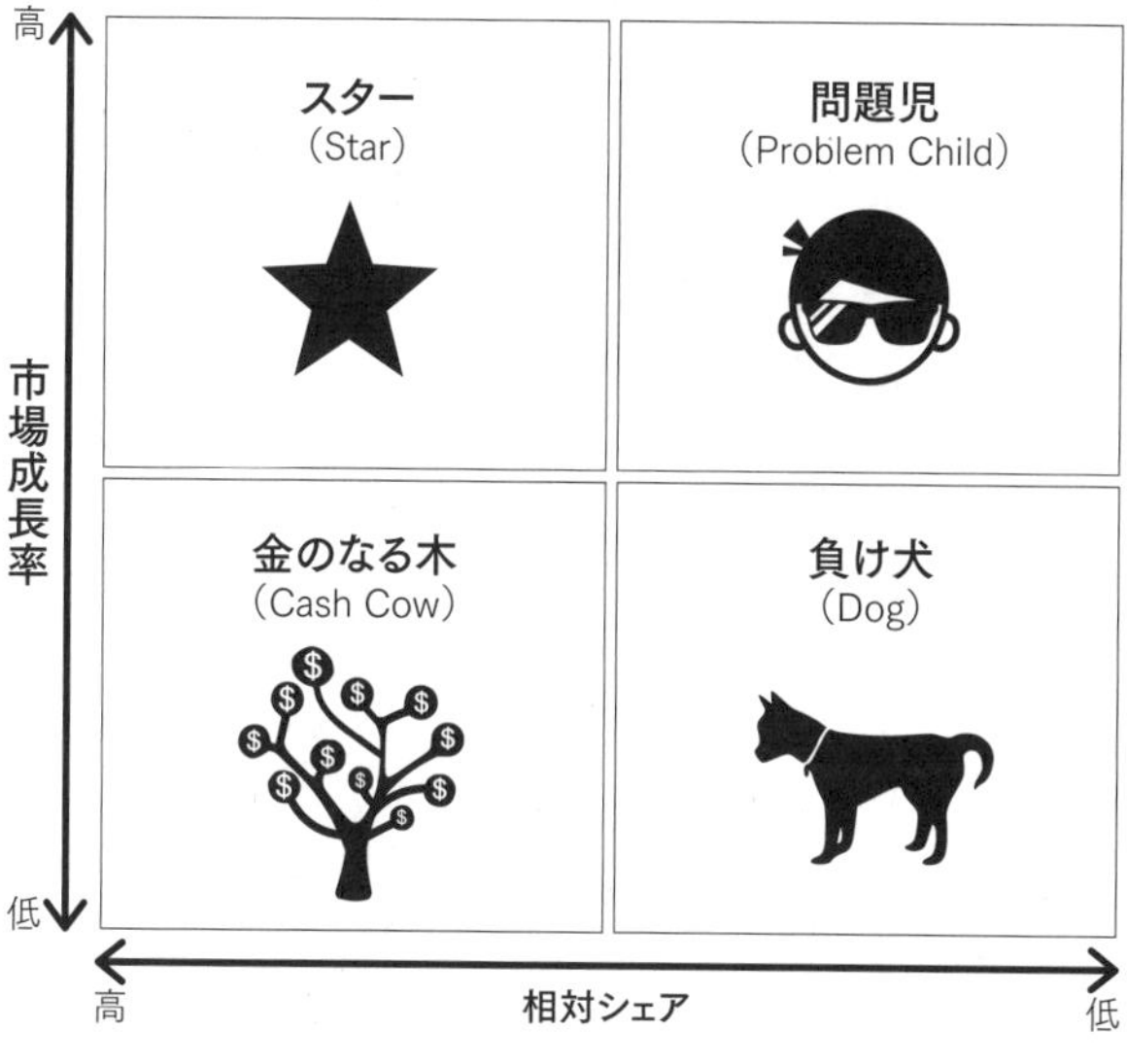

各事業はその「市場（予想）成長率」と「相対シェア」[1]によって4象限のどこかに位置づけられます。そして各象限は「金のなる木」（Cash Cow《キャッシュカウ》）、「スター」（Star）、「問題児」（Problem Child）、「負け犬」（Dog）、などとネーミングされており、経営レベルから見たときの「基本事業方針」「基本財務方針」が明確に示されています。

たとえば、市場成長率が低く（成熟市場）、相対シェアが高い（リーダー）のであれば、金のなる木に分類され、そこでの基本事業方針は「低成長・高シェアの維持」であり、基本投資方針は「投資は最小限に留め、キャッシュの創出源とする」です。だからキャッシュ（現金）カウ（乳牛）。日本では「金のなる木」と訳されました。

金のなる木事業を投資資金の創出源とし、金食い虫のスター事業につぎ込むとともに、次のスターを育てるべく、問題児事業は選別の上、重点的に資金投入をする。負け犬事業は低成長・低シェアなので速やかに売却・撤退すべし。

こういった**企業全体での「お金（投資資金）の流れ」を明確にした**ことで、アメリカの大企業経営者たちは、このマトリクスに飛びつきました。当時、極端に進めてしまった多角化の中で、どの事業にどれだけの資源を配分していいのか曖昧《あいまい》だったのが、一気に明確になったからです。（『経営戦略全史』127頁参照）

PPMによる事業ポートフォリオ管理は大企業経営者の常識になりました。

1_ 最強の競合とのシェア比。自社がトップなら2位と、自社が2位以下なら1位とのシェアの比率。

## 段階的な読書が最大のリターンを生む

企業は生き残るために、その事業ポートフォリオを段階的に変えていきます。

デュポンはアメリカ西部開拓時代に火薬メーカーとしてスタートし、100年を過ごしました。その後、石油の時代になるとともに染料などの研究に打ち込み化学品の会社となり、レーヨンを発明して化学繊維の会社となりました。その成熟・衰退《すいたい》とともに石油・エネルギーの会社へと変わり、現在は農業関連・ライフサイエンス関連の会社となっています。その都度、大きな資源配分の変更を行ってきたわけです。

でもひとつの新規事業を育て上げようとしたとき、いきなり大きな投資をしても大抵うまくはいきません。そもそもその事業のことをわかっていないので、管理のしようがなかったり、市場そのものが未発達で無駄が大きすぎたりするからです。

デュポンも、**最初は探索的な小さな投資を行い、いけるとなったら大きな投資をする、**のくり返しで発展してきました。

読書も同じです。

社会人1年目と2年目の資源配分、読書ポートフォリオが同じなわけがありません。「一人前になる」までの、段階的な読書が必要です。まずは足腰を鍛え、それから使える技を増やしていくのです。

そして、大きく舵《かじ》を切るときには、通常とは違った資源配分が必要となります。キャリアチェンジ[2]前の1~2年は、普段とは別の読書行動を意識しなくてはなりません。**動的で段階的な読書こそが、無駄のない大きなリターンを生む**のです。

## 戦略は個別的である。自分に合うように組み替える

個人で持てる経営資源は、ヒトによって千差万別《せんさばんべつ》です。金銭面で見れば、可処分所得は個々人で大きな差がありますし、設備・資産面でも大差があるでしょう。ただ読書という学習活動においては、お金はあまり関係ありませんし、時間面では万人1日24時間で平等です。

日本では、全国3200を超える公共図書館[3]や数万を数える学校図書館（図書室）を自由に利用できますし、1万店もの書店や古書店にアクセスが可能だからです。

そう考えると、**読書という活動を左右するのは、一義的には「時間配分」だ**ということになります。M社として、どれだけの時間をどんな読書に、いつ振り向けるのか、社長と

2_単なる転職ではなく、職種の転換を伴う異動もしくは転職のこと。

3_私立図書館を含む。他に自動車による移動図書館 500 台以上がある。

4_BOOK OFF だけでも 800 店。

してその判断をすることが、戦略的な読書と言えるでしょう。

ただ**経営戦略というものは極めて個別的**なものです。同じ業界で、同じ規模の会社が存在したとしても、同じ戦略はありえません。他と異なる存在でなくては、顧客は必要としてくれないからです。同じ企業は、この世に1社（か精々《せいぜい》2社）しか要りません。

M社も「独自性の高い存在」を目指しています。そのための資源配分・読書ポートフォリオとそのシフト（動的な変化）がどんなものであったかを、次節から紹介していきます。

読者のみなさんは、それを参考にしながらも、自分独自のそれを考えてみてください。資源配分の比率をどうするのか、ジャンルをどうするのか。

その過程で、多くの問いに直面するでしょう。

- **何をビジネス系の強みにしたいのか**
- **非ビジネス系で好きなジャンルは何か**
- **自分を一体、どんな存在にしたいのか**

そういったことを、改めて考えながら、ゆっくりと。

# 戦略読書での資源配分枠組み「読書ポートフォリオ・マトリクス（RPM）」

## 読む本を4つに分類して「読書ポートフォリオ・マトリクス（RPM）」として捉える

BCGのPPMに倣《なら》って、読む本や雑誌のタイプを4つに分けます。

横軸は「ビジネス度」で、ビジネス系か非ビジネス系かで分けます。このとき、ビジネスとは「現状、仕事としている分野」を指し、将来の仕事（願望）は非ビジネスとします。

縦軸は「基礎度」で基礎か応用・新奇かで分けます。このとき、非ビジネス系の基礎は「SF・科学・歴史・プロフェッショナル」とします。これはかなり個人的趣味が入っているので、個々人で変えて構いません。

この縦軸・横軸で分けられた2×2のマトリクスを、「読書（Reading）ポートフォリオ・マトリクス（RPM）」と呼ぶことにします。

そしてその4つの象限のことを、

- **左下：①ビジネス基礎（カメ）**
- **左上：②ビジネス応用（ウサギ）**
- **右下：③非ビジネス基礎（リュウ）**
- **右上：④非ビジネス新奇（トリ）**

と名づけましょうか。

ビジネスでは基礎（カメ）の上に応用（ウサギ）があります。非ビジネスはそもそも自分を拡げるためなので基礎（リュウ）が中心で、新奇（トリ）は風見鶏《かざみどり》程度です。

いずれも、リアルか電子かの形態は問

**読書ポートフォリオ・マトリクス（RPM）**

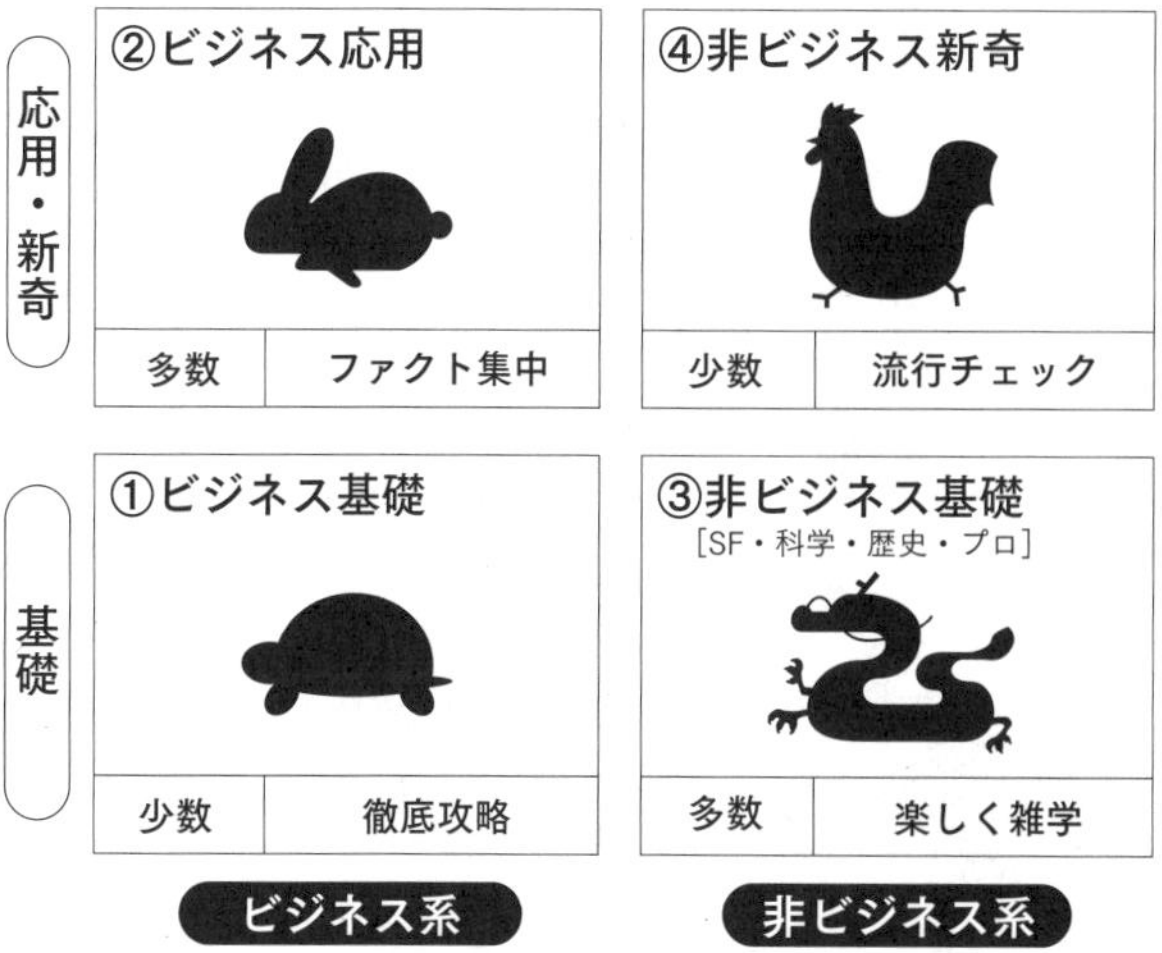

いませんし、文章でもマンガでも構いません。

ビジネスでのPPMはさまざまな事業に対しての「基本事業方針」と「基本財務方針」を与えてくれるものでした。このRPMにおいても、それを整理しておきましょう。各読書タイプへの「基本読書方針」と「基本資源配分」です。

ビジネス基礎

## ①「ビジネス基礎」――仕事界を支えるカメ

左下の象限は、今関わっている仕事の基礎を固めるための読書領域です。

経営コンサルタントの場合には、結構広くなりますが、経営戦略・事業戦略、マーケティング、営業・販売、サービス、生産、物流、会計・財務、IT、人事・組織、経済、論理思考法などになるでしょうか。

**テーマごとに1〜2冊でいいので、古典的大著をとにかくじっくり読むこと**です。かける時間はケチらないこと。

具体的には、

―（企業戦略）**『企業戦略論（上・中・下）』**〔合計950頁〕、**『最高の戦略教科**

『競争の戦略』
M・E・ポーター
ダイヤモンド社
1995年

『企業戦略論』
ジェイ・B・バーニー
ダイヤモンド社
2003年

書 孫子《そんし》』〔392頁〕

| | |
|---|---|
| 事業戦略 | 『競争の戦略』〔467頁〕、『競争優位の戦略』〔659頁〕、『戦略プロフェッショナル［増補改訂版］』〔360頁〕 |
| マーケティング | 『コトラー&ケラーのマーケティング・マネジメント 第12版』〔1000頁〕、『CRM［増補改訂版］』〔389頁〕 |
| 生産・物流 | 『トヨタ生産方式』〔232頁〕、『新版 物流の基礎』〔248頁〕 |
| 財務 | 『ファイナンシャル・マネジメント 改訂3版』〔552頁〕 |
| IT | 『ピープルウエア 第3版』〔320頁〕、『デッドライン』〔310頁〕 |
| 人事・組織 | 『組織は戦略に従う』〔558頁〕 |
| 論理思考 | 『論点思考』〔235頁〕、『一瞬で大切なことを伝える技術』〔224頁〕 |

などでしょうか。新しい改訂版がある本もあれば、改訂版がなく古い本もあります。でもいずれにせよ、かなり昔に基本が書かれた「古典」（とその解説本）といえるでしょう。

『組織は戦略に従う』
アルフレッド・D・チャンドラーJr.
ダイヤモンド社
2004 年

『コトラー&ケラーのマーケティング・マネジメント 第12版』
フィリップ・コトラー他
丸善出版　2014 年

時代遅れとか気にすることはありません。これらが、仕事界を支えるカメ[5]になるのです。ひとつの領域を動かすためには「体系」が必要です。**そのあと、何を学んでも「体系」があれば、その内外のどこかに位置づけ、理解することができます。**だからいくら分厚くても、論文集ではダメなのです。しっかりした体系を備えた著作だけが、そんな基礎を与えてくれます。

歩みは遅くて構いません。最初の1年の間になんとか読み切りましょう。

また、やはりビジネスパーソンの基礎のひとつである「サラリーマン（ビジネス）小説」。現代では、池井戸潤《いけいどじゅん》と真山仁《まやまじん》を必修としましょう。

池井戸潤

**『七つの会議』**（リコール問題、NHKでドラマ化）、**『下町ロケット』**（知財戦争、直木賞）、**『下町ロケット2　ガウディ計画』**（医療と技術、働く意味）、**『鉄の骨』**（談合問題）

真山仁

**『ハゲタカ』**シリーズ（M&Aの舞台裏）

それだけを読み耽《ふけ》っては危険ですが、いずれも読み応《ごた》えは十分のハズ。

『下町ロケット２　ガウディ計画』
池井戸潤
小学館　2015年

『ハゲタカ』
真山仁
講談社文庫
2013年

『七つの会議』
池井戸潤
日本経済新聞社
2012年

5_ 古代インドの宇宙観では、この世のすべては巨大なウミガメの背で支えられている。ウミガメの甲羅の上に4頭の巨象がおり、半球状の大地と大洋を支えているという。

**読書方針**：自分が今関わっているビジネスの主要テーマごとに1〜2冊、古典とされている本を読む。熟読玩味し、内容を理解する。

**資源配分**：1冊当たり10時間以上かかっても構わない。すべての基礎になるので、読破するまではこれらに集中する。ただし10冊を超えないこと。ビジネス小説は、厚みにより何冊でも適宜。

ビジネス応用

## ②「ビジネス応用」――仕事界を跳びはねるウサギ

基礎ができれば応用の修得は簡単です。理解そのものは難しくはないでしょう。

問題は選択です。ビジネス系の書籍はあまりに多くの数が出版されています。年間5000タイトルは下《くだ》らないでしょう。そこからたった数十タイトルを、選び抜かなくてはなりません。ただ最近は、**主要テーマごとに『全史』もの**（とあえて呼びましょう）が、出されるようにもなってきたので、そこで基礎の確認をすると同時に、紹介されている書籍（や論文）から、そこでの応用本（や追加の基礎本）を選んでもいいでしょう。

経営

『経営戦略全史』（合計432頁）
『経営革命大全 新装版』（688頁）
『戦略サファリ 第2版』（488頁）

マーケティング

『「マーケティング」大全』（512頁）

思考法

『アイデア・バイブル』（448頁）
『超図解 全思考法カタログ』（120頁）

『経営戦略全史』
三谷宏治
ディスカヴァー・トゥエンティワン
2013年

『戦略サファリ 第2版』
ヘンリー・ミンツバーグ他
東洋経済新報社
2012年

たとえば「ビジネスモデル」に関しての応用本（と基礎本）を探したとしましょう。その指南書に使えるのは**『ビジネスモデル全史』**です。読むと、こんな本が紹介されています（改訂版で追加予定のものも含む）。

基礎・収益モデル

**『プロフィット・ゾーン経営戦略』**▼のちに**『ザ・プロフィット』**も書いたエイドリアン・スライウォツキー。「経営に関する世界の6賢人」のひとり

基礎・ケイパビリティ

**『オープン・サービス・イノベーション』**▼オープン・イノベーションの開祖 ヘンリー・チェスブロウ。ビジネスのサービス

『MAKERS』
クリス・アンダーソン
NHK出版
2012年

化、イノベーションのオープン化を説く

応用・全般

**『ロングテール』『フリー』『MAKERS《メイカーズ》』**▼元WIRED《ワイアード》編集長クリス・アンダーソンの偉大な3連作。今はドローンつくってます

応用・知財

**『インビジブル・エッジ』**▼元BCGコンサルタント2名の切れ味抜群の隠れた刃。タイガー・ウッズが2000~01年、他を圧倒できたのはブリヂストンのお陰だった

応用・マネジメント

**『ゲームの変革者』**▼P&Gの名経営者アラン・ラフリーによるP&G改革論

**『破天荒!』**▼元祖LCCサウスウエスト航空を永遠の優良企業にした、創立者ハーブ・ケレハーの破天荒な経営。やっぱりロングブーツにホットパンツでしょ

応用・起業

**『リーン・スタートアップ』**▼エリック・リースの高速・試行錯誤経営手法。最低限の試作品でのテストを繰り返せ!

**『Yコンビネーター』**▼Dropbox《ドロップボックス》も生んだ、ベンチャー特訓合宿所のヒミツ

『破天荒!』
ケビン・フライバーグ他
日経BP
1997年

『リーン・スタートアップ』
エリック・リース
日経BP
2012年

応用・事例

『**私のウォルマート商法**』▼創業者サム・ウォルトン自身の著

『**ジェフ・ベゾス 果てなき野望**』▼Amazon創業者の徹底した反常識経営

『**Google誕生**』▼クレイジーな天才青年ラリー・ページとサーゲイ・ブリンの夢

『**ゼロ・トゥ・ワン**』▼PayPal《ペイパル》創業者のひとりピーター・ティールの事業哲学。改善でなく無から有を生め。

『**フェイスブック 若き天才の野望**』▼創業者マーク・ザッカーバーグの実像？

『**爆速経営**』▼宮坂学が率いた新生ヤフーの超高速・試行錯誤経営。10倍挑戦して5倍失敗して2倍成功しよう！

『**HPウェイ【増補版】**』▼ITベンチャーはなぜガレージ付き物件にこだわるのか、これを読めばわかるはず。シリコンバレーの誕生物語

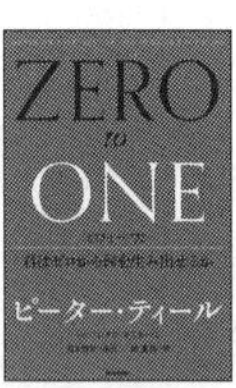


『ゼロ・トゥ・ワン』
ピーター・ティール他
NHK出版
2014年

『HPウェイ［増補版］』
デービッド・パッカード
海と月社
2011年

基礎があるのですから、あとは応用として興味あるテーマをぴょんぴょん跳びはねましょう。出来るだけ軽やかに、出来るだけ高く。

一番力を入れるべきは、ファクト（事実）です。**企業事例のいい本が出たら、迷わず読みましょう。逆に思考法や戦略論などのフレームワーク本は、厳選しましょう。**所詮、フレームワークは一度にひとつしか使いこなせません。多くを学んでもムダなのです。そしてひとつ身につけるだけでも大変な努力を必要とします。だから、さっと読んでどれに本気で取り組むかを決めましょう。

**読書方針**：自分が今、関わっているビジネスの主要テーマごとに10冊程度、人気の高い本を読む。基本的には斜め読みでファクトの収集に努める。
**資源配分**：1冊当たりどれくらいかけるか、最初に見極める。じっくり全体を読む価値のある本か、事例・データなどの情報収集に留める本か。後者なら1～2時間で済ませる。フレームワーク本は本気で取り組むものを厳選すること。

非ビジネス基礎

## ③「非ビジネス基礎」――自然と人間界を翔るリュウ〔SF・科学もの〕

**今関わっているビジネスから、離れた分野での学びを欠かしてはいけません。**この世は仕事だけで出来てはいませんし、自らをコモディティにしないための学びの源泉は、仕事以外のところにこそあります。

ただ、「今関わっているビジネス以外の本」といってもあまりに広大です。私の個人的お勧めはズバリ「SF・科学・歴史・プロフェッショナル」ネタです。もちろん、個々人の好みで、心理学や哲学なども入れて構いません。

いや、**自然やヒトの本質を描こうとしている本なら、何だってOKです。**フィクションでもノンフィクションでも、小説でもマンガでも。

この領域でのお勧め本のいくつかは、第4章で詳しく内容を紹介もしますが、ざっと挙げると、こんな感じでしょうか。まずはSFと科学ものです。

SF古典

▼**『幼年期の終り』『2001年宇宙の旅』『2010年宇宙の旅』**▼巨匠アーサー・C・クラークの初期代表作。ヒトの進化・知性とはいったい何な

『〔決定版〕2001年宇宙の旅』
アーサー・C・クラーク
ハヤカワ文庫
1993年

のか。その本質を示す（↓317頁）

▼『ファウンデーション』シリーズ▼もうひとりの巨匠アイザック・アシモフの初期代表作。銀河帝国文明の1000年にわたる衰退・復興劇を描く

▼『星を継ぐもの』▼ハードSFの巨星J・P・ホーガンの出世作。月面で宇宙服を着た「人間」の遺体が見つかったが、それは5万年前のものだった⁉

**SF中堅（海外）**

▼『エンダーのゲーム』▼圧倒的な異星人勢力に立ち向かうべく研鑽《けんさん》を積む若き士官候補生たち。最終訓練の戦力差は1対1000！その戦いの真の結末が示す指揮官の本質

**SF中堅（日本）**

▼『上弦《じょうげん》の月を喰《た》べる獅子《しし》』▼夢枕獏《ゆめまくらばく》の最高傑作。野に咲く花は幸せか？ヒトは幸せになれるのか？その答えがここにはある

▼『龍は眠る』▼宮部《みやべ》みゆきのSF。超能力を持った少年少女の苦悩と、持たない親たちの覚悟（↓330頁）

『ファウンデーション　銀河帝国興亡史』
アイザック・アシモフ
ハヤカワ文庫
1984年

『エンダーのゲーム〔新訳版〕』
オースン・スコット・カード
ハヤカワ文庫
2013年

『上弦の月を喰べる獅子』
夢枕獏
ハヤカワ文庫
2011年

今流行りの**人工知能（AI）やロボット**についての議論は、SFでは昔から行われてきました。HAL9000（『2001年宇宙の旅』）も、戦闘機である雪風《ゆきかぜ》（469頁参照）もそうです。ヒトを不要もしくは敵としたAIたち。ヒト（現人類）の価値とは一体何なのでしょうか？　近年では、ヒトが滅びた後のAIの「活躍」も語られています。

---

**SF新作（ハード）**

▼**『青い星まで飛んでいけ』**▼人類の末裔《まつえい》を名乗るAI宇宙船団エクス、30万年の旅。その行き着く果ては？　小川一水《いっすい》の最高短編（↓312頁）

▼**『ディアスポラ』『万物理論』『プランク・ダイヴ』**▼ハードSFはまだ死んでいない！　グレッグ・イーガンの挑戦は続く。宇宙の次元、時間、空間の限界を超えろ！

**SF新作（近未来）**

▼**『火星の人』**▼2014年のSF各賞を総なめにした火星サバイバルもの。ユーモアと楽天性こそが、不撓不屈《ふとうふくつ》の精神と行動を支える。202頁の最後の行が最高……（↓322頁）

▼**『ハル』**▼**奇才**瀬《せ》名《な》秀明《ひであき》の描くヒトとロボットのさまざまな未来。戦いと

『ディアスポラ』
グレッグ・イーガン
ハヤカワ文庫
2005年

地球《テラ》へ…
竹宮惠子
中公文庫
1995年

共存と！

SFマンガ

▼『**地球《テラ》へ…**』▽未来の完全管理社会で、ミュータントはなぜ生まれ続けたのか

▼『**百億の昼と千億の夜**』▽光瀬龍《みつせりゅう》の超傑作を萩尾望都《はぎおもと》がマンガ化。神はなぜ滅びを予言するだけで、その前に人を救おうとはしないのか

▼『**スキエンティア**』▽近未来のマシン&ヒューマンドラマ。機械が可能にする少しの奇跡と人の頑張り。他人の脳に無線接続する技術、愛が見えるドラッグ、抗鬱《うつ》機などは何を生んだのか（→336頁）

**人間《ヒト》知性に価値があるとしたら、その非合理性にこそある**のかもしれません。もしくはその笑いやユーモアに。さて最後に、宇宙やヒトの秘密を探る科学の登場です。学ぶべきものは知識ではなく、考え方や課題解決アプローチ、そして常識突破のパワーです。

科学（生物）

▼『**大絶滅**』▽生命の大量絶滅は過去6度もあった！　生命史に統計学がもたらした衝撃

▼『**眼の誕生**』▽ダーウィンを悩ませた生命の爆発的進化「カンブリア爆発」はなぜ起きたのか

▼『**海馬**』▽ヒトの記憶を司《つかさど》る不思議な器官、海馬《かいば》。「煮詰まったら寝る」が正解。なぜならその間に海馬が情報整理をしてくれるから

**科学（物理・数学）**

▼『**美しくなければならない**』▽世界を変えた11の「方程式」の誕生物語

▼『**フェルマーの最終定理**』▽神の言葉なる数学の、人を破滅させる魔力

▼『**スノーボール・アース**』▽革新的学説「全球凍結論《ぜんきゅうとうけつ》」が通説となるまでの闘争史。守旧派《しゅきゅう》との熱き戦い（↓493頁）

---

他に「ブルーバックス」シリーズや「日経サイエンス」「ニュートン」も……。ちょっと挙げすぎましたかね。でも、本当に素晴らしいお話ばかりなんです。

知性とは何か、コミュニケーションとは何か、進化とは、そして人類の存在意義とは。そんな問題意識（問い）や、それへのアプローチや解答案（答え）がこれらの本には確かにあります。ビジネス系読書で凝り固まった私たちの頭をほぐし、飛躍させてくれます。

『フェルマーの最終定理』
サイモン・シン
新潮文庫
2006年

『スノーボール・アース』
ガブリエル ウォーカー
ハヤカワ・ノンフィクション文庫
2011年

『眼の誕生』
アンドリュー・パーカー
草思社
2006年

非ビジネス基礎

## ③「非ビジネス基礎」――自然と人間界を翔るリュウ〔歴史・プロ・その他〕

次は歴史書・歴史小説、それからプロフェッショナルものに行きましょう。こんな本たちと私は出会ってきました。

**歴史書**

▼**『塔』『隠された十字架』**▼梅原考古学を打ち立てた梅原猛《うめはらたけし》による歴史再構築の書。古代人はどう闇や病や物事を「感じて」いたのかから考える

▼**『武士の家計簿』**▼加賀藩 猪山家が遺《のこ》した37年分の家計簿から、歴史学者磯田道史《いそだみちふみ》が幕末・明治の真実を看破《かんぱ》。武士のメンツより借金返済

**歴史小説（日本）**

▼**『竜馬がゆく』**▼司馬遼太郎はやっぱりこれ。事《こと》を成すには、死生《しせい》を考えず往来《おうらい》を堂々と歩け！（↓507頁）

▼**『峠』**▼幕末、河井継之助《つぎのすけ》という巨大な才能と精神の引き起こした長岡藩の悲劇

『塔』
梅原猛
集英社文庫
1985年

『峠』
司馬遼太郎
新潮文庫
2003年

歴史小説（中国）

▼『華栄《かえい》の丘』▼宮城谷昌光《みやぎたにまさみつ》で1冊読むならこれ。名君文公を支えた名宰相《さいしょう》華元《かげん》の軌跡。徳と賢と誠が人と国を守り、栄えさせる（↓375頁）

▼『蒼穹《そうきゅう》の昴《すばる》』▼清朝《しんちょう》末期に生きた2人の青年の物語。浅田次郎は「これを書くために作家になった」と

ヒトの本質は100年や1000年では変わりません。だから歴史書には価値があり、歴史小説はわれらの心を揺《ゆ》さぶるのです。まずは著名なものから手をつけてみましょう。

そして次がプロフェッショナルもの。宮大工・シェフ・棋士たちがお勧めです。ある材料で究極の一品ものをつくる世界が、経営コンサルティングにちょっと似ているせいでしょうか。

プロフェッショナル

▼『木に学べ』▼「最後の宮大工」と呼ばれた西岡常一棟梁《とうりょう》が法隆寺・薬師寺・宮大工を語る

『華栄の丘』
宮城谷昌光
文春文庫
2003年

『木のいのち木のこころ――天・地・人』
西岡常一／小川三夫／塩野米松
新潮文庫
2005年

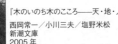

▼『木のいのち木のこころ（地）』『棟梁』▽小川三夫《みつお》棟梁の鵤工舎《いかるがこうしゃ》における究極の人材育成法（→384頁）

▼『帝国ホテル厨房《ちゅうぼう》物語』▽帝国ホテル専務取締役総料理長 村上信夫シェフのイノベーション。げんこつ禁止、レシピのシェア、冷凍利用の大量調理。彼の飛躍の源泉は何だったのか（→393頁）

▼『決断力』▽絶佳《ぜっか》の棋士 羽生善治《はぶよしはる》の頭の中。正攻法でダメならカオスに引きずり込んで殴り合い⁉

▼『プロジェクトX リーダーたちの言葉』▽若手によるCVCC開発成功で本田宗一郎は引退を決めた

心理学と哲学（宗教）系のお勧め本も、いくつか挙げておきましょう。ヒトの面白さやいい加減さに安心し、思考の究極を味わえます。

心理学

▼『予想どおりに不合理』▽ヒトには強い認知バイアスがあり、合理的には決断・行動できないとダン・アリエリーは断ずる

『帝国ホテル厨房物語』
村上信夫
日経ビジネス人文庫
2004年

『予想どおりに不合理』
ダン・アリエリー
ハヤカワ・ノンフィクション文庫
2013年

▼**『人は意外に合理的』**▼でも領域を選べば、意外に合理的で正しいことも出来るかも。情報は少ない方がヒトは正しい判断ができるとハーフォード

▼**『選択の科学』**▼更に、選択肢も少ない方がいいかも。何より自己決定「感」が大切だから。光を失ったことでアイエンガーが得たビジョン

▼**『捜査心理学』**▼詳しすぎる証言の6割は間違っている。目撃者の前に容疑者の写真を並べてはいけない。日本の犯罪捜査を裏で支える科学警察研究所[6]による異色の本

**哲学**

▼**『孤立無援の思想』『わが解体』**▼早世《そうせい》の学者 高橋和巳《かずみ》の叫び。大学紛争で学生側について京都大学の助教授職を辞任。森田童子は彼を「おこった顔してさかさに見える」と歌った

▼**『哲学書で読む最強の哲学入門』**▼世界とは、神とは、人間とは！ 西洋哲学者50人の苦闘を見よ

『人は意外に合理的』
ティム・ハーフォード
武田ランダムハウスジャパン
2008 年

『選択の科学』
シーナ・アイエンガー
文藝春秋
2010 年

6_ 警察庁所属の研究機関。都道府県警察本部所属の捜査組織である「科捜研（科学捜査研究所）」ではない。

### ▼『100分de名著「老子」』▽固いものよりも、柔らかいものの方が強い。固いダムでなく流れる水になれ

ＳＦや科学ものが、私に自然や人間知性の本質（と研究者・著者が考えるもの）を、究極の姿で見せてくれました。私の発想力はそこで鍛えられ、そしてジャンプのためのネタ（遠い参照点）もそこから日々、供給されています。

歴史小説やプロフェッショナル（宮大工など）ものが、私に人生哲学を与えてくれました。私のもつ人生哲学はきっと、それらパーツの組み合わせなのです。

『100分de名著「老子」』
蜂屋邦夫
NHK出版
2013年

**読書方針**：自分が今、関わっているビジネス以外の領域の本を読む。ＳＦ・科学・歴史・プロフェッショナルものなどが有用だが、個々人の好みでいい。ただし、自然やヒトの本質を描こうとしている本であること。

**資源配分**：自分が楽しめる本を、ビジネス系とのバランスでどんどん読む。１冊当たりどれくらいかけるかは、（全体の枠内に収まっていれば）自由。

非ビジネス
新奇

## ④「非ビジネス新奇」——新しい世界へ誘うトリ

新規ではなく、新奇です。辞書では「目新しくて珍しいこと、普通ではないこと」とあります。

自分にとって、世の中にとって、「新奇」なものをあえて選んで月1冊は、読みましょう。いつもなら読まなそうなもの、読むか読まないかも判断しかねるもの、見たことも聞いたこともないもの……。

それほど多くを読む必要はありません。自分に対する遠くからの刺激です。そのうち年間1～2冊が刺されば十分です。

そういう意味では一番気楽なジャンルですが、何といっても「選択」が難題です。自分が親しんでいる領域なんて、この世のほんの一部であり、本だって知らないものだらけに決まっています。それでも月1冊、何かを選ぶとしたら？

選択方法としては、いくつかあるでしょう。

### ①偶然に任せる

大型書店や図書館をウロウロして、たまたま目に留まったものを読む。カンを信じる。

**②流行りものを読む**

何十万部も売れたものにはきっと意味があると信じて、読んでみる。恋愛小説でもマンガでも。ただし「出版社が推しているもの」ではなく。

**③書評から選ぶ**

新聞や雑誌、書評雑誌・本・サイト（**「ダ・ヴィンチ」「本の雑誌」**）を読んで決める。最近は書評サイトも充実している。○○賞受賞作品をざっと読むのも、その一種か。（↓477頁）

**④人にお勧めを聞く**

新しく知り合った人に、「最近読んだ本でよかったのは？」とずうずうしくも聞く（実は私自身が最近よく聞かれる）。

どれが、お好みですか？

①の「偶然」、が私は大好きです。私と『**竜馬がゆく**』の出会いはこれでした。浪人時代、ヒマに任せて駿河台下《するがだいした》の三省堂書店本店を彷徨《さまよ》っていたとき、全8巻、文春文庫の黄色い背表紙がずらっと並んでとっても綺麗でした。

「本の雑誌」（月刊誌）
本の雑誌社発行

「ダ・ヴィンチ」（月刊誌）
KADOKAWA/
メディアファクトリー発行

そこから私の、幕末もの、そして歴史小説への旅が始まりました。

②の「流行」、もよく試します。２００１年に刊行され翌年爆発的ヒットとなった「セカチュー」こと**『世界の中心で、愛をさけぶ』**も読んでみました。恋愛小説もいいな、って思いました。当然、２００３年刊行の「いまあい」こと**『いま、会いにゆきます』**も読みました。これはかなりハマりました。

ときどき、恋愛小説も読むことにしました。

③の「書評」、で私が使うのは、主に新聞の書評欄です。2紙もとっているので毎週末、合わせて20冊以上が紹介されます。それをしげしげ眺めて、ピンときたものを読んでいます。これまでだと東大教授 西成活裕《かつひろ》**『渋滞学』**が大当たりでした。交通渋滞がこれほど科学され、そして実践の場で研究されているとは！

私の「科学」の領域が、物理・生物などから社会科学にまで拡がりました。

④の「お勧め」、のすごいところは、当たり確率の高さです。35歳くらいのとき、トヨタの平光《ひらこう》さんに「大人の男の必読書！」といわれて、ディック・フ

『渋滞学』
西成活裕
新潮選書
2006年

ランシスの**「競馬」シリーズ**を読み始めました。『**本命**』『**度胸**』『**興奮**』『**大穴**』と順に読みましたが、イギリス競馬と、各巻での主人公の職業（たとえばワイン商とか）と、タフで観察眼に優れた男の試練とロマンを堪能《たんのう》しました。結局、全44冊のうち大半を読むことになりました。

確か大学時代の親友に勧められて読んだのが『**風の歌を聴け**』でした。流行りものでもあったかもしれませんが、村上春樹《むらかみはるき》の不思議な世界観に魅了《みりょう》されました。読んでいると浸《ひた》れるけれど、他人にその面白さを説明なんか、まったく出来ない物語です。

以来、村上春樹の作品は、『**1973年のピンボール**』『**羊をめぐる冒険**』『**海辺のカフカ**』から『**ねじまき鳥クロニクル**』まで、都度読み続けることになりました。珍しく単行本で買った『**ノルウェイの森**』（1987）は、上下巻、赤と緑のクリスマスカラーで強烈でした。

でも、一番気に入っているのは、たった31頁の小品『**かえるくん、東京を救う**』です。その面白さは……やっぱり説明なんてできません。

まだ読んでいない方は、一度ぜひ。世界が拡がる、かもしれません。

『風の歌を聴け』
村上春樹
講談社文庫
2004年

『本命』
ディック・フランシス
ハヤカワ・ミステリ文庫
1976年

**読書方針**：自分がこれまで読んだことのないような領域やテーマの本を読む。メジャー路線でもマイナー路線でも可。当たりがあれば、その筋を深掘りすべし。シリーズものならシリーズを、もしくはその本から「Amazonつながり」[7]で。
**資源配分**：本なら月1冊、もしくは2～3ヶ月に1冊くらいで十分。ネットの記事のようなものなら、毎週チャレンジしてもいいかも。

実はもうひとつ、リベラルアーツという話があるのですが、それはまた後ほど（気になる方は106頁へ）。

『かえるくん、東京を救う』
（短編集『神の子どもたちはみな踊る』収録）
村上春樹
新潮文庫
2002年

7_「この商品を買った人はこんな商品も買っています」というAmazonのレコメンド機能。

# 読書資源配分を個別的・動的に変えるべし

## 各セグメントへの資源配分や読み方を時間・スキルに応じて大きく変える

さて、ここまで読書対象（本や雑誌や論文やもろもろ）の4つのセグメント分け（読書ポートフォリオ・マトリクス）と、その選び方やだいたいの読書量（資源配分）について述べてきました。

これらが、読書ポートフォリオ・マトリクス（RPM）による、情報収集マネジメント方法のベースです。

同時に、お勧めのジャンルや私のお気に入りの本を、いくつか紹介もしました。なので、もうこれでスタートしてしまっても構いません。**戦略とは資源配分そのもの**なので。

でももうひとつ、読書「戦略」の在り方として付け加えるとすれば、それは「時間《ダイナミクス》」です。BCGは、「まったく新しい戦略論」を生み出すために創業され、経営戦略に「時間」と「競合」、そして「資源配分」の概念を取り入れることで成功しました。

多くの場合、自分がいくら優れていても、「競合」がそれ以上であれば事業は失敗してしまいます。自分の強みを磨くより、敵の弱みを研究することでこそ、突破口も見つかるかもしれません。自分をどういう形にしていくかは、周りの人間、世の中のヒトたちがどうであるかと無縁ではありません。M社は他人との細かい比較ではなく、ただ大きく「人と被

**BCGダイヤモンド**

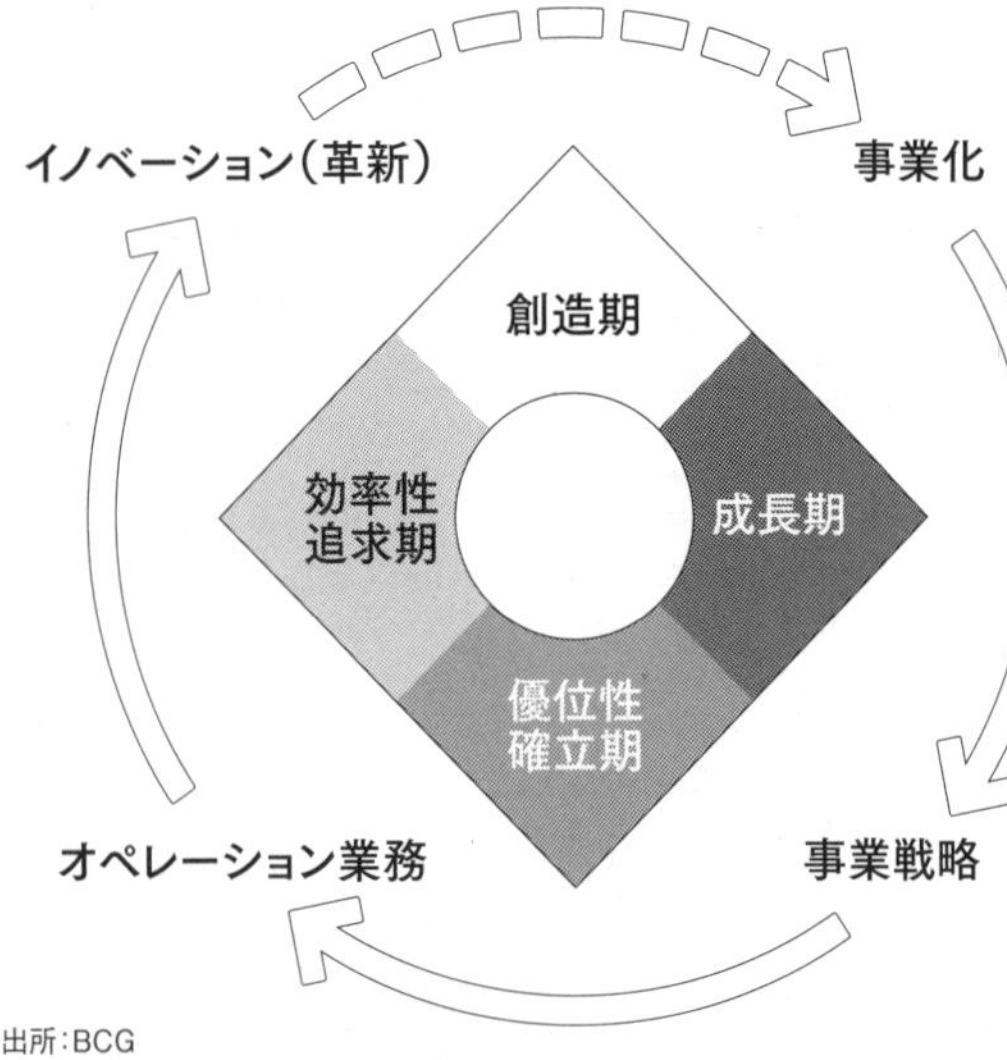


出所：BCG

らないマイナー路線」と「発想力と論理性で勝負する」ことを選びました。

そして、「時間」です。企業を取り巻くすべての状況は、時間とともに大きく移り変わります。今の市場と競合の状況を前提にして戦略を組み立てても、それが実現される3年後には、市場（顧客やサプライヤー）も競合ももっと先に進んでいる（少なくとも3年分）ことでしょう。市場や競合がどう進化していくかの洞察が必要です。


同時に、現在の自社がどうであるかで、やれること・やるべきことはまったく変わります。大企業なのか、ベンチャーなのか、成長途上なのか安定期なのか、それとも安定を打ち破るための変革期なのか。

M社を経営する社長として、それを冷静に見極めて、効果的・効率的な情報収集体制をつくり上げ、変え続けていかなくてはなりません。読書戦略は、1年単位で見直していくような、ダイナミックなものなのです。

## キャリア戦略としての読書術「合わせる」「変える」

社会人になってからの読書戦略は、実はその人個人のキャリア戦略に沿わせていくものなのでしょう。

キャリア論の巨人 エドガー・シャインの論をベースに考えれば、**キャリアとは**（ちょっと狭く捉えれば）**人の職業・職場選択とそこでの生き残り**《サバイバル》のくり返しです。（『**キャリア・デザイン・ガイド**』金井壽宏参照）

- **キャリア・アンカー**：自分にとって大切なこと・譲れないことを意識して、それに合わせた職業や職場を選択する
- **キャリア・サバイバル**：与えられた環境・選択した新しい環境（職場）で生き残るために、必要な能力を獲得する

学生から社会人になるときに、人はある職業・職場を選びます。それが起業であろうがNPOであろうが、大企業であろうがベンチャーであろうが、同じこと。まずはそこでのサバイバル（もちろん選択そのものが誤りなら可及的速やかに第二新卒として採用市場にカムバックすべし）がテーマになります。

そこでのスタートダッシュに成功するところまでが、**第1期**です。目的はムダに転ばず素早く立ち上がること。

『キャリア・デザイン・ガイド』
金井壽宏
白桃書房
2003年

## 戦略読書のRPMサイクルのまとめ

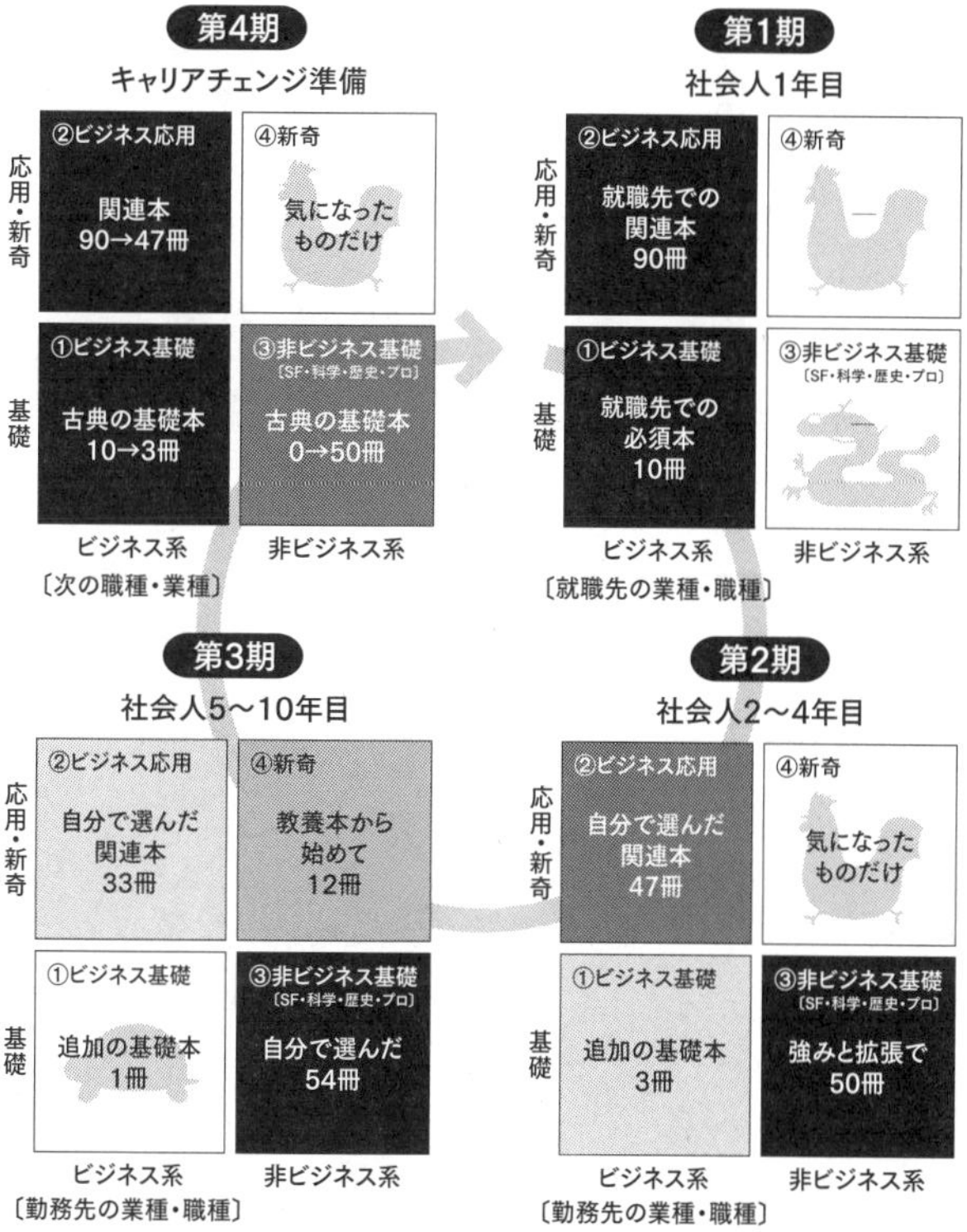

そのままで一人前になれるほど世の中は甘くありません。ギアチェンジが必要です。それを**第2期**としましょう。これは意外と早くやってくるでしょう。私の場合は丸1年でやってきました。

一人前になるまでの第2期を乗り切ってさあ安心、と思っているとそのまま停滞に移ってしまいます。普通の中堅サラリーマン路線一直線です。職場や社会の変化を乗り切る力はつきません。プロフェッショナルを目指す**第3期**のスタートです。

その道を変えたかったら？　自分のアンカーを意識しつつ、でもこだわりすぎず、キャリアを変えていくには準備が必要です。次の道（キャリア＝轍《わだち》、でもある）になるべく速やかにチェンジするための準備期間を、**第4期**と呼びましょう。

## しなやかで強いキャリアのために、他人と違うことに耐える・楽しむ

**第1期から第4期の各々で、読書ポートフォリオもその読み方も、**大きく変わるはず。いや、**意思を持って変えていきましょう。**それが、自分のキャリアを自ら切り拓く力となり、環境変化に耐えるレジリエンス（靭性《じんせい》・弾性）につながります。

みんながそんな（面倒な）ことをしているのか、って？

**していないからこそ、競合戦略として意味がある**のです。

「みんながしていることをやる」という同質化戦略をとるなら、みんなの3倍頑張る努力か、みんなと一緒に絶滅する覚悟が必要です。

もし、そのどちらも「ない」というなら、他人とはちょっと違う道を選ぶことをお勧めします。少しだけ、心がザワザワするかもしれませんが。

でもそのザワザワが、楽しめるようになったらしめたもの。頑張りましょう。

第1期（社会人▲1〜1年目）

# 年100冊、「ビジネス系」に100%

## 就職先が決まったら、お勧め本を確認しよう

この本は、社会人のための読書本ではありますが、その始まりを「社会人▲《マイナス》1年目（もしくは半年）」からにします。就職先が決まったら、もう準社会人ということで。

「就職活動」という名の努力と涙と偶然の末に、めでたく就職先が決まったとしましょう。残念ながら、9割以上の確率で当初の第一志望の企業とは異なり、もともと思っていた業種とすら違うでしょう。

そんなものです。でも、そこからどうするかが、勝負です。準備を、しましょう（もちろん、まずはちゃんと卒業すること！）。

まずはお勧め本の確認です。人事部からさっそく「入社までに読むべき本のリスト」などを

送ってくる会社もあるでしょう。それはそれで良し。そうでなかったとしても（そうであったとしても）、先輩訪問、面接、インターンシップなどでお世話になったその会社の人たちに、お勧め本を尋ねてみるといいでしょう。「今この時期にこそ読むべき本は何だと思うか、3冊だけ挙げて」と。

　きっといろいろな答えが返ってくる[8]ことでしょう。1冊目や2冊目はみな同じでも、3冊目にはその人の個性が出て、意外なバラエティが楽しめるハズ。

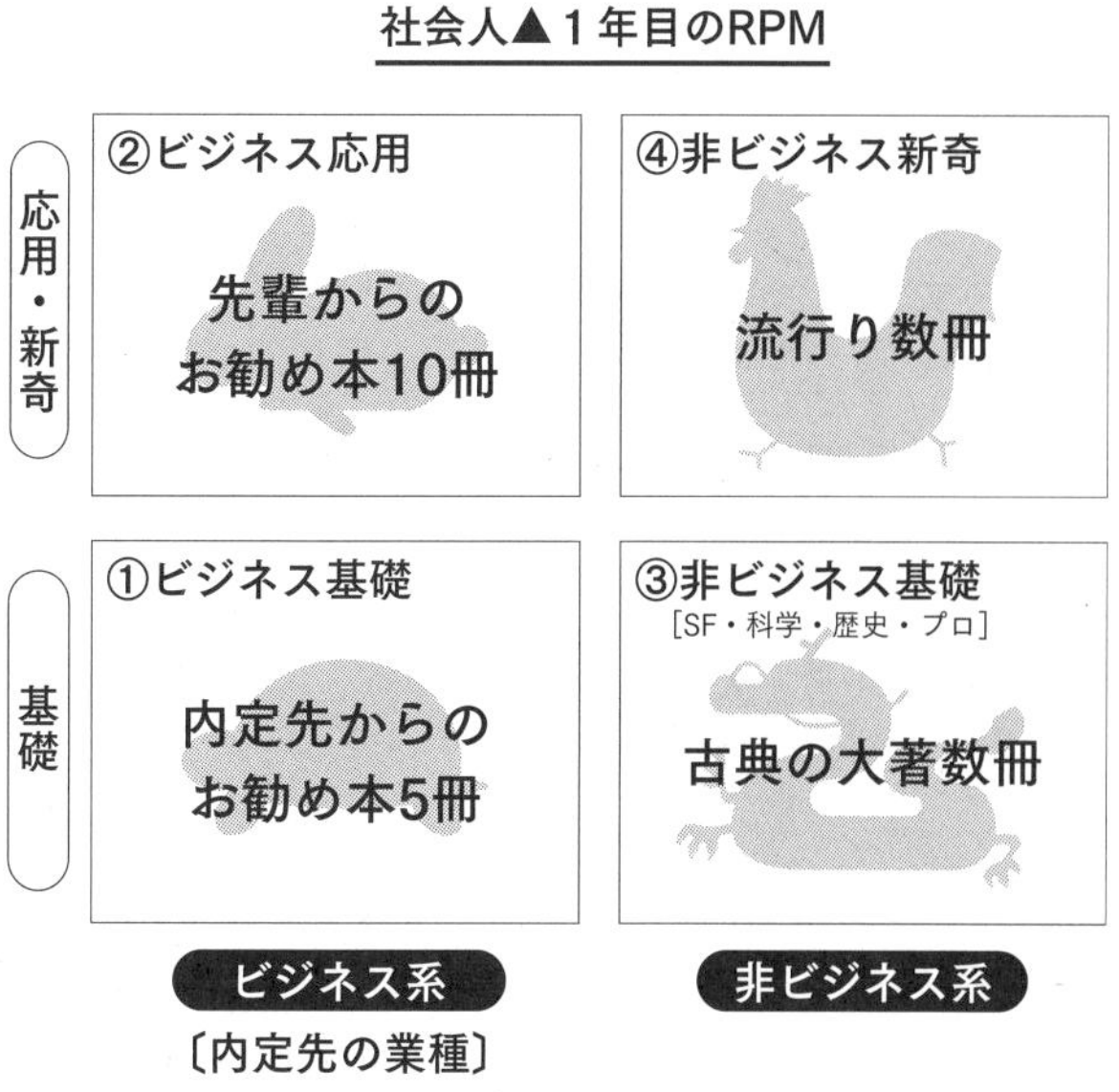


8_ お勧めを聞いておいて「読んでない」では済まないので、あんまり多くの人には聞かないこと。

## 就職前だからこそ、基礎本や大作をじっくり読める。どんどん感想を書き込もう

準備期間とは言いましたが、就職前の学生時代は、最後（?）の「大きなムダができる時期」でもあります。旅をしましょう、友と大いに語りましょう、ただ雲や水や人の流れるのを眺めましょう。

そして、本を読むにしても、効率をあまり考えず大作にじっくり取りかかりましょう。

「ビジネス系」（＝就職準備）としては、その業界やビジネス、企業や競合他社について深く書いてある大著を探しましょう。きっと今、外資系コンサルティング会社に入る人なら、まずは業界の歴史ということで『**経営戦略の巨人たち**』や『**マッキンゼー**』でしょうか。そのあと、分厚い古典的基礎本に挑戦です。

「非ビジネス系」（＝社会人準備）としては、プロフェッショナルや哲学ものがいいかもしれません。企業人でなく仕事のプロとして、そして、社会人としてどうあるべきかを、学び考えましょう。

『MBAが会社を滅ぼす』
ヘンリー・ミンツバーグ
日経BP
2006年

『マッキンゼー』
ダフ・マクドナルド
ダイヤモンド社
2013年

『経営戦略の巨人たち』
ウォルター・キーチェル三世
日本経済新聞出版社
2010年

コンサルタントの卵としては、反面教師としての**『申し訳ない、御社をつぶしたのは私です。』**やミンツバーグ[9]**『MBAが会社を滅ぼす』**から入ってみてもいいでしょう。

でもそんなところでめげずに、稲盛和夫[10]**『生き方』**やヤマト運輸元社長**『小倉昌男 経営学』**、カーネギー**『人を動かす』**くらいまでは、進出しましょう。社会人としての視野が拡がります。

大作や古典・名著を、時間をかけて、ゆっくりと読みましょう。

何が理解できて、何は納得できないのか。まだ学生だからこそ、見えるものもあるでしょう。読んで思ったことや気になったことは、本に書き込んでおきましょう。1年後、5年後、10年後、それらは、「過去の自分からの手紙」として、きっとあなたへの新たな刺激となります。

## 社会人1年目でも仕事に埋もれず本を読む！
## 目指せビジネス系100冊

さて、就職後の最初の1年をどう過ごしましょうか。最悪なのは仕事が効率よく回せなくて潰《つぶ》れてしまうことですが、同じくらい良くな

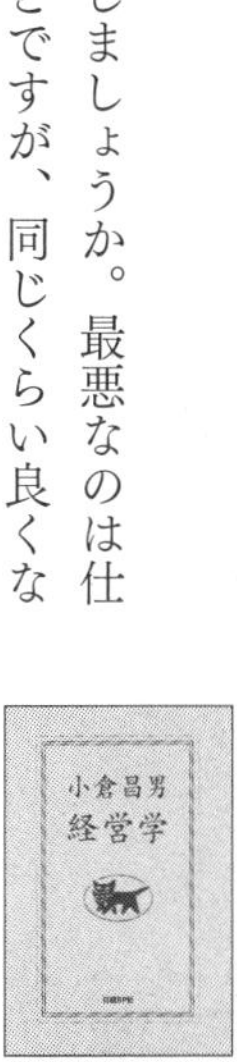

『小倉昌男経営学』
小倉昌男
日経BP
1999年

『人を動かす新装版』
デール・カーネギー
創元社
1999年

9_カナダ・マギル大学 教授。『マネジャーの仕事』『戦略サファリ』などが有名。ポジショニングとケイパビリティの融合を目指す「マギル派」の領袖。

10_京セラとKDDI（の前身DDI）を創業。JALの再建も果たした財界の巨人。

いのが、効率だけ上がって「便利な作業者」になってしまうことです。

「便利な作業者」は仕事を断りもせずどんどんこなしてくれるので、仕事がさらに集まります。そうして作業だけに没頭《ぼっとう》して1年ほど経ったとき、その職場の常識に染まった、自分でものを考えない「スーパー作業者」ができあがるわけです。

「社会人1年目は、文句を言わず、与えられた仕事を全力でこなせ」

などと良く言われます。一理《いちり》あります。食わず嫌いは良くありませんし、自分は何ができてできないか、会社の中にはどんな仕事があるのか、やって

**社会人1年目のRPM**

みないとわかりません。
でも、ダメです。**「与えられた仕事をただこなす」ことで、「自分で考えない癖」がついてしまいます。**「仕事への姿勢が受動的」になってしまいます。

世に出て1年も経たずして、会社の方針、上司の指示に忠実な「もの言わぬサラリーマン」「同期で上司の愚痴《ぐち》ばかり言う若者たち」のできあがりです。そんな素直で普通の「便利な作業者」は、数年後にはきっとこう言われます。「物足りないな」「自分の意見はないの？」

ずいぶん勝手な言い様《よう》と思うでしょうが、その通りでもあります。**誰も自分のキャリアに責任なんて持ってくれません。**結局、自分の人生は自己責任、頼れるものは自分だけ、なのです。

自分で考える癖をつけなくてはいけません。仕事に対して能動的（自分でつくる・選ぶ・変える）でなくてはいけません。

そのために、ただ「与えられた仕事を全力でこなす」なんてしてちゃ絶対に、いけません。

●**仕事（作業）を効率化する。でも、さらに仕事を増やすのではなくアウトプットの質を上げる**（『シゴトの流れを整える』参照）

『シゴトの流れを整える』
三谷宏治
PHP 文庫
2015 年

### ●仕事の基礎となる勉強をする。他のこと（ゲームやSNS？）を諦《あきら》めても1年は読書時間を確保する

アウトプットの質を上げることで、上司の信頼が得られ余計な報連相やチェックが減ります。仕事を選んだり変えたりできるようになります。

基礎の勉強をちゃんとすることで、仕事からの学びが効果的効率的になります。同じことを経験しても、人よりも多くのことに気がつくことができるようになるのです。それが基礎勉強の価値です。ビジネス系100冊、を目指しましょう。

## 社会人1年目のビジネス誌・経済紙の読み方

ビジネス系での年間読書100冊を、大変と思うかもしれません。でも、ひとつ「抜け道」があります。いわゆる**ビジネス誌をそれにカウントする**ことです。

「日経ビジネス」「プレジデント」「週刊ダイヤモンド」「週刊東洋経済」などなど。どれでも構いません。

ビジネス誌には1冊で、純粋な広告を除いて100頁分ほどの記事や広告記事があり、文字

数でいえばちょっとした文庫本1冊と同じくらいです。図版や写真も多いので、割と楽に読めるでしょう。

ただし、飛ばし読みはダメ。社会人1年目ならば、**隅《すみ》から隅まで飛ばし読みせずちゃんと読むこと**。できれば広告も含めて、です。興味のある記事だけ、とかはまだ早い（笑）

広告を見れば、どんな企業があなたも含めた読者層に、モノやサービスを売り込みたいのかがわかるでしょう。日経ビジネスでいえば、高級腕時計がその典型です。

日経新聞のような経済紙も同じ。見出しとリードだけでもいいので、1面から最終面まで全部、目を通しましょう。

ビジネス系の週刊誌を毎週読めば、それだけで年間52冊分を稼げます。

## 社会人▲1〜1年目のRPMは就職準備とビジネスの基礎づくり

就職前後の2年間（もしくは1年半）の読書戦略は、まとめればこんなことになります。

**就職前1年間の読書戦略**

**読書量**：自由。ただし、時間のかかる本をじっくり10～20冊は読む。
**セグメント配分**：自由。ただし、ビジネス系は欠かさずに。
**選び方**：内定先の会社や先輩からのお勧めに従う。あとは学生時代しか読めないような時間や手間のかかる本を選ぶ。

**就職後1年間の読書戦略**

**読書量**：毎週2冊、年間100冊を目指す。合計400時間を電車内や週末に生み出す（1冊平均4時間を想定）。
**セグメント配分**：ビジネス系中心。冊数的には基礎10冊に、応用90冊（日経ビジネスなどのビジネス誌も含む）。時間的にはおそらく基礎5対応用5程度（基礎本は1冊20時間、応用本は1冊2時間半を想定）。
**選び方**：まずは職場の先輩たちに聞いて基礎本を10冊選び、購入するなりして手元に置いて、必ず読む。あとは就職先の会社の図書室や、職場の本棚や先輩の机の上を漁ったり、書店巡りや書評を読んだりで関連書を選ぶ。まずは、仕事に関わる企業本や業界本を制覇。

この2年間は、長い社会人生活の中で結構ダイジな時間です。**その後の仕事への姿勢（能動的か受動的か）や、思考の癖（自分で考えるか、考えないか）が定まります。**

仕事（＝与えられた作業）や遊び（＝飲み会や旅行・SNS）だけに、没頭することのないように。必ず、時間をつくって本を読みましょう。

社会人になれば特に、仕事に直結する知識が何か、わかるでしょう。良い本を読めば必ず、身になります。1日平均1時間強、年間400時間で年100冊のビジネス系の本を読むことで、仕事自体もうまく回るようになるはずです。少なくとも仕事の効率は、大きく上がります。

ただ問題はその副作用。ビジネス系の本だけを読み続けることの弊害《へいがい》を感じ始めたら、次のフェーズに進みましょう。

## 第2期（社会人2～4年目）

# ビジネス系と非ビジネス系を1対1にしてリバランス

**自分が「量産機」になっていると感じたらRPMを変える。ビジネス系の本は半分に！**

学校法人・専門学校のHAL《ハル》は2015年春、生徒自身が制作した動画を公開しました。モビルスーツ[11]同士の生死を賭けた市街戦です。

メッセージは**〝量産機になるな〟**。

動画内では、（ちょっと格好いい）試作機《プロトタイプ》が（ちょっと地味な）量産機を、次々に倒していくのですが、ネットでは「量産機なめんな！」「俺たちはジム[12]だ。文句あるのか」という謎の炎上が起こりました。

でもちょっと待ってください。この試作機はガンダム（やジオン公国のジオング）のような「超高機能ワンオフもの」ではありません。**「量産機改造型 試作機」**なのです。

11_有人操縦式の人型機動兵器。人が乗って操縦するロボット兵器であり、マジンガーZやゲッターロボと同じ。

12_ジムは、『機動戦士ガンダム』に登場する、宇宙連邦軍の量産型モビルスーツ。

われわれはみな、孤高の存在＝天才ではありません。その意味では量産機に過ぎません。「安価で丈夫で扱いやすくて取り替え自由」が取り柄《え》です。

でも、それだけじゃ人生ツマラナイ。もしそう思うなら、自らにちょっと改造を施《ほどこ》して、少し特別な「量産機改造型 試作機」になろうよ、ということなのです。

私が、ビジネス系の本だけを読み続けることの危険を感じたのは、就職してちょうど1年経った頃でした。同僚たちと同じような反応をし、同じようなことしか言えない量産機チックな自分に、戦慄《せんりつ》を覚えました。

「ビジネス書ばかり読んでたからだ」と、直観的に思いました。

**人と同じことをしていれば、同じ思考や行動になってしまうのは当然**です。自分の読む本や雑誌（やネット）のジャンルを大きく変えなくてはならない、と感じました。

それまで、ビジネス系100％で突っ走っていましたが、それを半分に抑え、**ビジネス系対非ビジネス系を1対1に**しようと決めました。

もともと自分が好きだったジャンル、自分の個性をつくり出していたジャンルに、回帰するためのこれが最大の資源再配分でした。

## ビジネス系では「基礎」から「応用」へシフト。何を読むかは、自分で選ぶ練習を！

社会人1年目は、基礎重視でした。ビジネス系では数百頁の分厚い「基礎本」をじっくり読むことが中心で、応用は二の次でした。

でも基礎固めが終わったなら、応用の強化をどんどん進めましょう。基礎本はもう年2〜3冊に留め、今の仕事に関わりそうな本を読んでいきましょう。

**変わるのはその選び方**です。

これまでは、他人の目で選んできました。会社のお勧め本や、先輩が読んでいた本、書評で取りあげられていた本、などでした。

これからは、**自分で選ぶ**のです。その本が今の自分の役に立ちそうかどうか、もうそろそろわかるはず。週に1回は書店や図書館の新刊コーナーに行って、自分自身でざっと目を通しましょう。

ピンとくれば読む、こなければ次っ、です。

ビジネス誌も同じ。もう、毎号ずっと読み続けろとも、隅から隅まで全部読めとも言いません。興味あるものがあれば、で構いません。

自分の目で、取り入れるべき情報を選ぶ練習を重ねましょう。

## 非ビジネス系では「SF・科学・歴史・プロフェッショナル」を。初心者向けのお勧め本

さて、2年目（人によるが）からのチャレンジが、自分をコモディティ化から救い出すための「非ビジネス系」読書です。目的は、

**① もともと持っていた自分の強みを取り戻す**
**② どんどん狭まる自分の視野を拡げる**

ことです。それが実現されそうならば、ジャンルは問いません。

私にとってのそれは、「SF・科学・歴史・プロフェッショナル」でしたが、**『源氏物語』**が大好きだったあなたには「SF」の代わりに「日本古典」かもしれませんし、井上雄彦《たけひこ》**『SLAM DUNK《スラムダンク》』**や尾田栄一郎[13]**『ONE PIECE《ワンピース》』**で育ったのなら、良いマンガを究める手もあるでしょう。それで、目的①「強みを取り戻す」は達成される

13_『ONE PIECE』が初連載作品。1997年、22歳から23年間の連載で78巻（2020年3月現在）、累計発行部数は4億6000万部を超えている。

でしょう。

ただ、目的②「視野を拡げる」のためには、「SF・科学・歴史・プロフェッショナル」などが効くはずです。もし、もともとは興味がなかったとしても、1冊ずつくらい囓《かじ》ってみることをお勧めします。

初心者向けの最初の1冊としては、次のものを挙げておきます。

- **SF** 有川浩《ひろ》**『空の中』**、アーサー・C・クラーク**『幼年期の終り』**、アンディ・ウィアー**『火星の人』**
- **SFマンガ** 戸田誠二**『スキエンティア』**、萩尾望都《もと》**『11人いる!』**
- **科学** 佐藤克文《かつふみ》**『ペンギンもクジラも秒速2メートルで泳ぐ』**、西成活裕《かつひろ》**『渋滞学』**
- **歴史** 木村泰司《たいじ》**『名画は嘘をつく』**、宮城谷昌光**『長城のかげ』**
- **プロフェッショナル** 小川三夫**『木のいのち木のこころ（地）』**、谷川浩司**『集中力』**

いずれも割と簡単に読めて、でもとっても深いお話です。

非ビジネス系でも「新奇」の方はまだ思いついたとき、くらいでいいでしょ

『11人いる!』
萩尾望都
小学館文庫
1994年

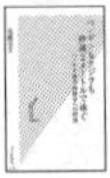

『ペンギンもクジラも秒速2メートルで泳ぐ』
佐藤克文
光文社新書　2007年

『名画は嘘をつく』
木村泰司
ビジュアルだいわ文庫
2014年

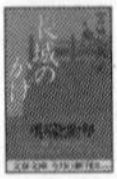

『長城のかげ』
宮城谷昌光
文春文庫
1999年

う。まずは基礎たる「SF・科学・歴史・プロフェッショナル」で心の幅を拡げつつ、自分の独自性を取り戻してください。

## 社会人2年目からしばらくのRPMは、オンとオフのダイナミックバランス作戦

オンが今の仕事、オフが趣味や生活、プライベートとしましょう。

社会人1年目は思い切りオン中心で、でも仕事オンリーではなく、本や雑誌をしっかり読むことでその世界を深めていました。

それに限界を感じたら、オフの力で

社会人2年目からのRPM

| | ビジネス系〔勤務先の業種・職種〕 | 非ビジネス系 |
|---|---|---|
| 応用・新奇 | ②ビジネス応用<br>自分で選んだ関連本47冊 | ④非ビジネス新奇<br>気になったものだけ |
| 基礎 | ①ビジネス基礎<br>追加の基礎本3冊 | ③非ビジネス基礎[SF・科学・歴史・プロ]<br>強みと拡張で50冊 |

バランスをとり直すわけです。ただし、**偏りを戻すために必要なのは、中庸《ちゅうよう》ではなくカウンターバランス**です。

重りが片方にしかついていないヤジロベエがあったとしましょう。当然、倒れてしまいます。倒れなくするために、重りを真ん中に移してもムダです。そもそも、オン（ビジネス）もオフ（非ビジネス）も同時に満足させる本などほとんど存在しませんし、重りが真ん中にしかないヤジロベエは決して安定しません。ヤジロベエは、大きく手を伸ばしたその両端に、重い重りがあってこそ安定するのです。右に傾いたら左に重りを、左に傾いたら右に重りを加えることで、動的《ダイナミック》にバランスをとっていきましょう。

就職して2年目以降、「量産機改造型 試作機」に進化するための読書戦略は、こんな感じでしょうか。

**社会人2～4年目の読書戦略**

**読書量**：年間100冊を維持。時間のかかる本も10～20冊は読む。
**セグメント配分**：ビジネス系と非ビジネス系を1対1にする。ビジネス系では基礎は2～3冊にして、応用を中心に。非ビジネス系では基礎の「SF・科学・歴史・プロフェッショナル」などを中心に。「新奇」は限定的でいい。

**選び方**：ビジネス系はお勧めとかにあまり頼らず、自分で読んでみて選ぶ練習をする。非ビジネス系は、好きなものをまず。でも、「SF・科学・歴史・プロフェッショナル」も食わず嫌いにならず、1冊でもいいから試してみる。

自分の中で「偏りが減った。世界が拡がった」と感じられるまで、思い切ってカウンターバランスをとりましょう。

ビジネス書を1冊読もうと思ったなら、同時に1冊、非ビジネス系の本を探しましょう。**買うとき・借りるときは、いつも2冊同時**です（笑）

私はまじめに、そうやっていました。だって数えるのが面倒だったので……。

そういえば、『機動戦士ガンダム』に出てくる「シャア専用機」にもいくつか、量産機改造型試作機がありました。ジオン公国軍のエース 赤い彗星シャア・アズナブルが乗るザク[14]は、量産機ベースながら多少の改造が施されて性能が3割上がり、全身ピンクがかった赤に塗装されました。

たとえガンダムになれずとも、目指せ、赤ザク！

14_量産型のザクは全高 17.5 mで緑色。なお相模屋によって全高 52mmの「ザクとうふ」（枝豆風味）が量産・発売されている。要冷蔵。

## 第3期（社会人5〜10年目）

# 新しい地平を切り拓くために「新奇」や教養分野を増やす

### リベラルアーツ（教養）とはヒトを自由にするための言葉と論理である

ヒトはとっても周りや自分に流されやすい、不自由な存在です。**「空気はなぜ透明か」**と尋ねられても、それだけで多くの人間は思考停止に陥ってしまいます。

「なぜ透明か」と問われたことによって、「透明だ」と思い込んでしまいます。本当は（光の全周波数で見れば）ちっとも透明じゃないのに。

「この事業はなぜ成功したのか」と問えば、成功の理由しか考えなくなります。本当は失敗かもしれないのに。

「仮説思考」が大切だといわれると、ジャンプのないツマラナイ仮説もどきをいっぱいつくり始めます。しかもその仮説が正しいことを証明しようと作業を始めます。大間違いです。

ツマラナイ仮説からは、ツマラナイ答えしか出てきません。私たちは、時間も情報もない中で、面白い仮説を立てなくてはならないのです。

でもどうやったらこういう不自由さを克服し、自由な発想ができるようになるのでしょう。

その答えこそが「リベラルアーツ」でした。

リベラルアーツとは、古代ギリシアからローマ時代にかけて成立した**「自由七科」**を指します。すなわち文法、修辞、論理、幾何、算術、天文、音楽の7つです[15]。それらは工学・経済学などの「実学」でなく、より基礎的なものとされました。**リベラルアーツの原義は「非奴隷たる自由人としての力を得る、ヒトを自由にする学問」なのです。**

そもそも、ヒトの能力とは何でしょうか。考える力は3つの要素に分けられます。〔言葉〕〔論理〕〔知識〕です。その掛け算で考えは進んでいきます。リベラルアーツとは、考えるエンジンとして、その前二者を鍛える学問なのです。知識では、ありません。

ヒトや社会を対象にするときは**「言語《げんご》（国語を含む）」が〔言葉〕**で**「哲学」が〔論理〕**です。自然を相手にすれば**「数学」が〔言葉〕**で**「物理学（天文学を含む）」などが〔論理〕**となります。

だからヒトは国語や数学を学ばなくてはならないのです。それはあらゆる「考え」の

15_ この7つの上に哲学と神学があるともされた自由七科（リベラルアーツ）
1. 文法 Grammar
2. 修辞 Rhetoric
3. 論理 Logic
4. 幾何 Geometry
5. 算術 Arithmetic
6. 天文 Astronomy
7. 音楽 Music

基礎であり、その力の大小や巧拙《こうせつ》が考える力を大きく左右します。論理学や、哲学も同じです。

## 新しい言葉と論理は、新しい地平を拓《ひら》く

大きな困難にぶち当たり、乗り越えなくてはいけないとき、どうするでしょう。その答えのひとつがリベラルアーツにあります。

経営コンサルタントとして参加したあるプロジェクト。1年間かけて、社員1万人の意識変革を目指す「野心的な」プロジェクトでした。社内は職能別に職場も意識もバラバラ、労組も強い……どうにかなるのか？

当時のプロジェクトリーダーKさんは、集められた5人のコンサルタントの1人を指名して言いました。「Fさん、これから心理学と組織論の勉強をしてもらえるかな」「現場には出なくていいから」

困難が予想される意識改革プロジェクトのために、チームとしての知力を上げる！　そのための新しい言葉や論理が「心理学」と「組織論」でした。Fさんはチームミーティングに毎回新しい言葉を持ち込みました。軍隊の組織構造の変遷《へんせん》、動物行動学からの知見、などなど。そ

れらをテコに、チームはどんどん新しい分析や発見を続けていきました。

ヒトは、その時々の流行《はや》りの学問やテーマに流されていきます。ある言葉、ある考え方に染まってしまい、「自分」がなくなります。にもかかわらず、日本的教育を受けた日本人は、この状態を不自由だと感じません。「よく勉強した」くらいに思っています。でもそれはやっぱり「自由」ではありません。「自在《じざい》」であるともいえません。

スピードと創造性をモチベーション高く発揮させるために、現代の、そして未来の組織はどんどん細分化されています。つまりそれは、大量のミニリーダーたちが必要とされるということです。自らのアイデア（問題意識や解決法）を持ち、それをチームメンバーと共有し、実行に移していけるヒトたちが。

社会人5年目ともなれば、みなさん自身がもう、そういった立場となるでしょう。**必要なのは、新しい言葉を磨き、論理を学ぶこと。**細かな知識はあとでいいのです。

## 1〜2割を「新奇」ジャンルの本に継続投資してみる。東大教養学部の授業ライブ本から齧《かじ》ってみる

思い切って年100冊のうち、1〜2割をこれまで馴染みのないジャンルの本に振り向けて

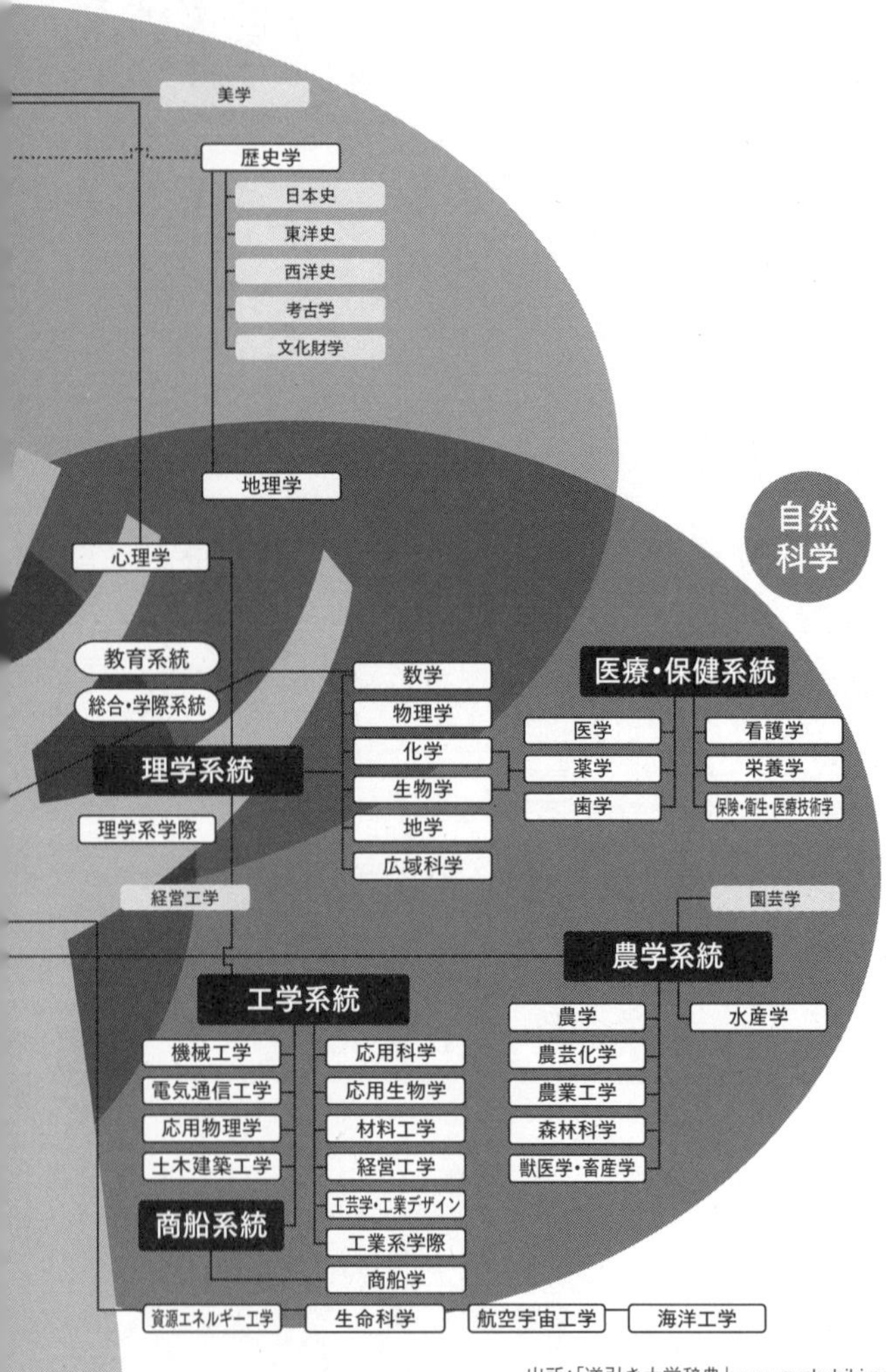


出所：「逆引き大学辞典」www.gyakubiki.net

## 学問ジャンル概観マップ〔人文・社会・自然〕

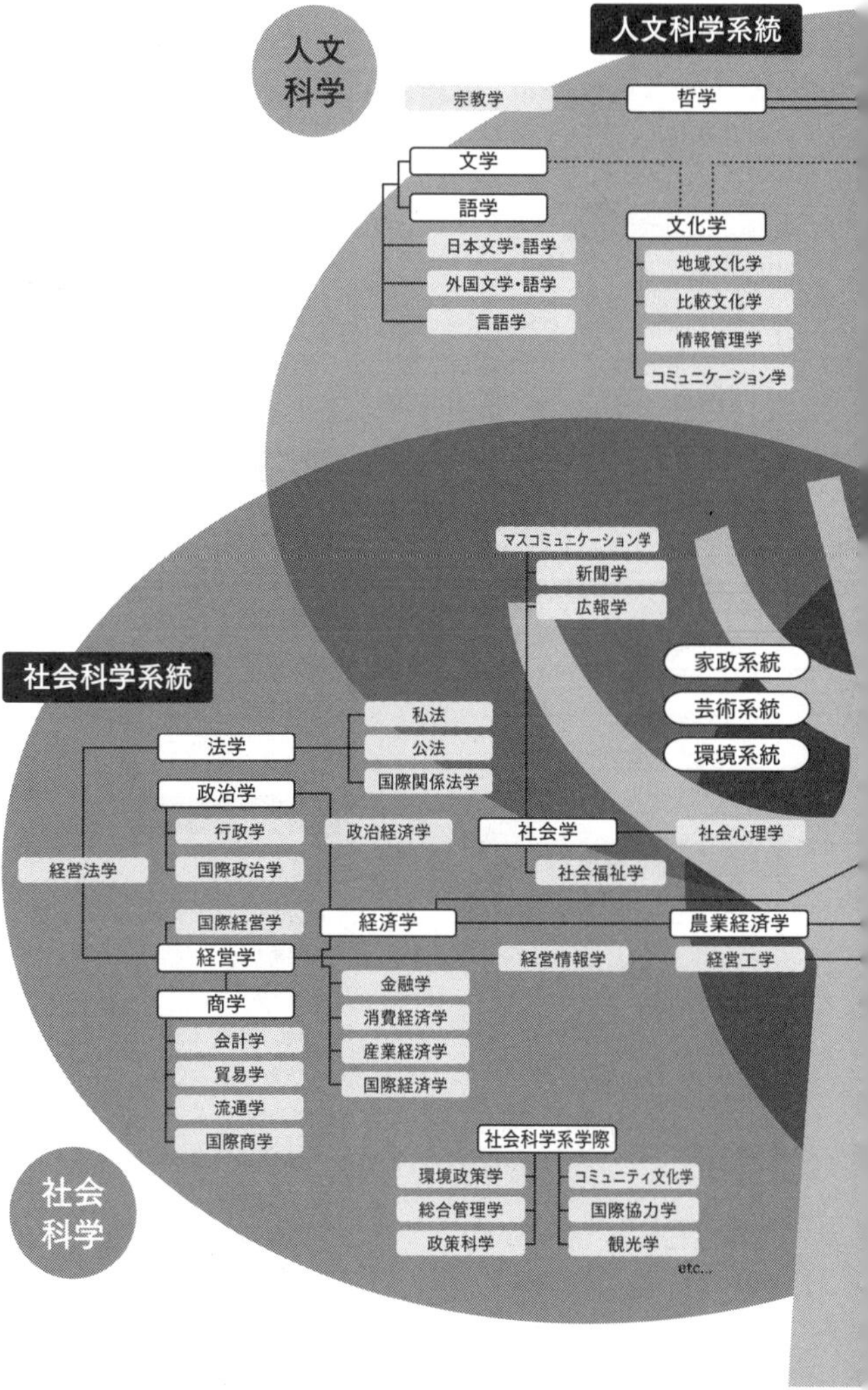

## 学問ジャンル概観マップ〔融合分野〕

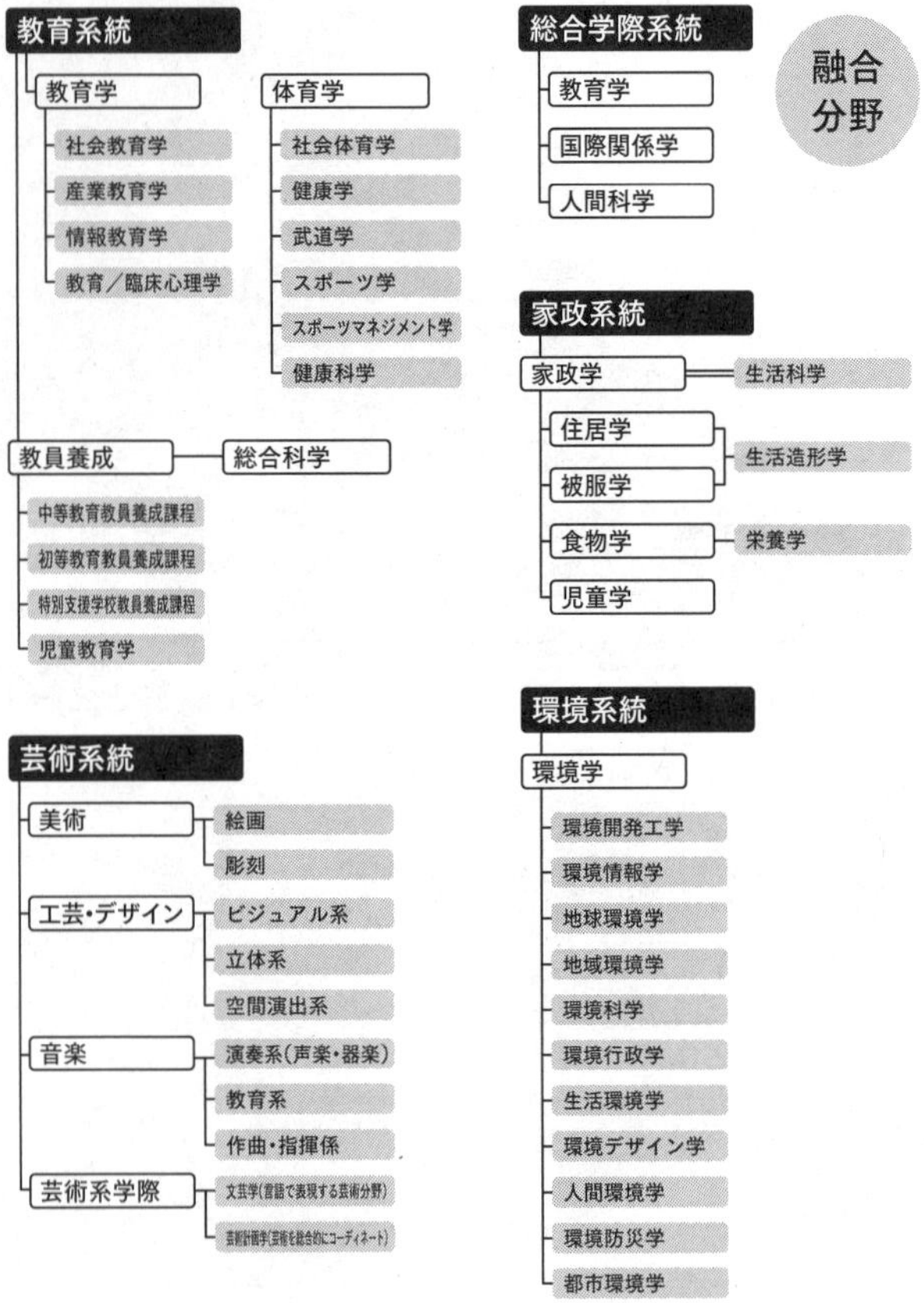


出所:「逆引き大学辞典」www.gyakubiki.net

みましょう。月1冊ずつのペースです。

自分にとって新しい領域とは何なのか。新しい言葉や論理が学べる領域はどこなのか。漫然と考えるより、とっかかりとして、最高学府で研究機関である「大学」の学問の種類から見てみましょう。

ここには、人文・社会・自然科学とその融合領域における、12系統58分野130学問が勢揃いしています。一度じっくり、端から端まで眺め渡してみてください。

なじみ深いものもあるでしょうが、まったくないものも多いはず。それを片っ端から攻めていくも良し。ただ、さすがに時間の制約もあるので、興味が持てるかどうかをチェックするために、東京大学教養学部が編集した、**『16歳からの東大冒険講座』**シリーズ、**『高校生のための東大授業ライブ』**シリーズはどうでしょう。前者の目次概要を見てみましょう。

- 『16歳からの東大冒険講座［1］』：日本語と韓国朝鮮語、道と年号、写真と異文化理解、卵、機能性物質、海、進化ほか
- 『同［2］』：携帯電話と情報世界、ソフトウェア、時計と時間、日米関係、

『16歳からの東大冒険講座［1］記号と文化／生命』
東京大学教養学部（編）
培風館
2005年

『高校生のための東大授業ライブ』
東京大学教養学部（編）
東京大学出版会
2015年

欧州統合、中ロ関係、夏目漱石ほか

●『同［3］』：ハムレットは太っていた、宮沢賢治、翻訳のフシギ、イタリア、心理学、脳と病、超弦理論、知覚の複雑系、微積分の力ほか

『高校生のための東大授業ライブ』も、これまでに6巻が出され、

●地球は「やさしい惑星」か～生命の絶滅と進化、イングリッシュ・ガーデン誕生の裏側、君たちは空海を知っているか？ 笑って考える少子高齢社会～ジェンダーの視点から

などといった、興味をそそられるテーマや問いかけがいっぱいです。月1冊ずつの「新奇」投資を、まずこれらから始めてはどうでしょう。

**社会人5年目からのRPMは、**
**自分をもう一段進化させるためのリベラルアーツを新奇として取り組む**

就職して5年目。量産機で終わらないための努力をちゃんと続けていれば、「量産機改造型

試作機」にも、名前が付く頃でしょう。量産機ザクに対して、赤い彗星シャア・アズナブル少佐が乗る真っ赤な「シャア専用ザク」や青い巨星ランバ・ラル大尉が乗る青い「ランバ・ラル専用機」がそれです。

それでも「シャア専用ザク」は、ガンダムに傷さえ付けられませんでした。機体の基本性能を何倍にもすることはできません。ザクのまま戦うのなら、まったく別の武器が必要です。もしくは操縦系統の性能を格段に上げる努力が必要です。本気でガンダム（困難な課題）を、打ち倒そうと思うなら。

そのための武器、操縦系統のグレー

社会人5年目からのRPM

ドアップ手段が、「新奇」ジャンルなのです。

読書戦略としては、こうなります。

**社会人5～10年目の読書戦略**

**読書量**：年間100冊は維持。ただし、量より質。冊数にはこだわらない。

**セグメント配分**：ビジネス系より非ビジネス系を増やす。非ビジネス系では基礎として選んでいたジャンル以外の「新奇」を増やす。「新奇」を月1冊、年間12冊は読んでみる。

**選び方**：「新奇」は新しい言葉や考え方を取り入れるためなので、学問をキーにしてみる。東大教養学部の授業本などで、まずどの分野を掘るか決める。その他の非ビジネス系は、ビジネス系と同じく、自分自身で選ぶ。お勧めを使うにしても、その相手や評者をまずは選ぶこと。

私がこれまで、そうやって拡げてきた世界は、「日本古代史」「認知心理学」「建築論」「キャリア論」などです。

『暗黒神話』
諸星大二郎
集英社文庫
1996年

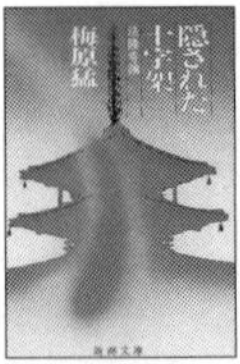


『隠された十字架　法隆寺論』
梅原猛
新潮文庫
1981年

おどろおどろしいマンガである諸星《もろほし》大二郎『**暗黒神話**』に惹かれて、日本古代史に足を踏み入れました。普段は絶対読まないのに、週刊少年ジャンプでの連載[16]をつい読んでしまいました。梅原猛『**塔**』や『**隠された十字架　法隆寺論**』『**怨霊《おんりょう》と縄文《じょうもん》**』などに進んだのも、実はそれがきっかけです。その独特の対象の捉《とら》え方、考え方に魅入《みい》られました。

たまたま安藤忠雄《ただお》『**連戦連敗**』[17]を書店で手に取り、気に入って、建築家の本を何冊か読み漁《あさ》りました。建築というものが大いなる力を持ち、そこで稀代《きたい》の建築家たちが何をどう考えているのかを、垣間《かいま》見ました。

これから先、本を通じてどんな世界が拡がっていくでしょう。楽しみです。

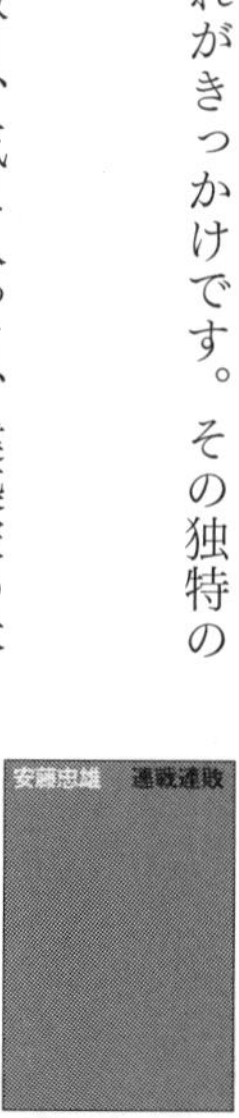

『連戦連敗』
安藤忠雄
東京大学出版会
2001年

16_1976年20号～25号に連載された。

17_安藤忠雄が国際設計コンペで「連戦連敗」していた頃のことが書いてある。そこでの彼の学びは「予算順守や実現性より尖ったコンセプト」であった。

第4期（キャリアチェンジ準備期）

# 挑戦領域のものを①→②へと回す

## キャリア「チェンジ」はそもそも難しい。振り出しに戻る覚悟

社会人を何年かやれば、転職の誘惑や圧迫がやってきます。

でも、転職にも2種類あって、キャリアアップ（同じ職種でポジションや給与アップ）とキャリアチェンジ（職種の変更を伴う転職）は、まったく異なります。

転職支援会社に行った若者（や中堅）が、まず諭《さと》されるのが「キャリアチェンジはほぼムリですからね」ということ。職種をいきなり変えるって難しいのです。

中途採用者は英語でexperienced hire。つまり中途採用者に望むものはその分野における経験であり、即戦力なのです。新卒ならともかく、28歳の未経験者など、企業としては採る意味がありません。

それでもやるなら、**時間とお金をかけて社会人大学院（ＭＢＡなど）に通って自分を磨く**

か、いったん「振り出しに戻る」覚悟が必要です。社会人2～5年目なら、第二新卒として採用され、その後、素早く昇進していく作戦です。

もし、今いる企業内で希望する職種へのキャリアチェンジのチャンスがあるなら、そこから挑戦する方法もあるでしょう。

マーケティング志望なら商品企画部署に、戦略志望なら事業企画や経営企画部署に、ロジスティクス志望なら物流・生産管理部署などに、異動することです。

もちろんこれだって簡単ではありませんが、日系企業ではまだ、「専門家を社内で育てる」気風が強く残っています。自分がそこでなんらかの役に立つことをアピールして、希望部署に行けるよう頑張りましょう。

そこで本当の経験を積んで、それから後はそれを梃子《てこ》にキャリアアップを図る作戦です。

## 素早く立ち上がるための知識をつけるための読書

そのどちらの作戦にせよ、十分な準備を怠《おこた》ると痛い目に遭います。

- **MBA等・第二新卒転職**：未経験職種で素早く立ち上がるための準備
- **社内異動**：未経験職種に異動させてもらうための準備

経営コンサルティング会社の中でも、いわゆるマーケティング系のプロジェクトは人気があります。食品メーカーのマーケティング組織改革、ゲーム会社の企画力向上プロジェクト……。ぜひ参加したいという若者が、いくらでもいます。

でもただ「プロジェクトに入りたい！」と叫ぶだけの未経験者に、その貴重なチャンスが回ることは決してありません。経験者の方が有利に決まっていますし、未経験者の中でも「しっかり勉強している」者の方が100倍有利です。

その分野における基礎的な知識やフレームワークを身につけていること、最新の情報にも精通していること。プロジェクト未経験者であっても、そんな若者が猛烈にアピールしてくれば、マネジャーだって思わずアサインしてしまいます。

第二新卒（もしくは首尾《しゅび》よく中途採用）として採用され、そこからの急速アップを目指すときも同じです。社会人力は周りの新卒たちより優《まさ》っているわけですから、あとはそこでのビジネス力で勝負です。そこでも事前の準備が役に立ちます。

もし次の希望職種が定まったなら、早めにその勉強を始めましょう。

この章の前半にあった「社会人▲1〜1年目のRPM」に従って、その新しい職種や業種を「今のビジネス」として本を選び、資源配分していきましょう。

## トランジッション期間は1〜2年で勝負

ただその準備期間は長すぎてはいけません。1〜2年が勝負と思って注力すること。

次のビジネス分野（希望職種・業種）に読書資源を振り向けるということ

キャリアチェンジ準備期のRPM

とは、今のビジネス系の読書がなくなるということです。その影響はすぐには出ないでしょうが、1年もすれば情報不足がわかるようにもなるでしょう。

だからといって、「今と将来半々」とかでは両方が中途半端になってしまいます。

読書戦略としては、こうなります。

**キャリアチェンジ準備期の読書戦略**

**読書量**：年間100冊。ただし、量より質。冊数にはこだわらない。

**セグメント配分**：次の希望職種・業種のビジネス系を中心に1～2年の間、読む。しばらくはそのビジネス系100％で。基礎本10冊と関連の応用本90冊から入り、慣れてきたら非ビジネス系も復活させる。現在のビジネス系は思い切って捨てる。

**選び方**：その希望職種にいる友人・知人に確かめる。できれば複数の人数に聞いて偏りはなくすように努める。

第2章

# セグメント別ワリキリ読書

## ──読み方を変えて効率的にリターンを得る

# セグメントによって読み方を戦略的に変えるべし

## 読み方を変える、とは？

私はもともと、どんな本でも雑誌でも「読み方」は常に同じでした。好きで本を読んでいたので、虚心坦懐《きょしんたんかい》、全力で読み続けるのみでした。効率なんて気にしません。

そのうちヒトより読むのが速くなったこともあり、不便を感じたことはありませんでした。でも就職前のインターンシップのとき、それまでとはまったく違う「読書」を経験しました。

そこでは大きなお題だけを与えられ、情報収集をするための予算が潤沢に（何万円か）あり、でも時間は限られていました。仕方ないので大手書店や政府刊行物センターを何軒か、半日かけて回って関連書（とおぼしきもの）を30冊くらい買い込み、それを1日で読み込みました。もちろん、**まともに読んでいたら間に合わないので、ものすごい飛ばし読み**です。

読書をドライブだとしてみましょう。周りの風景が本の中身《コンテンツ》です。

そのドライブにはきっと目的（デートかヒマつぶしか）があり、それに合わせた車種（スポーツ車かSUVか）や運転の仕方（スピード重視かのんびり運転か）、BGMのかけ方、記録の取り方なんかがあるでしょう。

そう考えると、そもそも私の読書には、目的がありませんでした。本の形態は紙しか選ばず、読書方法はただ無心の境地での通読《つうどく》[1]、時間や場所は教室での授業中。本に線を引くこともなく[2]、読み終わったらすぐ次！でした。

インターンシップのときには、それが全部違いました。

**目的** 限定的情報の収集
**形態** 紙でもなんでも可（検索上は電子書籍が有利）
**読書方法** キーワードに注意しての飛ばし読み
**読む場所** オフィスの机
**記録方法** 書き出すか頁ごとコピー

目的以外の部分を「読み方」とすれば、**目的が変われば、読み方はまるっきり変わる**とい



1_ 全体を一通り読むこと。初めから終わりまで読み通すこと。

2_ 中学まではほとんどの本は図書館から借りたものだったので、線を引いたりする習慣がなかった。

うことです。それにしても、30冊を1日で「読んで」しまうなんて、なんと勿体《もったい》ない……。

学生にとっては、とても贅沢で衝撃的な「読み方」経験でした。

**目的に応じて、読書方法を変える。粗読み、斜め読み、熟読、重読**

小宮一慶《かずよし》『ビジネスマンのための「読書力」養成講座』では、読書方法をその目的に応じて、5つに分けています。

① 速読《そくどく》：求める情報を探すために、要点を素早く把握する
② 通読《つうどく》レベル1：最初から最後まで、普通に読む
③ 通読レベル2：最初から最後まで、論点を整理し考えながら読んでいく
④ 熟読《じゅくどく》：注や参考文献を参照しながらきっちり理解するために読む
⑤ 重読《じゅうどく》：生き方などに関する座右《ざゆう》の書として、何度も繰り返し読む

です。①速読は、普通の意味とは異なるので、ここでは「①粗読《あら》み」とします。文字通り、粗《あら》く読むこと、です。また③までやって④に至《いた》らないのは勿体

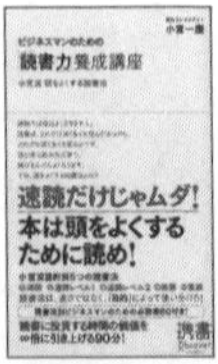


『ビジネスマンのための「読書力」養成講座』
小宮一慶
ディスカヴァー携書
2008年

ないので、③は④に含めることにします。②は「斜め読み」と言い換えます。つまりここでは、次の4つに分けることにします。

**①粗読み**：特定の情報を探すために、キーワード周辺だけ読む
**②斜め読み**：全体の論旨《ろんし》を把握するために、全体をざっと読み通す
**③熟読**：内容をしっかり理解するために、注釈も含めて精読《せいどく》する
**④重ね読み**：座右の書として、何度も繰り返し読む

そしてこれらは、組み合わされることも多いでしょう。①粗読み×③熟読、②斜め読み×③熟読×④重ね読み、などです。

ざっと読んで大切なところを見つけたら、その部分は、理解できるまでじっくり精読（＝熟読）するのです。

これらの読書方法を含めた「読み方」が、RPMのセグメントごとに大きく異なります。読書の目的が、違うからです。

資源配分や本の選び方だけでなく、本の読み方も戦略的に、変えましょう。

ビジネス基礎

セグメント① 「ビジネス基礎」

# 少数の「古典」を熟読玩味！一部は重読して土台とする

**基礎固めは古典的名作を「熟読」せよ。それが一番効果・効率的**

広大な関東平野は、台地と低地の組み合わせであり、低地はもともと海で砂が何十メートルも堆積《たいせき》しています。

台地はといえばその名も関東ローム層。富士山や箱根山、八ヶ岳などの火山灰が積もってできた赤土の塊《かたまり》です。小さな住宅ならともかく、重くて背の高いものを砂や赤土に浮かべるわけにはいきません。

**大型ビルの場合、その支持基盤は関東平野の地下数十メートルに横たわる「上総《かずさ》層」**です。砂礫《されき》の硬く締まった層で、そこまで杭《くい》を打ち込むことが、傾かないビルの必須条件[3]です。

3_1914年完工の初代東京駅の基礎には、青森県産の松杭が1万1050本使われた。関東大震災に耐え、1975年の調査でも強度は十分だった。

ビジネスの基礎本として選ばれるのは大抵が、**古典的名作**です。

年間何千冊と出版されるビジネス書の中で、かつ、大きく変わるビジネス環境の下で、何十年も読み続けられるというのは、すごいことです。ビジネスの根底を成す、「知」の支持基盤にまで届く力があるのです。

それらを「理解」するまで読み込むこと。このセグメントの本に対しては、熟読が必須です。半端な本を何冊読んでも、建築物本体（応用）を支える基礎にはなりません。

古典的名作は、必ずしも読みやすいわけではありませんし、初心者向けとも限りません。読み通す（通読）だけでもかなり大変でしょう。

でも、**一度でダメなら、1年後また挑戦すること。それでダメならもう1年後**です。

そして、基礎杭が1本では建物を支えられないのと同じように、古典的名作も1冊では足りません。**10冊熟読**を目指して頑張りましょう。

結局それが、一番の早道なのです。

## 耐えがたいほど分厚い『マーケティング・マネジメント』や『競争の戦略』が土台となる

私がそういったビジネス系の古典的名作に取り組み始めたのは、大学４年の秋でした。インターンシップそのものが大学４年の夏だったのですが、内定後に10冊ほどの「宿題本」がＢＣＧから送られてきたのです。

他はともかく、フィリップ・コトラー『**マーケティング・マネジメント**』とマイケル・ポーター『**競争の戦略**』は、必死で、でも楽しく読みました。

『マーケティング・マネジメント』は、当時まだ第４版（FORTH EDITION）でわずか５２６頁（２００８年の第12版では１０００頁）でしたが、24章にわたってマーケティングのあらゆる側面が論じられており、ただの理系の大学生には、目が回るような本でした。

その**諸理論の中でも、12章「製品ライフサイクル戦略」こそが、その結晶**でした。ピーター・ドイルが１９７６年に提唱したこの戦略論は製品のライフサイクルステージごとに、マーケティングの諸機能がどのように働くべきかを、

『コトラー&ケラーのマーケティング・マネジメント第12版』
フィリップ・コトラー他
丸善出版
2014年

『マーケティング・マネジメント第４版』
フィリップ・コトラー
プレジデント社
1983年

明確に示すものでした。そしてそのときの収益状況まで。それはたとえば、「導入期なら、顧客はイノベーターで少数。製品開発は基本性能の向上に努め、価格は高めでよく、宣伝は認知向上を図り、チャネルは専門店で。競争は未だないが、売上も少ないのでキャッシュフローは少しマイナスになる」といった具合の精妙《せいみょう》華麗《かれい》な理論でした。

もうこれ以上、マーケティングを研究する余地はない、**「マーケティングは死んだ」**とまで言われたほどの究極のマーケティング理論だったのです。

幸いそうではありませんでしたが（笑）

私にとっての問題は『競争の戦略』でした。

[4] 経営論に経済学を持ち込んだポーターが、その経済学的理論を駆使した「産業構造分析」の集大成《しゅうたいせい》のハズなのですが、その表現は極めて文学的でした。まったく定量的でなく、「強い」とか「大きい」といった曖昧《あいまい》な形容詞だらけなのです。

たとえば、「多数乱戦業界となる経済的原因」として、「主なもの」が17個も挙げられていますが、「1 参入障壁が低い」「2 規模の経済性等が効かない」「3 輸送コストが高い」「4 在庫コストが高い」「5 買い手や売り手が強すぎる」「6 規模の不経済が致命的であ

4_『競争の戦略』（原題もCompetitive Strategy）に、競争戦略に関する論考はほとんど出てこない。大部分はポーターも認めるとおり産業構造論である。

『新訂 競争の戦略』
M・E・ポーター
ダイヤモンド社
1995年

る」「7 製造設備がフレキシブル」「8 創造性が高い」……「12 市場ニーズがさまざま」「13 イメージでの差別化が著しい」「14 撤退障壁《てったいしょうへき》が高い」「15 地域ごとの条例」「16 政府による企業集中の禁止」「17 業界が新しい」といった具合。

明確なのは……16の「禁止」くらいでしょうか。

節以下の構造化もあまりなされておらず、8つ要因があると書いてあるのに数えたら7つしかなく、といった具合で全部を読みこなすのに、とっても苦労しました。でもそれが**逆に、読んだものを自ら再構造化する、良い練習**にもなりました。

また実際の企業事例が豊富で、理解の助け、読み続けるモチベーションとなりました。

## 逃げない、飽きないために「輪講」「読書会」を活用しよう

BCGに入ってから2週間、初期の新人研修は終わりましたが、まだまだ知識は穴だらけです。足りないものをみなで勉強しようと同期6人で相談し、自分たちで研修メニューをつくっていきました。そのひとつが「基礎本の輪講《りんこう》」です。

自分では絶対逃げ出したくなりそうなものを、その対象に選びました。**『ゼミナール マクロ経済学入門』『ゼミナール ミクロ経済学入門』**です。各々500頁超！

毎週1回、ひとりが1章分を要約、紹介します。同期は数人しかいなかったので、あっという間に回ってきてしまいますし、1章あたり30頁のときも100頁のときもありました。100頁分の内容をどうやって30分で紹介するのか、大変でした。

でも、分担《ぶんたん》しての担当制にしたことと、そのヒトがプレゼンテーションで説明する（みんなに教える）としたことが、良かったのでしょう。参加者の責任感も出て、なんとか最後まで辿《たど》りつきました。

「読書会」でも早朝集まる「朝読《あさどく》」でも構いません。逃げない・飽きないために、そういった「みんなでやる方式」の読書も有用でしょう。

## 「ビジネス基礎」の目的と読み方

| | |
|---|---|
| 目的 | 基礎の古典的名作を理解する |
| 形態 | あとでの検索用にあれば電子書籍が便利 |
| 読書方法 | 熟読すべし |
| 読む場所 | どこでもいいが「みんなで」も有効 |
| 記録方法 | その時々の疑問や感想を書き込もう |

『ゼミナール
ミクロ経済学入門』
岩田規久男
日本経済新聞社
1993年

『ゼミナール
マクロ経済学入門』
新保生二（編）
日本経済新聞社
1991年

ビジネス
応用

セグメント②「ビジネス応用」

# 粗読みや斜め読みで「ファクト」を集めよ。フレームワークはたくさん知ってもムダ！

## 「基礎」があれば粗読みや斜め読みが効率的にできる。なければできない

しっかりした基礎さえあれば、その上にどんな建物を築くも自由です。

読書だと、基礎ができると急に「粗読み」「斜め読み」が上手にできるようになります。いわゆる速読ではありません。自分にとって有用な部分だけを、抽出《ちゅうしゅつ》する読書方法です。

**「粗読み」は決め打ちです。**ある情報があるかないかを、目次で確認した上でパラパラめくりながらチェックしていきます。見つかればよし、見つからなければあきらめます。何かキーワードがあるならGoogleの書籍検索で調べてみるのも良いでしょう。

**「斜め読み」は逆に、決め打ちせずに読み流します。**端から端まで軽く通読する中で、引っかかる何かを待つのです。自分が持っている常識や、過去に読んだ内容や、そういったものと反する何かを見つけ出しましょう。

ビジネス系の本は「企業本」「ノウハウ本」「フレームワーク本」の3つに分かれます。ただ、どんな本にしても、新しいことばかりで100%埋め尽くすことはありません。そんな書き方をしたら、あまりに高度で専門的になってしまい、読者を限定しすぎるからです。

これまでも世の中に知られていることをベースに、新しい内容を位置づけ、解説していくのが、ビジネス系の本の基本的なつくりです。そしてその新しい内容は、印象づけるために何度も登場し、いろいろな事例で説明していきます。

**●本（200頁）＝既知の知識100頁＋（新規の知識20頁×5回）**

つまり**正味の「新しい内容」は、全体の10%ほどに過ぎない**ということなのです。まずは、それを斜め読みで抽出します。

基礎ができていれば、それはほとんど自動的にできるでしょう。

## 「応用」セグメントでは、事例などの「ファクト」を中心に集める

ここまでの読書戦略に従うならば、年間多くの「ビジネス応用」本（や雑誌）を読むわけですが、そこでは効率を重視します。

まずは前述のように「新しい部分」を抽出することなのですが、もうひとつ別の視点で目的を設定しましょう。それが「事実《ファクト》」を集めることです。

人や物事を動かすとき、力があるのはストーリーとファクトです。

ヒトはストーリーに感動し、ファクト（特に数字）を信頼します。その信頼と感動によってヒトや組織は、それまでの信念（旧弊）を変えて新しい戦略・新しい行動へと踏み出すのです。

ストーリーは組織に合わせてつくるもの。でもファクトは多くの事例から収集が可能です。強い、**普遍性のあるファクトを、本から斜め読みで抽出**しましょう。

例えば、『競争の戦略』に書かれた「多数乱戦業界の原因」自体は曖昧ですが、その事例は多彩です。「2 規模の経済性等が効かない」の箇所には、そういった業界の事例として、5パターン6業種が挙げられています。

- **単純な加工や組み立て作業**：グラスファイバー、ウレタン成型
- **単なる在庫商売**：電子部品の卸売り
- **労働集約的**：保安警備
- **人手に頼り機械化・ルーチン化が困難**：マッシュルーム栽培[5]
- **生産単位が零細《れいさい》で運任せ**：ロブスター漁

これらは（論拠はともかく）ファクトといえるでしょう。これが米国での1980年前後の知見だとして、日本では、そして今ではどうなのでしょう？　その変化はなぜ起こったのでしょう？

そうやって私たちの知見や思索は拡がっていきます。

## 「ノウハウ」や「フレームワーク」は厳選して使いこなす

「企業本」だけでなく、「ノウハウ本」「フレームワーク本」にも事例はさまざまあり、面白いファクトが見つかることでしょう。

ただやはり、「ノウハウ本」からは有益なノウハウを、「フレームワーク本」からは実践的な

5_ 日本ではレンコン栽培も同様。高収益だが大規模化に向かない。

フレームワークを抽出したいもの。

でも、なんでもかんでもでは失敗します。そこでの割り切りは「ひとつだけ」です。

ノウハウ・自己啓発本は、『**7つの習慣**』とかそのノウハウ数を挙げるのが好きなのですが、最近はちとインフレ気味です。「10の理由」「15の習慣」「46のルール」「50のアイデア」「66のルール」「100の言葉」「122の鉄則」……。**1冊の本から、新しく自分の身につけられる習慣やスキルなど、せいぜいひとつか2つ**でしょう。

斜め読みして、「心に残るひとつ」を選びましょう。

フレームワークはなおさらです。

フレームワーク（手順や枠組み）があれば、とりあえず考えをスタートできます。ビジネス戦略のための「5W1H」、改善活動のための「PDCA」、マーケティングのための「プロダクト・ライフサイクル」。みな、先人たちの生み出した偉大な分析・思考の手順や枠組みです。

でも使いこなせなければ、なんの意味もありません。フレームワークは、ノ

『7つの習慣』
スティーブン・R・コヴィー
キングベアー出版
1996年

ウハウと違って体系的・総合的なものです。

**車でいえば、運転方法の体系**（走り方、止まり方、曲がり方、安全確保の仕方、高速走行の仕方など）、**がフレームワーク**で、格好いい曲がり方、スマートな乗り降り方、がノウハウです。

運転方法のフレームワークを、ただ知っていてもそれだけの話ですが、もし使いこなせるなら、人に車の運転を上手に教えることができるでしょう。でもそうなるには、そのフレームワークを何度も使って自分の「技」にしなくてはなりません。

だからやっぱり「ひとつだけ」です。自分の役に立ちそうな、たったひとつを選ぶのです。

## 究極の割り切り斜め読み法――「序章と図だけ読む」

時間のないとき、私がやっているビジネス応用セグメントでの読み方は、「序章と図だけ読む」です。

本にもよりますが、海外のビジネス書は大抵、序章に全体の要約が載っています（この本もそうしています）。まずはそれをじっくり読みましょう。

そして、ダイジなことは本文中で、必ず図や表になっています。パラパラめくって図表を探し、それをじっくり眺めます。

図表だけ見て、その内容や意味がわかればヨシ。良い本です。もしわからなければ、その周辺の小見出しを読んでみましょう。それでもわからなければ、あきらめましょう。次の図表へゴー、です。

30分もあれば、かなり厚いビジネス書でも読み切れます。斜め読みというよりスキップ読みですが、たぶんこれで大丈夫です。

### 「ビジネス応用」の目的と読み方

- **目的** 新しい内容を効率よく集める。特にファクト
- **形態** 紙でも電子でも
- **読書方法** 粗読みか斜め読み。「序章と図だけ読む」作戦も有効
- **読む場所** どこでもいいが通勤中が効率的か
- **記録方法** 抽出部分をあとで検索しやすいよう書き出すか、PDF化して文字認識させておく

非ビジネス基礎

セグメント③「非ビジネス基礎」SF・科学・歴史・プロフェッショナル

# 「異ジャンル」は斜め読みで本質を得る

## 未来につながると信じ、斜め読みでただ楽しむ

アップル創業者で前CEOのスティーブ・ジョブズは、生前、若者たちを前にこう言いました[6]。

「**今、興味あるものに打ち込め。それはきっと将来、役に立つから。**そういった経験や知識やスキルの『点』が、いつかつながって『線』になるから」

ジョブズはこれを「**Connecting the dots**」と表現しました。

ジョブズは、せっかく入ったリード大学をたった6ヶ月で中退してしまいます。あまりの大学の必修科目のつまらなさに、そしてそこに裕福ではなかった両親の蓄財を注いでしまってい

6_ スタンフォード大学、2005年6月の卒業式での式辞。

ることに、耐えられなくなったのです。しかし、辞めてみたら、世界が変わりました。もう義務的に出なくてはならない授業などありません。**好きなものだけつまみ食い**です。

結局彼は、空きカン拾いなどもしながら1年半、大学構内に住み着き、勝手にさまざまな授業にもぐりで出席していました。その1つがリード大学の誇る、カリグラフィ（文字装飾）の講義でした。ジョブズは、講義内容がただ好きで、受け続けました。

それは8年後に花開きます。アップルでの新型ＰＣ**マッキントッシュ開発時に、彼のカリグラフィの知識が生きた**のです。

彼が（無理やり）開発責任者となったマッキントッシュには、彼の強力な指揮《リーダーシップ》により、見た目に美しく、かつ、拡大縮小しても形が崩れない、複数のプロポーショナルフォント[7]が実装されました。

他の面も含めて画期的な「パーソナルコンピュータ」となったマッキントッシュは、デザインを愛する大人たちに愛され、ＤＴＰ（パソコンでの印刷デザイン、データ作成）という新領域を切り拓《ひら》きもしました。

点と点は、見事つながったのです。

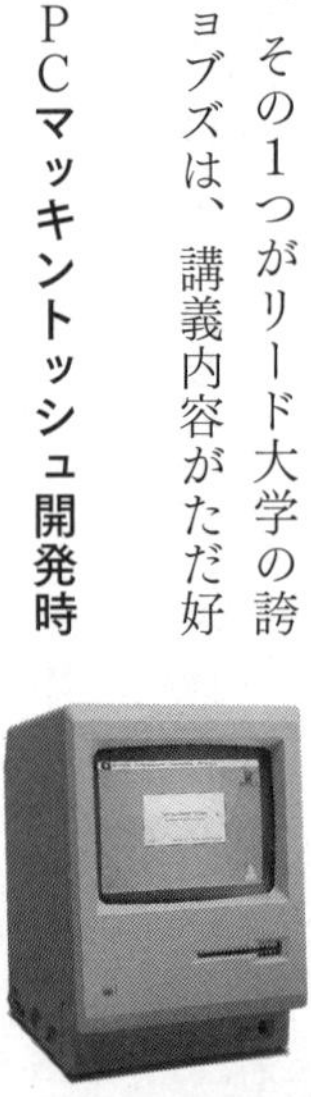

Apple Macintosh（1984）

photo:"Macintosh 128k transparency" by Gym wnr

7_ フォント名は、Chicago、Geneva、New York、Monaco、Venice、London、Athensなど世界の主要都市名がつけられた。これもジョブズの指示によるもの。

自分の興味ある本を、**斜め読みで良いので通読しましょう。**いや、全部読み通せなくても大丈夫です。そこでの学びが、きっといつか、互いにつながります。本業のために、その趣味が役に立ちます。

## 「Connecting the dots」の本当の意味。つながるでなく、つなげる！

**いや、役に「立てる」のです。**「非ビジネス系」本で得た学びや力、信念を、本業にどんどんつぎ込むのです。

ジョブズの言う「Connecting the dots」のconnectは、自動詞ではなく他動詞です。つながる、ではなく、つなげる。**「点」は、つなげるものなのです。**

ここでお勧めしているSFだって、私自身、中学生の頃は「将来、なんの役にも立たないもの」と思っていました。まさに荒唐《こうとう》無稽《むけい》の「世界」、いや「宇宙」だったのですから。

私にとっての『スター・ウォーズ』である、E・E・スミス**『銀河パトロール隊』**シリーズもそうでした。

『銀河パトロール隊（レンズマン・シリーズ）』
E・E・スミス
創元SF文庫
2002年

銀河系の正義と秩序を守るレンズマンたちと、宇宙海賊ボスコーンの死闘が描かれます。あらゆる形態の宇宙人たちが登場し、レーザー銃あり、艦隊戦あり、白兵戦あり、拷問あり、恋愛ありの大冒険活劇です。

これが一体、仕事にどう役立つのでしょう。

まずは、**クライアントの役員との雑談に役立ちました。**

入社1年目の秋に配属されたプロジェクトのクライアントはとてもスマートで、役員報告会のあとに必ず、出席した役員たちとの立食パーティが催されていました。人数的に先方の方が多かったので、枯れ木も山の賑《にぎ》わい、私も出席せざるを得ません。

私と話すことになってしまった古参《こさん》役員、あきらめ顔でこう言います。

「キミなんて、私の孫みたいなもんだよねえ」

仰るとおりです。でも紳士な彼は、私に話を振ってくれます。

「キミはどんな本が好きなの？」

普通のビジネス書の話では太刀打《たちう》ちできないと直感した私は、とっさに一番得意なSFの話を始めます。

「やっぱりクラークの『幼年期の終り』ですけど、スミスの『銀河パトロール隊』も大好きでした……」

「ん、ボクもそれ読んだよ」「どのレンズマン[8]が、いいと思う？」

なんとその役員、目を輝かせて食いついてくるではありませんか！

彼はかなりのSF好きで、しばし「多様性の高い組織とレンズの意味」について雑談を楽しむことができました。

以来、SFの力に自信を持った私は、SFから得た「本質的な問いや答え」といったものたちを、仕事にも積極的に使うようになりました。

## 本質をひとつ摑む。何が本質かは人により違うが話すことで深化する

話を戻しましょう。「非ビジネス基礎」の目的と読み方の話です。

本当の目的は「楽しむ」ことなのですが、**将来役に立つ「点（dot）」を得ること**でもあります。そうであれば、全部を熟読する必要はありません。楽しく斜め読みで十分です。

そして、何かひとつでいいので、本質的な学びやインサイトを見つけ出しましょう。その本を読んで、ビックリしたこと、感動したことがきっとそれにつながります。

私が読んだ『銀河パトロール隊』では、「レンズ」こそがそうでした。

8_ 銀河パトロール隊の特別構成員。特殊なレンズ状の認識票を古代種族アリシア人から与えられ、テレパス（精神感応力）や特殊能力を発揮する。

レンズマンのレンズって、本当にフシギで格好いいんです。

それは特殊な認識票であり、そしてレンズマン同士を結びつける力を持っています。2500億個の恒星、**数億の文明**を擁《よう》するこの銀河系（天の川銀河）を、**ひとつに束ねるための力とは、レンズが与える「言葉に依《よ》らない精神感応力《テレパス》」だった**のです。

同じ本を読んでも、何が本質かは人によっても違うでしょう。でも、刺激にもなるので「同好《どうこう》の士」が集まっての読書会は役立つかもしれません。同じ本を読み、それについて話し合うって、なかなかに面白い経験です。「感動ポイント」「そこへの解釈」が、人によってバラバラであることに気がつくだけでも収穫です。でももし感動ポイントが同じだったら、「感動を議論する（非論理的なものの論理化）」という、面白い経験を積むことができます。

きっとそこから、新しい本質が見つかるに違いありません。

## 「非ビジネス基礎」の目的と読み方

**目的**　楽しむ。そして何か本質をひとつ摑《つか》む

**形態**　自由。良いデザインの紙の本が、一番テンション上がるかも

**読書方法**　斜め読みで十分。ストーリーのあるものは通読したい（オチが知りたい）ところだが、途中まででもOK

**読む場所**　どこでもいいが、本質の探究には「読書会」も有用かも

**記録方法**　得た本質を忘れたくなければ、どこかにメモ！

非ビジネス
新奇

セグメント④「非ビジネス新奇」

# 基本斜め読みで、刺さったら熟読

## ヒット本、リベラルアーツ本、斜め読みのススメ

ここまで「新奇」セグメントとは、「ヒット本」か「リベラルアーツ」だと書いてきました。「ヒット本」でも、特に後追いではない新しいテーマやジャンルを切り拓《ひら》いたヒット作は、**世の中にとって新奇な知識や視点**を与えてくれます。

今まで学んだことのない「リベラルアーツ」は、**自分にとって新しい言葉や思考法**を与えてくれます。

それらが「新奇」本を読む目的です。では、その目的を達するためには、どんな読み方がいいのでしょうか。

どちらも、粗読みはムリです。定義により「基礎」がないので、決め打ちできる問題意識や

キーワードを持っていません。なので、基本は斜め読みです。とりあえずの通読を目指しましょう。

　そして何かが心に刺さったら、そこの部分から熟読を試みます。

海堂尊《かいどうたけし》『**チーム・バチスタの栄光**』で医療ミステリーに触れた私は、とりあえずは『ナイチンゲールの沈黙』『ジェネラル・ルージュの凱旋《がいせん》』『ブラックペアン１９８８』などと読み進め、西丸與一『**続 法医学教室の午後**』まで辿りつきました。医師・病院・医学部・患者・警察・行政……。

藤原和博・宮台真司『**人生の教科書［よのなかのルール］**』で、この世のルールに触れたなら、宮台真司『私たちはどこから来て、どこへ行くのか』に挑戦しても良いかもしれません。現代の思想家が何を考え、この難しき現代にどういう処方箋《しょほうせん》を描いているのかがわかります。

　でも何も刺さらなかったら？

　本棚に記念として飾っておくか、寄付するかしましょ

『続 法医学教室の午後』
西丸與一
朝日文庫
1986 年

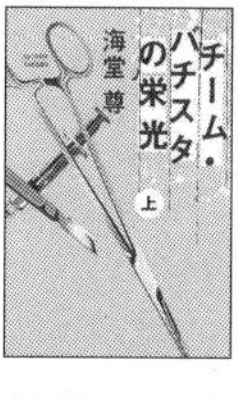


『チーム・バチスタの栄光』
海堂尊
宝島社文庫
2007 年

『人生の教科書
［よのなかのルール］』
藤原和博／宮台真司
ちくま文庫
2005 年

う。そしてその悲しみを乗り越えて、次に進むのです。運が悪かったな、と。

### 雑談ネタ本として読んだ『失敗の本質』から学んだこと――戦争とは

1984年に**『失敗の本質』**が出版されました。旧日本軍の第二次世界大戦における「失敗」の研究書です。私が読んだのは文庫化された後の91年頃で、人より早かったわけでもなく、しかも動機は「クライアント役員との雑談用」でした。

当時、ビジネス誌にもよく「戦記」や「戦争論」「軍人論」が載っていました。年配のビジネスマンに、そういうネタが受けたからでしょう。

でも私は、何より根性論が嫌いなので、ちょっと敬遠していました。「昔はよかった」みたいな昔話にもまったく興味がなかったので。

ただ、非常に評判が高かったこともあり『失敗の本質』くらいは「教養として」読んでみようと手を出しました。読み始めてすぐに、その**客観的な研究のスタイル**に惹きつけられました。

戦争は冷静に議論しにくいテーマです。「好き嫌い」「怖い」「愛国心」「権力

『失敗の本質』
野中郁次郎他
中公文庫
1991年

の横暴」といった感情が先に立ってしまうからです。感情から入ってしまうと、その先の議論ができなくなります。

原発問題も同じかもしれません。「絶対安全だ」という言葉が、さらなる安全対策を鈍《にぶ》らせました。「絶対反対だ」と言った瞬間に、「どのように脱原発を進めるか」という話もできなくなってしまったのです。

『失敗の本質』では**戦争を、「国家間の紛争解決手段のひとつ」として捉え、**冷徹な研究者の目で観察し評価しています。

「こういう戦いの捉え方があるのか」と感銘を受けました。

個人的に好きなのは一章の事例研究ですが、二章で語られる失敗の本質、三章の教訓も含め、ビジネスの現場でも活かせると感じました。

## 新規ビジネスでも撤退条件を予め明確にする。失敗するなら早くしろ

本来、戦いには目的があり、終わりがあります。

しかし、日本軍の戦いには目的が曖昧、あるいは終了条件が決まっていないものがいくつもありました。みんな撤退したいと思っているのに、人情が絡《から》んで誰も言い出せない。前のめり

の参謀《さんぼう》を司令官がコントロールできない、司令官の暴走を大本営も止められない。そんな事例がこの本にはいっぱい出てきます。

**戦いの終了条件の曖昧さが、日本軍の致命的な大敗**につながりました。

ビジネスでもよくあることです。日本企業だけでなく、米国企業でも人情ゆえに引き下がれなくなるケースは少なくありません。ただ、米国にはより冷徹で強力な「株主」たちがいるので、決断できない経営者は即クビになります。

でも日本企業の場合、株主からのプレッシャーはさほどではありません。いきおい、赤字事業に資源を逐次《ちくじ》投入するような事態に陥りがちです。

小さな失敗を大きく育てないようにするには、**「撤退条件」をあらかじめ決めておくこと**が重要。失敗を、小さなうちにつぶしておくのです。

今、ビジネスチャンスはあらゆるところで生まれています。経営層には、現場から数多くのアイデアが上がっていることでしょう。どのアイデアを事業化するのか、事業化したときにどのような条件で撤退を決めるのか。そのルールや仕組みづくりが問われています。

後年、**『Y《ワイ》コンビネーター』**を読んで、これかと思いました。

シリコンバレーのベンチャー育成機関Ｙコンビネーターは、Dropbox《ドロップボックス》、Airbnb《エアビーアンドビー》など、多くの有望企業を世に送り出したことで知られています。全米から選ばれた起業家の卵たちが数ヶ月間合宿し、最終的に投資家にプレゼンテーションをして、資金調達できなければさっさと退場してもらいます。

Ｙコンビネーターは夢を育てる場であり、同時に早めに夢をつぶすところでもあるのです。

明示的な関門《ゲート》があるから、不首尾《ふしゅび》に終わったとしても納得できるし、若き起業家たちは次のチャンスに向かって進むことができるのです。

『Yコンビネーター』
ランダル・ストロス
日経BP
2013年

## 「新奇」は本の選び方が命。でも運を天や大衆や目利きに任せてみる

「非ビジネス新奇」セグメントの目的と読み方は簡単です。**自分の興味分野を拡げること**です。とりあえずは知らない世界を覗《のぞ》き見て興味が湧《わ》くかどうかを確かめていくだけなので、読み方としては、斜め読みで構いません。

もともと興味のない分野の本を読むことになるので、途中でギブアップすることも多いでしょう。それは仕方ないとあきらめましょう。ただ、そうならないためにも「評価の高いヒット本」を読むのはいい手です。

他にも、「大衆の選択眼」を信じる（＝ヒット本）のではなく、**「目利きの推奨」**や**「偉人の愛読書」を信じてみる**のもいいでしょう。

もちろん、運を天に任せるのもよし。

書店や図書館を彷徨《さまよ》って、「これ！」という直感を待つのです。1時間もうろつけば、きっと何冊かは見つかるでしょう。

### 「非ビジネス新奇」の目的と読み方

| | |
|---|---|
| 目的 | 拡げる。知識でなく、自分の興味の領域を拡げる |
| 形態 | 自由 |
| 読書方法 | 斜め読みして、興味が出れば熟読を試みる |
| 読む場所 | いつもと違う場所。代官山蔦屋《つたや》とか |
| 記録方法 | 気に入らなかったらサヨウナラ。気に入ったら本棚に新しいジャンルのコーナーをつくる |

## 楽章 1

# ボクたちは読んだものでできている

——私的読書全史

小中高校生

# SF・科学書好きの活字中毒者誕生

## 小学校入学直後にいきなり40日間の入院。そこで覚えた読書の味

私は大阪で生まれて2歳半で福井に移り、高校卒業まで福井の永平寺町（当時は松岡町）で育ちました。入った吉野小学校は家から徒歩15分、全校生徒１３０人余の小さな、とても温かい学校でした。

でも、入学式直後から40日間、私は福井県立病院で、読書三昧《さんまい》の日々を過ごすことになりました。

病名は「ペルテス病」。大腿骨《だいたいこつ》の骨頭《こっとう》の軟骨部が壊死《えし》する原因不明の病気で、「患部に負荷をかけずに自然治癒《ちゆ》待ち」が基本です。ドイツ人医師のペルテスさんが１００年以上前に見つけて以来、変わっていません。

4～7歳の活発な男子に多い、徐々に発症（股《こ》関節の痛みを訴える）する病気なので

すが、発見が遅れたために入学式後に病院へ行ったら、そのまま即入院となりました。その「活発な男子（私）」がいきなりベッドに縛《しば》り付けられ、身動きすることもできずに1週間。その後も車イス生活で、病院内の探検くらいしかすることがありません。特注の松葉杖《まつばづえ》ができてきても、同じです。

つまり、私は40日もの間、ヒマでヒマで仕方なかったのです。

それを救ってくれたのが、小学校の先生方が差し入れてくれた本たちでした。先生方は毎週、同級生を連れてお見舞いに来てくれ、私が好きそうな本をいっぱい持って来てくれました。

その数、40日間で延べ100冊。1日2・5冊のハイペースです。

なぜ、学校で文字をちゃんと教わる前の小学1年生が、本をそんなに読めたのか、わかりません。母に尋《たず》ねても「さあ……」という感じ。きっと2歳上の姉の見よう見まねであったのでしょう。

入院前に左右2・0だった視力が、退院するときに左が0・6、右が0・3まで下がっていたのはご愛嬌《あいきょう》。その後ちゃんと田舎の田園風景が、1年かけて視力を戻してくれました。

でも、視力は元に戻っても、私の本好きはそのまま変わりませんでした。

**活字なら何でも良かった。「アジシオ」の成分は……**

好きだったのは実は本だけではありません。「活字」であればなんでも良かったのです。文字通り手当たり次第です。

食品の成分表示も大好物でした。食卓にある食塩（味の素のアジシオ）のビンも、いつも手を伸ばしては使うでもなく眺めていました。

「ふ～ん、塩化ナトリウム[1]ねぇ。それにL－グルタミン酸ナトリウムが加えられているんだ」「グルタミン酸ナトリウムがうま味成分なワケね」「でもLってなんだろ、Lって」

Googleのような検索エンジンどころか、インターネットもない時代。K伯父（父の兄）が、家に残していってくれた百科事典が頼りでした。わからないことがあれば、百科事典で調べ、それでダメなら大きな本屋さんで、関連書を探しました。

ちなみに、Lは「立体異性体」の区分を示します。自然界には、化学式が同じ（ナト

1_ 食塩の中には、塩化マグネシウムを含むものもある。

リウムが1個と塩素が1個とか）でも、「形」が違うものが多く存在するのです。左回りがLで右回りがDとか。

ヒトはL－グルタミン酸ナトリウムにうま味を感じますが、D－グルタミン酸ナトリウムはまずいだけ。D型は、ヒトの舌の味感覚器である味蕾《みらい》に、うまくくっついて刺激できないのです。

卓上のアジシオから「なんでL？」なんてことを疑問に思っては調べ、調べたことを家族（主に母）に話してはひとり、喜んでいました。

母はたとえ、まったく興味がなくても「また教えてね」と言ってくれたので。

## 一番好きなのはSFと科学書！ 週に30冊読んだことも

そんな知りたがり屋の少年の好奇心を支え、さらに刺激し続けたのは講談社の「ブルーバックス」でした。私にとって、最高の科学書でした。

宇宙に存在する超絶的な天体の話（クエーサーとか）、それを観測するための望遠鏡や惑星探査機の物語（ボイジャー）、望遠鏡に使われるガラスの不思議な性質（実は液体!?）、そういった物質を構成する極微の素粒子の摩訶《まか》不思議な振る舞い（波であり粒子？）……。

私の心は、１秒の40京倍（１３８億年＝宇宙の年齢）から１秒の10億分の１（１ピコ秒）までを彷徨《さまよ》い、１メートルの２４０京倍（２５４万光年＝アンドロメダ星雲までの距離）から、１メートルの１００億分の１（１Å《オングストローム》＝水素原子の大きさ）までを見つめました。

難しい数学などの式を使わず、科学的テーマの面白さを伝えようとするブルーバックスや科学雑誌（「日経サイエンス」や「ニュートン」「ナショナル ジオグラフィック」など）は、私の科学への興味をどんどん拡げていきました。


でもなんといってもＳＦです。

「宇宙人」「機械知性」「ロボット」「地底世界」「タイムマシン」「銀河帝国」「宇宙戦争」「軌道エレベーター」「人工生物」「ロストワールド」……。

書いているだけでドキドキです。ヒトの考え得る、あらゆる世界であらゆる生命や機械が繰り広げる、悲喜こもごもの冒険譚《たん》。ただただ楽しく読み続けました。

学校の図書室のＳＦを読み尽くせば、町や市の図書館に行きました。そこも読み尽く

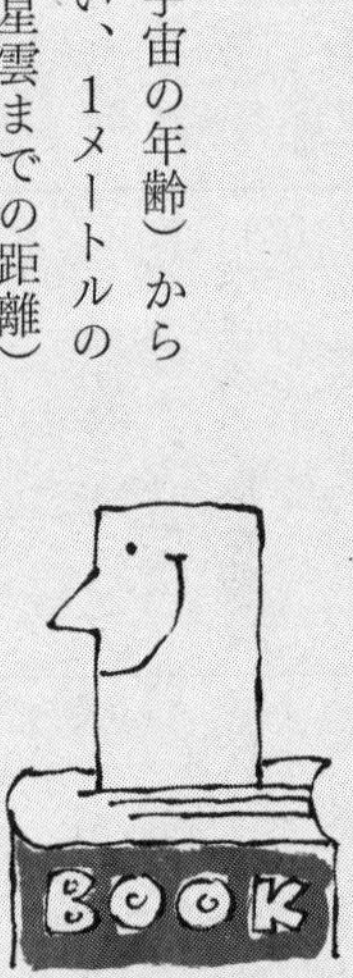

せば、それぞれの場所で「購入希望カード」でリクエストを出しまくり、名作や新作SFを読み続けました。

小学4年生のときには、なんと、1週間でSFや科学書ばかり30冊あまりを読んだことも。

朝、図書室で2冊借りて授業中に読み切り、お昼休みに返却してまた借りて午後に1冊。帰る前に2冊借りて家で読み、翌日それを返却して、を1週間くり返したわけです。

先生方、ご迷惑かけました！　でも、放置して（見守って）いただき、ありがとうございました。この本が書けるのも、先生方のお陰です。

## 病気のときの日本童話全集と誕生日の100冊

そんなわけで、読む本のジャンルは、ものすごく偏っていました。8割がSFか科学書。

でもときどきはそれ以外も読んでいました。それは大抵、誕生日や病気のとき。

熱を出して寝込んでしまえば、さすがに図書館に行くことも、本屋を彷徨うこともできません。布団の中で過ごす膨大なヒマな時間を、家の中にある本でなんとかせねばなりません。

そのとき私を救ってくれたのは、やっぱりK伯父が置いていってくれた本でした。『日本名作童話全集』と『世界名作童話全集』です。

ふだんは生意気にも「童話なんて」って思っていました。でも仕方なく手をつけると、どんどんハマっていきました。さすが、名作です。

「椋鳩十《むくはとじゅう》ってすごい！」

布団の中でごろごろしながら、私はひとり、古今東西《ここんとうざい》の名作童話に心動かされ、涙していたのでした。


小学1年生の終わり頃、誕生日に父母が私と姉に100冊の本をプレゼントしてくれました。誕生日が5日違いなので、まとめての誕生日祝いでした。

2人で50冊ずつを分け合って互いの本棚に収めましたが、私はすぐに、姉の分まで読んでしまいました。

『ああ無情』と『レ・ミゼラブル』が同じ本だということは、読んでからわかりました。でも、低学年向けの『レ・ミゼラブル』と、高学年向けの『ああ無情』の内容は、すごく違っていたのです。これにはビックリしました。元は同じ本なのに……。

大人向けは、怖くて読んでいません（笑）

## 中学1年からは新聞を2紙併読。福井新聞と朝日新聞

中学生になり、活字好きが高じて新聞を2紙、読むようになりました。もともと家でとっていた福井新聞に加え、朝日新聞をとってもらったのです。全国紙という存在を知り、それがたまたま朝日だったからなのですが、父母は何も言わずにとってくれました。

配達された朝刊2紙を、朝食前に30分、帰宅してから30分（福井新聞に夕刊はない！）、1時間かけてじっくり、端から端まで読みました。

さすがに、株価欄は眺めるだけ。でも頁ごと飛ばしたりはしません。1面から社会面、テレビ欄まで、じっくり紙をめくり続けました。

父は中日スポーツもとっていたので、ときどき盗み読みしていました。いろいろな読み物も楽しみましたが、競馬コーナーの表は最高でした。1頭あたり横1・1㎝×縦10

cm（馬柱《うまばしら》という）の中に、その馬の出生・血統から最近の戦歴まであらゆる情報が、詰め込まれていて見事でした。

さらに一時期、近所の方に頼まれて共産党機関紙である「赤旗《あかはた》」も家に届けられていました。これも活字好きとしては当然、端から端まで読みましたが、主義主張が違えば、ここまで世の中が違って語られうるのかと、驚きました。

この「新聞2紙購読」「全頁読む」という習慣は、多少の中断はありましたが、高校・大学、そして社会人となってからもずっと続けています。

この世の中の事象の幅、見解の幅がわかります。

## 高校時代は帰宅部で、毎夕、勝木書店で本探し

地元福井の藤島高校に入り、中学に引き続き卓球部に所属しましたが、（夏休みの合宿がイヤで）1学期で退部。それからずっと帰宅部でした。

学校までの片道7㎞を自転車で通学していた私は、同じ帰宅部所属の友人Yと、毎日ちょっと寄り道して帰っていました。学校から南行《なんこう》1㎞、福井駅前の勝木書店本店がその寄り先です。

書店に着いたらYと別れ、各々店内を1階から3階くらいまで、巡ります。気に入った本があれば買い、なければ立ち読みで済ませます。

毎日1時間あまりを本屋さんで過ごすこの習慣は、幸か不幸かそのあと、高校卒業後にYと共に1年間通った駿台予備校時代まで続くことになりましたが、そのお話は次に回しましょう。


中学2年生の頃、学校への道を歩きながらふと思いました。

「SFばっかり読んでいて、こんなの大人になっても何の役にも立たないんだろうなぁ」

でも、そんなことはありませんでした。万巻《ばんかん》のSFや科学書、身近な図書室や書店が、私(の知性)をつくり上げました。森羅万象《しんらばんしょう》の知識を与え、世の見識や夢の広さを伝え、そしてときには話し相手ですらありました。

「無駄なのかもしれないけど……、楽しいからいいやっ」とひとり思っていた中学生に、伝えられたらいいのですが。「そのまま楽しく頑張りな」と。

浪人生

# 『竜馬がゆく』から『考えるヒント』へ

## 東京・御茶ノ水で浪人。毎日、駿河台下で三省堂探検

もともとの予定にはなかったのですが、高校卒業後、浪人をすることになりました。

泣きそうなほどうまくいかなかった大学の2次試験、呆《あき》れるほどうまくいった予備校入試を経て、私は東京・御茶ノ水の駿台予備校3号館に通うこととなりました。

上京してみたら引越先のリフォームが終わっていなくて、渋谷のビジネスホテルで1泊する羽目になったり、朝の中央線に乗ろうとしたら、混みすぎていて乗り込めなかったりというスタートでしたが、1年間、本をいっぱい読みました。それも、それまでになかったジャンルの本を。

私の浪人生活は極めて規則的なものでした。

7時起床で朝食と新聞2紙熟読。8時出撃で午前中は3号館で主要4科目の授業。お昼は（仲よく浪人した）友人Yと明治大学裏でランチ。そのまま午後はさぼって、駿河台下へ。

駿河台下は、本好きの聖地です。三省堂本店を始め、書泉グランデなどの大手書店だけでなく、個性ある中小書店、そして多くの古書店が軒を並べています。

Yと2人で三省堂に行き、適当に別れて1階から5階までを回遊し、毎日、何か本を選んでは買っていました。3時過ぎには高円寺の下宿に帰宅して、あとはまじめに部屋に籠《こ》もっていました。

浪人時代、私はとにかくヒマでした。勉強するっていったって限界があります。高校までは毎日、家業（八百屋さん）手伝い、家事手伝いが膨大にあったのに、それが一切なくなったのですからヒマになって当然です。

かといってどこかに遊びに行ってしまうという才覚《さいかく》もなく、読書三昧《ざんまい》の日々が始まりました。

## 『竜馬がゆく』から歴史小説の大海に

SFも大抵読み尽くしていた（と思っていた）私は、つい歴史小説に手を出してしまいました。

最初に手に取ったのが『竜馬がゆく』、全8巻（文庫版）でした。いきなりのめり込み、毎日1冊ずつ読み進んで1週間で読了です。

衝撃でした。司馬遼太郎のつくり出した幕末の英雄、坂本竜馬（本当は龍馬）は、圧倒的な存在感を持って私に問いかけてきました。

「おはんの、存在意義はなんじゃき？」

ヒトは何のために生きるのか。一瞬に人生を賭ける気概はあるのか。そのときビビらないように自らを訓練できているのか。

**『花神《かしん》』『峠』『功名《こうみょう》が辻《つじ》』**……。

『竜馬がゆく』に魂を揺さぶられた浪人生は、まずは片っ端から、司馬遼太郎の幕末ものを読み始めました。

『花神』
司馬遼太郎
新潮文庫
1976年

『峠』
司馬遼太郎
新潮文庫
2003年

その作品の中で、多くの才気溢れる若者たちが、粛々《しゅくしゅく》として死地に赴《おもむ》きその命を散らしていきます。その信ずる大義のために、もしくは仲間たちのために、悔いも恨みもなく。

大きく時代が変わるとき、価値観とともに体制や人材が過去のものとなっていきます。でもその入れ替わりは簡単なことではありませんでした。生死を賭けた戦いが、要るのです。そしてその戦いを支える力こそが、次の目的地を指し示すもの、つまり「ビジョン」でした。

## 『新十八史略』で知った中国の広さ、深さ、複雑さ

司馬遼太郎の幕末ものからスタートした私の歴史小説探検は、山本周五郎、堺屋太一と進んでいきました。

そしてより大きな戦いを求めて、中国ものに辿《たど》りつきます。『三国志』がその典型なのですが、一番好きになったのは**『新十八史略』**でした。

『功名が辻』
司馬遼太郎
文春文庫
2005年

『新十八史略』
駒田信二／常石茂
河出文庫
1981年

日本は南北に長い島国なので、地理的に一次元の戦いしかありません。進むか引くしかなく、迂回《うかい》や背後を突くことは簡単ではありません。

一方、中国は二次元です。東西南北、あらゆる方向に敵がいて、仲間がいます。しかも奥深いので、敵の裏には味方が、味方の後ろには敵がいたりします。ゆえに戦いが、ものすごく複雑です。まさに囲碁の世界。

中国の正史をベース（底本）とした『新十八史略』では、夏《か》、殷《いん》、周《しゅう》、春秋戦国《しゅんじゅうせんごく》の古代から、草原の英雄ジンギスカンの時代までが、全6巻、1500頁にわたって描かれます。『新十八史略』を読んだことで、地理的なそれだけでなく、中国の広さ、深さ、複雑さがわかりました。いや、きっと日本が単純なのでしょう。民族も単一に近く、接する国も少ない。異国や異民族に征服されたこともほとんどない。

でも中国は、民族的な多様さ、価値観の幅広さ、接する国の多さが桁違いでした。そして、ときどきの英雄や豪傑の豊富さも。

私を惹きつけたのはやはり、相如《しょうじょ》[2]など稀代の英臣《えいしん》たちでした。周の大臣 相如は隣国

2_『新十八史略 二 戦国群雄の巻』の第六章「刎頸《ふんけい》の交わり」に登場する。

秦《しん》の「貴国の宝『璧《へき》』をよこせ」という横暴な一方的要求に対し、ひとり、国の使者として立ち、秦王を前にその明解な弁舌《べんぜつ》と命を賭けた気迫で、国宝 璧を無事持ち帰ることに成功します。彼は「璧を完《まっと》うした」のです。これが「完璧《かんぺき》」の語源です。

その毅然《きぜん》とした態度と、英明な思考は、高円寺と御茶ノ水（と三省堂など）を往復するだけの浪人生の心に、深く刻まれていきました。

## 小林秀雄の『考えるヒント』にハマったわけ

歴史小説の大海でのクルージングを楽しんでいればいいものを、ヒマついでについ、小林秀雄にまで手を出してしまいました。

高校の教科書で**『無常といふ事』**に触れ、ときどき大学入試問題にも登場していた彼の文章は、華麗にして難解、溺れるほどに味わい深いものでした。

「美しい『花』がある、『花』の美しさという様なものはない」

この一文の意味を解釈するに「花の『美しさ』を論ずることは、『美』を切り刻んで分析することだ。それでは『美』を殺してしま

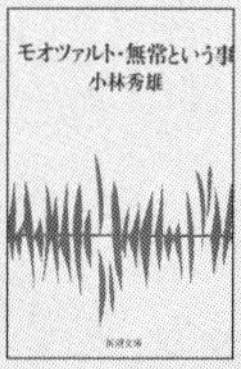


『モオツァルト・無常という事』
小林秀雄
新潮文庫
1961年

うことになる。美は感性の対象であって、理性の対象ではない。私たちは、美しいものを見て心を踊らし感動する。それで十分なのだ」という感じでしょうか。

でもこんな陳腐な解釈なんかより、小林秀雄の一文の方が、100倍格好良く、印象に残ります。ただ、理解するのに丸一日かかったりしますけれど……。

文庫になっていた**『考えるヒント』**を読み始めましたが、まったく進みません。予備校への行き帰りの時間をそれに充てましたが、1週間で数頁しか進まず、驚愕《きょうがく》しました。これでは、浪人中に読み終わらない！

小林秀雄の文章は、抽象的なだけでなく、文章自体がとても長くて、しかも途中で何度もヒネリがある、複雑怪奇なものだらけでした。文中で否定を3回も入れられたら、普通はついていけません。

でも恐ろしいことに、2~3ヶ月経ったら慣れてきました。彼の文章を読みながら「絶対こんな素直に終わるわけがない、もう1回は必ず否定が入るはず。ほら、やっぱり『とも限らない』ってきたぞ、よしよし（笑）」なんて、ひとり電車の中で、ほくそ笑んでいました。

彼は言います。「美を鑑賞するとは、訓練であり修業である」

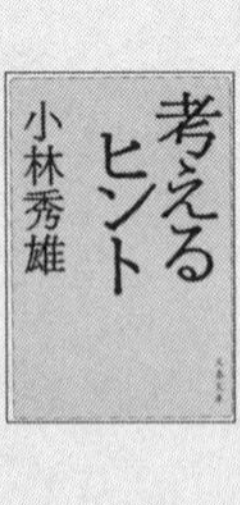

『考えるヒント』
小林秀雄
文春文庫
2004年

同じく感じていました。「小林秀雄の文を味わうとは、修業である」と。お陰で、かなり複雑な文章でも読みこなす力が付きました。そして、それを感覚的に観る力も。

18歳の春、浪人が決まったとき（つまり大学不合格とわかったとき）、とってもイヤでした。これから1年間、勉強ばかりでつまらないな、と。

でも、そんなこともありませんでした。浪人時代にこそ、私の読書空間は大きく拡がりました。ある意味、本を純粋にヒマつぶしのため、楽しみのためだけに読むことが出来たからです。

大学生

## 高木貞治、柳田邦男、ロゲルギスト、西岡棟梁との出会い

### 科学の基礎『解析概論』『ファインマン物理学』から社会学へ

無事2度目の入試をくぐり抜け、大学に入って最初に取り組んだ本は教科書です。高木貞治《ていじ》（1875～1960）の『**解析概論**』とファインマンの『**ファインマン物理学〈I〉力学**』は、圧倒的に楽しく難しい、大学の数学・物理学への扉でした。

それは物理現象を、数学という言葉で理解し表現することの訓練でもあり、同時にこの2人の碩学《せきがく》が到達した感覚を手にすることへの挑戦でもありました。物理現象を科学するために、それらは必須の道具であり感性でした。

なんとかその扉を開き（1年生の半分以上は挫折《ざせつ》する）ながら、次に読み始めたのが

柳田邦男でした。彼のノンフィクション作品で私が得たのは、社会現象を科学することの難しさと面白さでした。

物理学でも粒子1つ2つを扱うのは（比較的）簡単です。でもそれが、3個を超えると急に難しくなります。多体問題というやつです。すぐに将来どうなるかが読めなくなります。

それは人相手でも同じでしょう。人間1人2人を扱うのは簡単でも、それが数人、数十人、数万人となって「社会」となると急に難しくなり、未来がまったく読めなくなります。そもそも現状の正確な情報自体、集められなくなるので未来予測どころではありません。

ただそういった複雑な社会現象の中でも航空事故は、1件1件必ず綿密な調査がなされ、再発防止策がとられる稀な現象《イベント》です。でもその調査情報はときに大量すぎて、その解釈を惑わせることになります。柳田邦男は、それに正面から立ち向かいました。

『ファインマン物理学〈I〉力学』
ファインマン他
岩波書店
1986年

『定本 解析概論』
高木貞治
岩波書店
2010年

## 『マッハの恐怖』――柳田邦男の硬派なノンフィクションが推論力を鍛えた

『マッハの恐怖』は、1966年に日本で起きた5件の連続飛行機墜落事故（のうち3件）を追いかけた、柳田邦《くに》男《お》の出世作です。

2月4日に全日空ボーイング727型機が羽田沖に墜落（①）、3月4日にはカナダ太平洋航空ダグラスDC8型機が羽田空港で着陸に失敗、炎上（②）、翌5日にはBOACボーイング707型機が富士山麓に墜落（③）しました。わずか1ヶ月の間に320人余の命が日本の空で失われました。

NHKの遊軍記者であった柳田邦男は①②③を綿密に取材し、②③においてはその原因究明における事故調査委員会の「真実への執念」を描き出します。しかし①は、そうではありませんでした。

彼は日本の事故技術調査団（事故調）の調査に疑問を抱きます。パイロットの操縦ミスで片付けようとする団長、種々の調査結果からグランドスポイラーの動作異常などを主張する有力委員、機体の不具合や設計ミスを断固否定するボーイング社。

しかしそのさなか、日本航空の同型機でグランドスポイラーの動

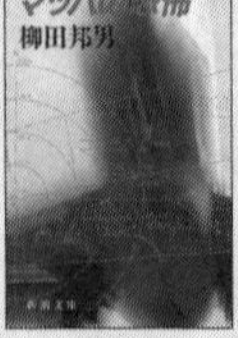


『マッハの恐怖』
柳田邦男
新潮文庫
1986年

3_ 当時の日本ではまだ、ブラックボックス搭載が義務化されていなかった。この事故を契機に義務化されるようになっていった。

作異常が発生し、しかもその原因が機体の欠陥であるとわかります。それでも①の墜落原因は操縦ミスだと固執《こしつ》する勢力たち……。

フライトデータレコーダーやボイスレコーダーといった決定的な物証のない中[3]、事故原因の究明は難航し、4年後ついに「原因不明」での幕引きとなりました。

『マッハの恐怖』の中で柳田邦男は、徹底的な取材[4]から得た事実を積み上げて、真の事故原因へと迫ります。その推論のステップは緻密で極めて客観性の高いものでした。社会現象を科学する姿勢（と可能性）を、私はそこで初めて学びました。

この事故における彼の結論（事故原因）は複合的なものでしたが、機体の欠陥（グランドスポイラーの不具合）も含まれるものでした。

「なぜ技術の粋《すい》を集めたシステムに事故が起きるのか」「共通して見られるのは人間と機械の接点における苛酷《かこく》なまでのせめぎ合いである」「そのドキュメントを書くことは、人間復権の叫びを記録すること」

柳田邦男はその後も、航空機、医療、原子力といった巨大システムと人との関わり合いを追究し続けました。



4_ 途中辞任した有力委員からの情報も。それは『最後の30秒』（朝日新聞社、1972年）として刊行された。

## モノのことわりを考え伝える楽しさを知った『物理の散歩道』シリーズ

さまざまな（私にしては）硬派な本を読み漁《あさ》った大学時代でしたが、一番好きだった本はやっぱり科学系の本でした。しかも読んで楽しい本です。その代表作が『**物理の散歩道**』シリーズです。

大学の物理学科の図書室で見つけた『物理の散歩道』は、身近な現象の、物理的な解説を、とっても楽しく易しく伝えてくれました。ただ教えるだけでなく、自ら問いを立てて、実験（思考実験を含む）を行い、読者をともに「探究の旅」に連れて行ってくれるとっても素敵な本なのです。

著者は「ロゲルギスト」と名乗るナゾの物理学者集団。１９５４年から雑誌「科学」で科学エッセイの連載を始めました。24年間にもわたったその連載は、次々単行本となり、結局10冊ものシリーズとなりました。

4冊目『第四 物理の散歩道』の「水玉の物理」は、たとえばこんな感じです。

『新 物理の散歩道〈第１集〉』
ロゲルギスト
ちくま学芸文庫
2009 年

●水滴が水面に落ちたときには、とても澄んだいい音がする。なぜだろうか
●昔読んだ論文では「落下のときできる泡に共鳴する」とあった。泡の固有振動数（ちょうど響く音の高さ）を計算してみたら直径3㎜の泡だと2100ヘルツ、などと出た
●実際に測ってみた。水滴の音をマイクで拾って測ってみたら、音の高さは10回とも2100ヘルツで同じだった（再現性あり）
●今度は16㎜フィルムカメラで、水滴落下時の様子を毎秒64コマで撮ってみた。本当に小さな泡が出来ていた。そしてそれは水滴本体ではなく、それに続く小さな水滴（伴水滴）によって形成されていた！
●実際に、伴水滴を出来なくしたら、音がほとんどしなくなった
●最後に、フィルム撮影と音の測定を連動させてみたら、確かに気泡の発生の瞬間に音が出始めていた

**あの「ぴちょんっ」という水滴の音は、水滴が水面を叩く音ではありませんでした。**

水滴の30分の1秒後に落ちてくる伴水滴がつくる直径3〜5㎜の気泡に、音が共鳴して出るものでした。

最初の疑問から、推論や議論、そして疑問に対する種々の実験を通して、ロゲルギストたちは「身近な物理現象の真実」へと迫っていきました。お見事です。

他にも「包丁はなぜ切れるのか」「消しゴムはなぜ消えるのか」「服は交互に着るとほんとうに長持ちするのか」といった、「科学的発見と探究」が続きます。その数、24年間で延べ159テーマ。

ロゲルギストたちが本当に挑み続けたものは、自分たち自身の持つ「常識」や「思い込み」でした。「確かに温度によって水滴の音は違って聞こえるね」「本当？それ単なるイメージじゃない？」「ぴちょんっ」という音を耳にする度、ロゲルギストたちの声が聞こえてきます。

「ロゴス（言葉＝情報や論理）とエルゴン（仕事＝エネルギー）でこの世界は出来ているのだ。その2つの視点でこの世を、発見探究し続けようじゃないか！」

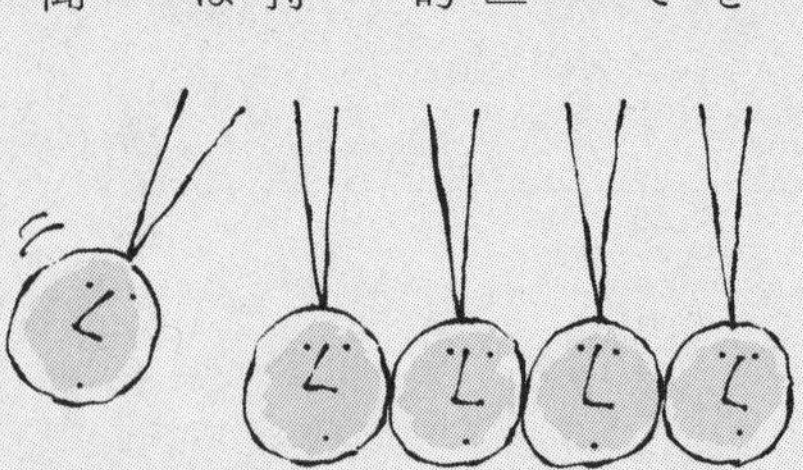

## 『法哲学入門』から入った哲学の道

物理学とは「モノのことわり」を明らかにする学問です。それに対して哲学（哲理ともいう）とは「ヒトのことわり」を明らかにしようとする学問なのでしょう。

哲学と名の付いたものに最初に触れたのは、大学1年前期にとった「法哲学」でした。理系の私にとって必修ではありませんでしたが、法律系の授業を受けてみたくて、そのもっとも基本的（に見えた）クラスを受けました。

長尾龍一教授の手になる名著**『法哲学入門』**は、軽《けい》妙《みょう》洒《しゃ》脱《だつ》。本論はしっかり通しながら、ちょこちょこ出てくる例え話や挿話が笑えます。

- 「ヒピアスは『人間は自然において平等で、法が不平等をつくり出す』と唱え、カリクレスは『人間は自然において不平等で、法が平等をもたらす』と唱えた。この両説を比較せよ」という問題を出したところ、**「人間は自然において不平等で、法においても不平等である」という答案**があった
- （新任助教授を選ぶとき教員たちは）自分の思いつきは「独創

『法哲学入門 』
長尾龍一
講談社学術文庫
2007年

的着想」と思うが、他人の独創的着想は「単なる思いつき」にみえる。こうして、**人事をめぐる学者たちの争いは、自己欺瞞《ぎまん》と相互侮蔑《ぶべつ》というホッブズ[5]的世界の争い**となる

●『論語』の「六十にして耳順《したが》う。七十にして心の欲する所に従えど矩《のり》をこえず」を、聖人孔子でようやくこうなのだから、われわれ凡人はずっと欲望通り生きていても仕方がない……と教科書に書いたら「**サラリーマンはみんな論語通りだ。**60歳定年の後、嘱託で会社に残ってもいつ追い出されるかわからないから若い人に順うし、家でもあとがコワいから息子にも妻にも強くいえない。70歳にもなれば精根尽き果てて矩をこえる元気などない」と反論された

なかなかシュールです。でもこういった軽い文も含めて、常に「法や哲学と現実社会との関わり」を説いていきます。問いは常に根源的もしくは現代的で、その解き方は種々の時代や学者の考え方を使い、それらを楽しく説いているのです。

『空像としての世界』
井上忠
青土社
1983年

『わが解体』
高橋和巳
河出文庫
1997年

5_トマス・ホッブズ（Thomas Hobbes, 1588〜1679）。イングランドの哲学者。主著は『哲学原論』、『リヴァイアサン』。ホッブズは人間の自然状態を闘争状態にあるとした。

他にも哲学系授業の教科書だった『**空像としての世界**』、早世の中国文学者 高橋和巳《かずみ》の『**わが解体**』『**孤立無援の思想**』などから多くのことを学びました。

でも、やっぱり私にとっての哲学はどんな学者の学説でも理論でもなく「己自身の人生観・世界観」でした。それを哲学っぽく説明できれば十分、です。

そういった「人生観（＝人生哲学）」づくりの中で、宮大工の在り方、哲学としての仏教にも大きく影響を受けましたが、それは次の「社会人編」で述べることとしましょう。

大恋愛・大失恋も経験し、思考の訓練とともに、どんな人間でありたいかを考え、試行錯誤し続けた4年間でした。

そして自分なりの「人生哲学」を構築しました。それは**「ビジョンや目標を持たず、ただ己の哲学・科学とともに歩む」**でした。それだけです。

『孤立無援の思想』

高橋和巳
岩波書店（同時代ライブラリー）
1991 年

社会人1年目

## MBA基礎とサラリーマン小説100冊

### BCG内定者必読書で知った、コトラーとポーター

大学時代に「ビジョンや目標を持たない」生き方を選んだわけですが、就職はしなくてはいけません。田舎の本家の長男なので、みなを支えられるだけの収入も必要です。恒産なくして恒心なし、[6]ともいうじゃないですか。少し考えましたが大学院へは進まず（学友の9割以上は修士課程以上に進んだ）、学卒での就職を選びました。

就職活動で応募した会社は数社に過ぎませんが、結局、サマーインターンでお世話になったボストン コンサルティング グループ（BCG）に入ることにしました。

会社の主体は中途採用者です。ハーバードやスタンフォードといった、海外MBAホルダーの30代が、雇い鍛え育ててくれた会社を捨ててやってくる、梁山泊《りょうざんぱく》のような場所

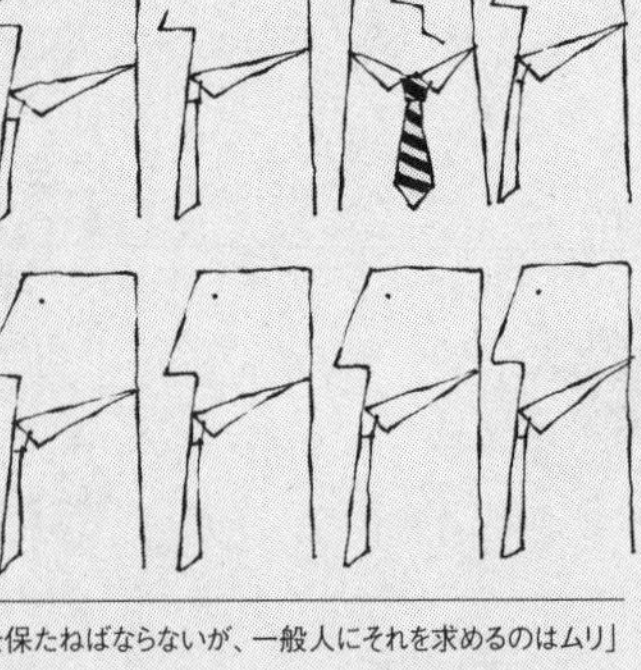

6_『孟子』より。原義は「貧乏でも立派な心を保たねばならないが、一般人にそれを求めるのはムリ」

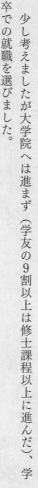

でした。そんな中でわれわれ6人の新卒採用者たち（1987年入社組）は、前年入社の7名とともに、一人前の経営コンサルタントとなるべく必死でした。

入社数ヶ月前にBCGから10冊ほどのビジネス書が送られてきました。理学部物理学科の私はそれで初めて、斯界《しかい》の帝王コトラーとポーターを知りました。

当時、マーケティングといえば、フィリップ・コトラーの『マーケティング・マネジメント〔第4版〕』〔合計526頁！〕[7]でした。そして戦略といえばマイケル・ポーターの『競争の戦略』〔467頁〕であったでしょう。入社まで時間はあったので、じっくり読みました。端から端まで、注釈を書き込みながら。

特に『競争の戦略』には、事例や論考は山のようにありますが図表がほとんどなく、見出しも構造化されていません。「いくつかの要因がある」といってその後、延々と記述が続きます。

いくつあるのか知りたかったので[8]、小見出しや段落に、1、2、3、4−1、4−2、4−3、5、と通し番号を打ったり、まとめの図表を勝手につくってみたり……。

膨大な（ある意味整理されていない）情報に接し、でもそれらを再構成する作業をしたお陰で、とても理解の助けになりました。そしてそれが楽しいとも感じました。

7_ 最新版ともいえる『コトラー＆ケラーのマーケティング・マネジメント 第12版』は1000頁ある。

8_ 22頁に「参入障壁の主なものは六つ」とあるが、実際には7つ書いてある。

## 入社後に慌ててMBA科目の強化！　経済学や会計・財務

ＢＣＧに入社してみたら、やっぱり勉強不足でした。

まあ当たり前と言えば当たり前で、クライアントは日本の大手企業。プロジェクトは大抵極秘の経営戦略で、プロジェクトメンバーは社長や副社長をトップに戴く少数精鋭チーム。事務局を任される最若手でも30代のバリバリ課長さんです。経営学を修めたＭＢＡホルダーかもしれません。

そんな人たちからしたら、私たち新卒1年目なんて塵《ちり》みたいなもんです。でも、塵のままでは仕事になりません。プロジェクトを頑張るだけでなく、社内で同期での自主勉強会を始めました。

マーケティングとかだけでなく、「マクロ経済学」「ミクロ経済学」「アカウンティング」「ファイナンス」などなど。５００頁もある分厚い入門書をみなで輪講《りんこう》（少しずつ予習を分担して解説する）するとか、「ケーススタディ[9]」講議を中途のＭＢＡホルダーのみなさんに依頼するとかしながら。

でも私にとっては、そういう領域の話はそれほど問題ではありませんでした。

もちろん出したレポートに「Ｓｏ ｗｈａｔ？（だから何？）」と書かれまくったこと

9_ビジネススクールで行われる「ケース（実例）」をベースに討議を進める教授法。ハーバード・ビジネススクールのケネス・アンドリュースらがつくり上げた。

もありましたが、[10]知識ですむ話なら本を読んで理解すれば良いだけのことです。それなら大得意です。そこからの論理的思考にしても、『解析概論』ほど難しいことはどこにもありません。分析といったって、四則演算（＋－×÷）が中心で微分も積分もフーリエ変換もありません。いたってシンプルです。

私にとって問題は、「サラリーマンの心」でした。

## 八百屋の店主とサラリーマンは違う！

私は田舎の八百屋（三谷酒食料品店）で育ちました。

両親はもともと大阪の傘問屋で働いていたので、そんな時代の話を聞くこともありましたが、私が見知っていたのは基本、「個人事業主」の世界です。

日銭《ひぜに》で数十万円を稼ぎ、翌早朝の仕入れで上手に生鮮品を仕入れ、ボランタリーチェーンで特売商品を揃えてチラシを打ち、店から半径2㎞圏の顔見知りを相手に売り切るわけです。

でも、それに失敗したら大変です。売れ残りそうな鮮魚を、フ

10_ 相葉宏二さん（早稲田大学ビジネススクール 教授）、ご指導ありがとうございました!

ライにして夕方、惣菜として売るくらいの工夫はできますが、それまでです。売れ残りはわれわれの夕食となり、それでも余ればわが家のペットたちの胃に収まります。

毎日が意思決定と行動の連続です。主な働き手である両親が体調を崩せば、店は開けられず、1日で何十万円もの損失が出てしまうかもしれません。店の定休日は月1回、第3日曜日のみ、という状態が長く続きました。われわれ子どもたちも家業手伝いとして動員した、まさに総力戦です。

でも家に帰れば必ず両親がいて、ヒマな時間帯には昼、父とキャッチボールもしていました。彼は一国一城の主《あるじ》であり、誰かに何かを命令されることはありません。働くも働かないも彼の自由です。

でもコンサルタントとなった私の、お客さんたちは違います。オーナー社長を除けば、基本すべてサラリーマン（男女とも）であり、組織の中で働いています。

病気で休んでもお給料が入る生活ってどんなでしょう。組織で上司たちがいっぱいいて、自分が雇ったわけでもない部下たちに取り囲まれる、その気持ちや気分ってどんなものなのでしょう。結構、謎でした。

就職してすぐの頃のことです。場所は東京・大手町。

ランチで同僚と外に出て帰ってくるとき、通り沿いの喫茶店にサラリーマンたちがいっぱいたむろしているのを見かけました。仲間とコーヒーを飲みながら、ちらちら腕時計を見たりもしています。

その姿に、私は強烈な違和感を感じました。別に食後のコーヒーにではありません。その人たちは「時間を潰《つぶ》していた」のです。規定のランチタイムが終わるまで。

BCGでの私の仕事はすでに個人事業主的でした。

個々人にやるべき作業やミッションがあり、それを済ませられれば早く帰れますし、楽も出来ます。売っているのは自分の能力であり作業結果（アウトプット）です。そのプロセスではありません。

でも彼らは違いました。そのサラリーマンたちはその「時間」を売っていたのです。

少なくとも、そう感じました。衝撃でした。

この人たちは、一体どんな種族なんだろう……。

## 「サラリーマン小説、100冊読め」と言われて読んだ『小説日本銀行』

そんな話を、社内で中途入社の大先輩としていたら、「だったらサラリーマン小説、100冊読めばいいじゃねえか」と言われました。彼はまことにサラリーマンらしからぬ、べらんめえ調の江戸っ子ベテランマネジャーでしたが、そんなもんかと思って、読み始めました。

『小説日本銀行』
城山三郎
新潮文庫
1977年

その最初の1冊は確か『**小説日本銀行**』。

城山三郎の代表作のひとつで、日銀の内部を克明に描きつつ、GHQや大蔵省（現財務省）、経済安定本部、復興金融公庫といった、戦後日本の複雑な金融政策の混乱を描いています。

「城山三郎でなければ描けない」ともいわれるこの小説で、しかし浮かび上がるのは主人公 津川幸次の「悲しさ」です。若き日銀エリート津川は、「通貨価値の守護者たる」という強い志と組織ビジョンを持って奮闘します。懸賞論文への応募といったあらゆる手段を使って。

しかしそれらはことごとく頓挫《とんざ》し、家族も巻き込んでの悲劇へとつながっていきます。それらはすべて、組織というものの、それを変わらず維持しようとする見えざる力のためでした。

平日通勤電車の中で、そして週末、経営関係の本を読むかたわら、私はサラリーマン小説なるものを読み続けました。高杉良の『炎の経営者』**『広報室沈黙す』**、咲村観の『左遷』、広瀬仁紀《よしのり》の『経理犯罪』、草柳大蔵の『官僚王国論』……。そしてサラリーマンたちの心を少し、理解するようになりました。

でもそれは次に、私を内面の危機に陥れることにもなるのです。

『広報室沈黙す』
高杉良
講談社文庫
1987年

社会人2～4年目

# ビジネス1対非ビジネス1原則

## 他人と意見が被ったその瞬間、読書の価値とおそろしさがわかった

学卒経営コンサルタントとして働き始めて、1年半ほど経った頃、衝撃の瞬間が訪れました。同僚ら数人との会話の中で、他の人と意見が被《かぶ》ったのです。

何気ない会話でした。何がテーマだったのかも覚えていません。でもその瞬間だけは覚えています。「うわっ、恥ずかしい！」と強烈に感じ、その後、黙り込んでしまいました。それまで、一度もそんなことなかったのに……。

そして最悪なことに、そのとき**私が口にした意見はとても一般的で常識的**でつまらないものでした。それなら他人と被るのも当たり前。そう考えて、もっと恥ずかしくなり

ました。

なぜそんなことになってしまったんだろう？ 考え始めてすぐに思い至ったのが、それまで1年強の読書の偏りでした。

ずっとビジネス書を読んでいました。経営戦略やらマーケティングやらサラリーマン小説やら。毎週末に2冊、平日に通勤電車で1~2冊。大小なべていえば、年間150冊分の読書資源を、すべてビジネス系の本や雑誌に捧げていたのです。

それまでの人生の総読書量からすれば、その量は数%にすぎません。それでも、**たった1年強の読書の偏りが、私を「つまらない人間」に変えてしまいました。**

人間はこれほどまでに、接する情報に左右されるのだと思い知りました。人と同じ食べ物を摂取し続ければ、同じ病気にかかります。同じ情報を収集し続ければ、同じ意見しか出てこなくなります。

そしてその変質に要する時間は、意外と短いものでした。[11] 人体の細胞の多くが1ヶ月から半年強で入れ替わってしまうのと



11_人間は60兆個の細胞でつくられており、皮膚は28日、胃腸は40日、血液は127日、肝臓・腎臓・骨は200日ですべて入れ替わる。変わらないのは心臓と脳の細胞のみ。

同じように、自分の意見なんてものは、1年くらいで「独創的」から「常識的」なものに変わってしまうのでした。ドボン。

そのとき悟りました。**「ヒトはそれまでに読んだものでできている」**のだと。

## ビジネス1 対 非ビジネス1、のさじ加減

悟っていても仕方ないので、とりあえず読む本の構成を変えてみました。あまり考えずに**「ビジネス書を1冊読んだら、非ビジネス書を1冊読もう」**と決めました。偏りを戻すには、一部（2～3割）を変えたくらいじゃインパクトないだろう、と思ったからかもしれません。

この「1対1ルール」は、実践上も楽ちんでした。書店に行って（もしくはAmazonなどで）本を買うとき、複数冊買うなら必ず、ビジネス書1冊で済ませず、もう1冊、非ビジネス書を物色します。ビジネス書2冊なら、非ビジネス書も2冊。もし急いでいてビジネス書1冊しか買えなかったなら、次は非ビジネス書を買う。それだけです。

雑誌も同様で、「週刊ダイヤモンド」や「週刊東洋経済」「プレジデント[12]」を買ったな

12_「日経ビジネス」は定期購読している。隔週刊でちょうど良かったが、1991年4月から週刊化されてしまった。

ら、一緒に「日経サイエンス」や「ナショナル ジオグラフィック」「ニュートン」を買うといった具合。

やってみたら、これが**醤油1にみりん1**みたいな感じで（？）、なかなかのバランスでした。悪くありません。書店をうろうろして本を選ぶという貴重で有意義な時間も含めて、非ビジネス書は私の幅を再び拡げてくれました。

その中核はもちろん、SFと科学書でした。

## 珠玉の「日本ファンタジーノベル大賞」受賞作たち

この頃、私の読むSF（？）の幅を拡げてくれたのが、「日本ファンタジーノベル大賞」でした。1989年創設のこの賞は、未発表の創作ファンタジーを公募し、新人発掘を目的とするもの。大賞賞金は500万円で、受賞作品は新潮社からの刊行が約束されていました。

書店の店頭でたまたま手に取った、第1回大賞の『**後宮小説**』（酒見《さけみ》賢一）に魅了され、同優秀賞の『宇宙のみなもとの滝』（山口

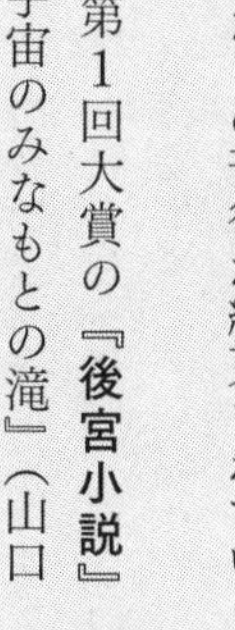

『後宮小説』
酒見賢一
新潮文庫
1993年

泉）、候補作の『星虫《ほしむし》』（岩本隆雄）と次々読み始めました。（↓477頁）

第2回には**『楽園』**（優秀賞）で鈴木光司（その後『リング』『らせん』『ループ』など）がデビューを果たし、第3回には**『六番目の小夜子』**（候補作）で恩田陸《おんだりく》（同『光の帝国　常野《とこの》物語』『夜のピクニック』など）が世に出ました。すごい賞です。

でも、受賞作たちに、なんの共通点もありません。ファンタジー（空想的、幻想的）ならなんでもOKなので。さらには、選考委員会の選者から「なぜファンタジーなのかわからない」と評された最終候補作すらあったとか（笑）

だからこそ、私の心を拡げ、柔らかくするのにとっても役に立ちました。第4回優秀賞の**『昔、火星のあった場所』**（北野勇作《ゆうさく》）では、未来の地球と壊れてしまった火星を舞台に人類とタヌキが戦います。しかしそれは、量子力学的な効果を使っ

『楽園』
鈴木光司
角川文庫
2010年

『六番目の小夜子』
恩田陸
新潮文庫
2001年

『昔、火星のあった場所』
北野勇作
新潮文庫
1992年

た、壮大な再生の試みでもあったのです。さるかに合戦、カチカチ山、といった日本昔話（ファンタジー！）と、近未来SFの融合がたまりません。

賞が2013年に「休止」とあいなったのは、まことに残念です。

## 史上最高のSF『上弦の月を喰べる獅子』。良い問いは答えを含む

1977年デビューの夢枕獏は、日本SF界の巨人です（本人曰くは、「エロスとバイオレンスとオカルトの作家」）。

多作[13]でありがたいのですが、手を拡げすぎて長編連載ものが完結しないという、悪魔の作家でもあります。幸い15年かかって完結した『涅槃《ねはん》の王』（全7巻）は古代インドが舞台。確かにバイオレンス満載ですが、最後のシッダールタの覚醒（仏陀となる）シーンが圧巻です。「悟りを得たもの（覚者《かくしゃ》）の誕生」と「不老不死」という、もっとも深淵で宗教的なテーマに対して、逃げずに彼なりの答えを出しています。

『涅槃の王』
夢枕獏
祥伝社文庫
2000年

13_『キマイラ』『餓狼伝』『陰陽師』シリーズの他、『大江戸釣客伝』『神々の山嶺』『宿神』『混沌の城』など。

そして1991年、『上弦の月を喰べる獅子』[14]が出版されます。あくまで「当社比」であり「個人の感想」ですが、これが史上最高のSFです。

SFの本質的価値とは、根源的問いを立て、それに対して答えを得ること。制限の多い「今の現実」では提供し得ない、極端な舞台と設定と人物たちによって、その問いは純化《じゅんか》され、その答えは表現されます。

**●問い：コミュニケーションとは何か↓**
舞台：宇宙人とのファーストコンタクト
**●問い：人間知性の価値は何か↓**
舞台：機械知性・AIの反乱
**●問い：ヒトの寿命はなぜ限られるのか↓**
舞台：無限の寿命を得た天上人たちの世界
**●問い：人間を規定するのは精神か、精神と肉体か↓**
舞台：ヒトがすべて電子化されたサイバーワールド

この『上弦の月を喰べる獅子』での根源的問いは、「ひとは幸福《しあわ》せになれるのか」で

『上弦の月を喰べる獅子』
夢枕獏
ハヤカワ文庫
1995年

14_ 第10回日本SF大賞、第21回星雲賞。

した。

こんな根源的問いに、答えなどあるのでしょうか。

コンサルタントっぽく、場合分けをして評価軸をつくって、国別や都道府県別の「幸福度」[15]とか出してしまいそうです。それはちっとも本質的でも独創的でもありません。

夢枕獏はこの超難問に正面から挑みました。

舞台は、神の棲《す》む須弥山《しゅみせん》のような進化の山であり、禅問答《ぜんもんどう》であり、宮沢賢治の住む東北の山々でした。それらを縦横無尽《じゅうおうむじん》に絡ませながら、この572頁（単行本）の話は進んでいきます。

読み終わって、確かに私は、答えを得ました。少なくともそう感じました。

こんな根源的問いに、答えを出しうること、そして、それを表現しうること、に驚きました。

もうひとつ、この本を読んでからずっと心に残り続けているフレーズがあります。それは**「良い問いは答えを含む」**、です。

ああ確かにそうでした。どんな問いも、それが正しく立てられているなら解けるのです。どんなプロジェクトで、どんなテーマのときもそうでした。論点（どこを掘るのか）を間違えれば、どんなに頑張って作業をしても、決して答え（金鉱）には辿りつけ

15_ 米シンクタンクのピュー・リサーチセンターによれば、2019年の国別幸福度で日本は58位で先進国中最下位。フィンランドが1位で英国が15位、ドイツが17位、米国が19位。

ません。質問を間違えれば、どんなに緻密《ちみつ》なインタビュー調査をしても、有意義な答えは得られません。

**良い問いこそが、正しい答えへの道**なのです。

私の人生に、大きな学びと悟りを与えた最大の書でした。

## 『戦略プロフェッショナル』で目指した「格好いいコンサルタント」——でもアヒル

この時期、私のキャリアに大きな影響を与えた本の中で、ビジネス書で1冊挙げろと言われたら、これだと答えるでしょう。三枝匡《さえぐさただし》の『**戦略プロフェッショナル**』が、その1冊です。BCGの大先輩が描く「シェア逆転の企業変革ドラマ」における「戦略参謀の能力と決断」は本当に格好良く、ビジョンのない私に「こうありたい！」と初めて思わせた本でした。

大学生のとき、大前研一の『**企業参謀**』で、経営戦略コンサルティング会社を知りました。学卒でBCGに入って、さまざまな事業

『戦略プロフェッショナル』
三枝匡
日経ビジネス人文庫
2002年

『企業参謀』
大前研一
講談社文庫
1985年

変革、企業革新プロジェクトに参画しました。多くの諸先輩やクライアントの圧倒的能力や人間力にビビりながらも、死ぬほど学びました。

でも、『戦略プロフェッショナル』のお陰で、まだまだ先があるのだとわかりました。自分が目指すものが、こんな「格好いいコンサルタント」なんだと理解しました。そうなるべく、努力を続けようと思いました。読み終わったときの高揚感を30年経った今でも思い出せる、そんな本です。

「ビジネス書1対非ビジネス書1」で過ごし始めて数ヶ月、いつの間にか調子が戻っていました。同僚と話が被らなくなり、自分らしい意見が言えるようになってきました。根源的問いを問いかけ、そこに正面から、もしくは宇宙や未来や昔話から突っ込めるようになりました。

でもある日、上司が曰く「お前はアヒルの水かきだからな」

まったくもって、その通り。よくおわかりで（笑）

でも、ただのアヒルじゃあ、ありません。装甲は薄いかもしれませんが、エンジンは強力です。超高速の巡洋艦[16]で、武器は最新のレ



16_プレイステーションでの海戦アクションゲーム『鋼鉄の咆哮』（コーエー）シリーズ参照。

ーザー砲とレールガン（電磁投射砲）でバリアも関係なく貫通します。対空対地の自動速射砲もついていて、どんなイジワルな質問も打ち落とします。

くすみかけていた若手コンサルタントは、その「1対1」のポートフォリオ型読書で、再び自らの輝きを（少し）、取り戻しました。

社会人5年目〜

## ワリキリ読書と発見型読書法

### 基礎ができると本を読むスピードは5倍になる

私はビジネス書を、基本の数冊（教科書）の熟読から始めました。

自分で注釈を書き込むほどの読み込み方をしたのは、『マーケティング・マネジメント』と『競争の戦略』だけかもしれません（もし**『経営戦略全史』**や**『ビジネスモデル全史』**がそうやって読まれたらうれしいです）。

そして社会人1年目は主要なMBA本や経営書に浸り、2〜4年目はバランスをとりながら読み

『経営戦略全史』
三谷宏治
ディスカヴァー・トゥエンティワン
2013年

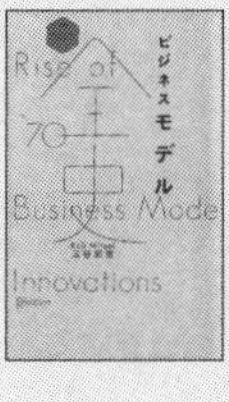


『ビジネスモデル全史』
三谷宏治
ディスカヴァー・トゥエンティワン
2014年

進めました。

3年目くらいから、ビジネス書を読むのがものすごく速くなってきました。速読ではありません。昔から本をいっぱい読んでいたので、もともと読むのは速いのですが、ことビジネス書に関してはそれが格段に上がったのです。

要は飛ばし読みができるようになったのですが、それが可能になったのは、**「知識獲得のための基礎《ベース》」ができたから**でした。

すべてのビジネス書には、新奇な部分とそうでない部分があります。読者のすべてがその分野に精通しているわけではありませんし、これまでの常識部分がないと新奇な部分のすごさが伝わらないからでもあります。

結局、その本にしか書いていない（私にとって）新奇な部分は、全体の2割もありません。基礎ができたことで、それが自動的に見分けられるようになり、そこだけ読むことでスピードが上がったのです。

本当は活字好きなので、本は端から端までじっくり読みたいのですが、「ビジネス書は情報源」と割り切って、そんな読み方をするようになりました。ビジネス書も基礎を200冊積み上げると、こんな高効率のワリキリ読書ができるようになるわけです。

17_当時で38ヶ国、現在はシンガポール、アブダビ校を合わせて80ヶ国前後から学生を集める。

## 留学先のINSEADでも使えたワリキリ読書

「1年だけなら、お金を出してやってもいい」と言われて自分で制度をつくり、BCG東京オフィスの社費留学第1号としてフランスに旅立ちました。パリ郊外、フォンテーヌブロー市にあるINSEAD《インシアッド》[17]で1年半学びました。

でも当時の入学条件であったフランス語が零点で、1991年夏から最初の4ヶ月はフランス語特訓コースで過ごすこととなりました。毎日、予習で150個、復習で100個、わからない単語が出てきます。それを毎日覚えて、なんとか4ヶ月後には「その場で渡された新聞記事について議論する」という試験をクリアして無事入学を果たしました。

案の定、入学してからも毎日の予習量は膨大で、学期の間の休みもほとんどありません。1年制なのに、2年制のMBAコースと同じだけの授業時間がある[18]のですから当然です。今度は、毎日100頁以上の英語文献やケースを読みこなす羽目に陥りました。

でも大丈夫でした。BCGに勤め始めてもう4年。「門前の小僧習わぬ経を読む」ってなもんで、マーケティングも会計も、マクロ

18_ 企業事例研究所の資料。

経済もミクロ経済も、もちろん経営戦略だって「基礎《ベース》」はもうできています。英語の本だって、新たな知識習得の方法は同じでした。

まず目次と図だけ、全部ちゃんと目を通します。それで内容を理解できればその章は飛ばします。目次と図で、自分にとって新奇な部分を選び出し、そこだけじっくり読むのです。これで**毎日の予習は1～2時間で済む**ようになりました。

もちろんもっともっと深い勉強をすることもできたでしょう。でも私にとって海外留学は念願の「One year vacation」。目的は、欧州の多様な文化と人を楽しむことなのですから、これで十分です。

必殺のワリキリ読書で、異国でのビジネススクール生活も無事ノリキリました。

## 同じものを読んでいるのに、なぜ気づきが違うのか

1年半の楽しい欧州生活から帰国し、またBCGで経営コンサルティング業に復帰です。この頃からよくこんな質問をされるようになりました。

「三谷さんは普段、どんな本や雑誌を読んでるんですか？」

このとき、質問者が期待している答えは「ヒミツの情報源」です。ヒミツとまでは言

わないまでも、英字新聞を毎日読んでいるとか、CNNを欠かさず見ているとか、特殊な情報誌を定期購読しているとか、もしくは会員制の情報交換の場とか……。

自慢ではないですが、私は日本語を読むのがとても速いので（相対的に英語は遅い）普段、日本語の新聞雑誌・本しか読みませんし、基本、日本語のテレビしか見ません。ヒミツの情報源など、何もないのです。

確かにSFや科学書は私の「ヒトとはちょっと違った情報源」かもしれません。ただそこから、何を読み取るかは自分次第です。さらに言えば、**誰にでも手に入る情報から、特別な何かを見いだす力こそが「発想力」の源**なのです。

何が違うのでしょう？

「問題意識」と言いたいところですが、ちょっと違います。確かに、明確な問題意識を持っていれば、それに関する情報は自動的に引っかかってきます。仕事（プロジェクト）で「組織文化の変革」をやっていれば、何を読んでいても、関連する事例やお話が目に飛び込んできます。でもそれはそれだけのこと。大して面白い情報が見つかるわけではありません。

**私にとっての面白い情報とは、「反常識」「不合理や矛盾」、そして「数字」**です。私はいつも、それらを無意識のうちに探しているのです。

## ファクトをつないで発見する。比べたり、組み合わせたり、割り算したり

たとえばある日、日本経済新聞を読んでいたら、ローソンの新浪剛史《にいなみたけし》社長（当時）がインタビュー記事で「低価格路線からの脱却」を高らかに宣言していました。「もう値下げとか増量とかの効果はない」のだと。ふむふむ、コンビニエンスストアも高付加価値化に挑戦するのね。

ところが、もうしばらく頁をめくったら今度は「来月からローソン、からあげクンの30％増量フェア開始」という小さな記事が……。う～っむ

素人目に見れば、これは**「矛盾」**です。

でも隠された意図が何かあるのかもしれません。トップがメディアを使って社内外に変革を促しているのか、それとも敵を欺《あざむ》く作戦のひとつに過ぎないのか、それとも……。この矛盾の奥には何が潜んでいたのでしょう。

面白い**「数字」**も見逃しません。今まで曖昧だったものが、数字で語れるようになれば、それだけで思考も議論もずいぶん進みます。

たまたま会社で目にした日経ＭＪのトップ記事が、通販大手ニッセンの新物流センタ

ーのものでした。記事のあちこちに、貴重な数字が隠れています。「旧センターに比べて規模（床面積）が倍に」。ふむふむ。「これでセンターにおける物流コストが1ポイント下がると期待」。なんと。

でもこれまでどれくらいだったのだろう。すると別の場所に「これまでのコストは全体の5％程度」とあります。

これで「物流センターにおける規模の効果」についての貴重なサンプルが手に入りました。「規模が倍になればコストは2割下がる[19]」のです。そんな風には、どこにも書いてありませんでしたが。

面白い情報探索の前提は、「意見でなく事実を探す」ことです。記事も書籍もネット情報も、事実と意見（や推測）からできています。右の例に挙げた記事だって、この本だってそうです。

でも、面白いものを見つけるために、人の評価や意見だけに頼っていても仕方ありません。まずは事実だけを見つめましょう。そして、そこから見つけ出すの

19_5%だったものが1ポイント下がるから4%、つまり2割減。

です。「反常識」「不合理」「矛盾」「数字」を。

まずは意識的に。そしてそれが無意識になるほど続けること。それが「発見型読書法」なのです。

さてここまでが、私の「読書全史」です。

この本で紹介している「読書戦略・戦術」の数々は、そこから学んだことをカタチにしたものに過ぎません。そしてそれらを実際に自ら使っていくことこそが戦略的読書法、つまり**「戦略読書」**なのです。

# 第3章

# 発見型読書法

## ——5つの視点で5倍読み取る読め方革命

# ビジネス発想につながる5つの視点で読む

①対比 ②反常識 ③数字 ④一段深く ⑤抽象化

## 読み方でなく「読め方」の差が本当の差となる

同じ文章を読んでも、そこから何が読み取れるかは、人によって大きく違います。それを「読め方」と呼びましょう。

本や雑誌を人の2倍（たとえば年間100冊でなく200冊）読むことは容易ではありませんが、1冊から面白い点を人の5倍見つけることは十分可能です。いや、10倍だって可能かもしれません。

だとしたら、最後に大きな差を生むのは、読む量や読み方ではなく「読め方」なのでしょう。私はここが、ちょっと得意だったりします。

たとえばこんな文章があったとしましょう。**「日経ビジネス」**（2015.6.22）で

「日経ビジネス」
日経BP
（2015.6.22）

のYKK[1]特集記事『高品質の〝呪縛〟、「量」で断ち切る』です。6頁にわたるその記事の概要はこうです。

**リード**：ファスナー世界最大手が、「質」に加えて「量」も追求する戦略へとかじを切った。品質の良さを武器に金額で世界シェア4割を押さえたが、数量では2割に留まる。「このままではジリ貧」という危機感から、攻めあぐねていたボリュームゾーン攻略に乗り出した。

**小見出し**：ファストファッションに出遅れ
試作3日、量産5日、遅れゼロ
門外不出だった材料の生産
「過剰品質」から「十分品質」へ

**コラム**：「YKKの基準」ではなく「服の基準」で品質を決める
「安かろう、良かろう」で勝つ

1_売上高3000億円強（2014年度）。傘下に建材のYKK AP。

## ①過去や他業界と「対比」して大局観を持つ

まず私がやることは、その記事を自分の頭の中（知識フィールド）の中で位置づけることです。その記事に入り込んでしまう前に、それがどういうものなのか、客観視するのです。それには**「対比」**が役に立ちます。

この記事を読んで、まず思ったのは「日経ビジネスで、昔、似たような特集記事があったゾ」ということでした。

それは、8年半前の記事でした。『YKK 知られざる「善の経営」』（2007.1.15）として、そのファスナー事業の成長と超高収益性（売上高営業利益率15％）を絶賛する内容でした。

そして今回は、急激に興隆《こうりゅう》するファストファッション（ZARA、H&Mなど）への対応が出遅れ、このままではジリ貧になる、との状況を伝えています。

見出しレベルで比べても、その差は劇的です。

- 顧客への対応力で勝った　→　**顧客対応に遅れた**
- 材料の国内生産こそが優位性　→　**海外生産地にも材料生産を移す**

- 高品質へのこだわりこそ命　↓　**過剰品質から十分品質へ**
- 中国生産が大切　↓　**中国以外へのアジアシフトが必須**

2つの記事の内容をよく読むと、YKKがやっていることはほとんど変わっていないよう。なのに、それらへの評価は、エラい変わりようです。現状への評価は正しいのか、過去の評価の何が間違えていたのか、よくよく眉《まゆ》に唾《つば》して読まなくてはなりません。

YKKの経営陣も日経ビジネスの記者たちも、一体何を見誤っていたのでしょうか。

過去の事例や他業界の話と「対比」することで、新しい情報への客観的なスタンスが築けます。称賛記事にも批判記事にも流されることのない、客観的・中立的な自分が持てるのです。

ただしこれは、知識の「基礎」ができていないとできない技でもあります。

## ② これまでの当たり前を覆した「反常識」を見つける

もうひとつ、「基礎」があればできるのが「反常識」を見つけることです。

もちろん知識がなくとも、記事に直接そう書いてあるかもしれません。

●商品の入れ替えがＹＫＫの既存客では年2回だが、ファストファッションでは年10回以上である
●ファストファッションでは、商品デザインから店頭への納品までが2週間足らずで、それを生鮮品のように売り切っていく
●ファストファッション化の流れは、アパレルから量販店のＰＢ品（プライベートブランド）や靴やカバンなどにも押し寄せている[2]
●アパレル縫製工場が、中国から他のアジア地域に急速にシフトしている
●ＹＫＫは2週間前後だった納期を、試作品３日、量産品５日に短縮する

確かにファストファッションのリーディングブランドＺＡＲＡを擁するインディテックスは、２００７年からこれまで、売上を2倍にまで伸ばしてきています。

これまでの常識を覆《くつがえ》すような、大きな変化・変革が起きているのです。

ただ記事の内容で、私にとってある意味「反常識」的だったのが、本社の機能（の一部）の黒部事務所への移転でした。

2_デンマーク発の雑貨店「Flying Tiger Copenhagen」も同様のコンセプト。2000品目の品揃えに対し、毎月数百品目の新商品が投入される。世界950店舗を展開。

「ファストファッション企業のニーズを満たせなかった」「お客さまの求める基準でものをつくる」というのなら、技術部門をスペイン・アルティショ（インディテックスの本拠）やスウェーデン・ストックホルム（H&Mの本拠）に移すべきでしょう。

技術部門である黒部事務所に、一体本社の何が集約されたのでしょう。きっと記事には書かれていない、深謀遠慮《しんぼうえんりょ》があるに違いありません。

## ③ 徹底的に「数字」にこだわる

私は**「数字」**にこだわります。互いに矛盾はないか、次につながる本質はないかと。

この記事でもいろいろありましたが、4つだけ挙げましょう。コストダウン、価格差についての数字です。

まず関連する定量情報を列挙すると、次のような感じです。

**(1) YKKの金額シェア約4割、数量シェア約2割**
**(2) 世界市場は年400億本、YKKの売上高は3000億円**
**(3) 新興国向け製造機械によって、製造コストは2～3割下がり、材料を含む製品コストは**

## (4) コストのうち、材料費が占める割合が一番大きい 数%〜1割削減できた

まず(1)です。YKKは今まで、高価格帯を主に対象にしてきました。これからはボリュームゾーンである中低価格帯だといいます。

でもその価格差は、一体どれくらいなのでしょうか。

(1)から、YKKの世界市場での金額シェアは40%、数量シェアは20%です。引き算すればYKK以外のプレイヤーの合計は、金額シェア60%、数量シェア80%となり、各々割り算して平均単価を出すと、その単価差はなんと2・7倍[3]となります(左図)。

YKKが納めるファスナーの平均価格は、その他メーカーの約3倍に達しているのです。(2)から計算すると、他社平均がファスナー1本あたり約14円であるのに対し、YKKは約38円なのです。

これは、高付加価値メーカーとして誇るべき数字ではありますが、いわゆる「ボリュームゾーン」が、YKK価格の遥《はる》か下にあるということでもあります。最低、コストを半分以下にしないと、ボリュームゾーンでの競合には太刀打ちできないでしょう。

にもかかわらず、記事中にあるコストダウンの成果は極めて控え目です。(3)の「製品コスト

3_(40/20)/(60/80)=2.7

が数%~1割削減できた」だけです。これ（だけ）では話になりません。

しかし、(4)にあるように製品コストの「一番多く」を材料が占めているのなら、そこをどうにかせねば、どうしようもないのでしょう。でも「多く」とは、どれくらいなのでしょう？

(4)は定量情報ではありませんが、(3)と組み合わせて計算すると、材料費が全体コストの4割以上を占めることになります。

全体コストを半分にしたいなら、全体の3割しかない製造コストをゼロにしても追いつきません。4割以上を占める材料費を半減する必要があるのです。そのための、インドネシアでの材料工場建設だったのでしょう。

ボリュームゾーンの攻略に向けて、もう「技術流出が怖い」「門外不出」などといっている場合

**YKKと競合の平均単価比較**

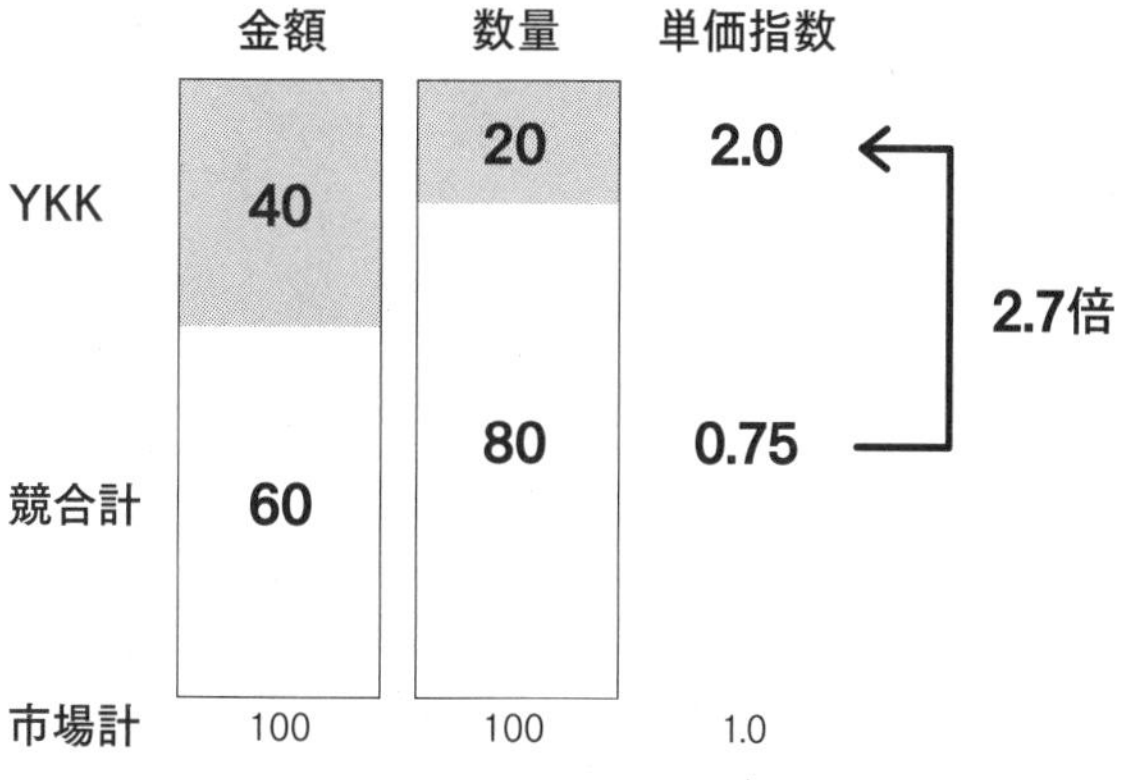


注：単価指数＝金額÷数量
出所：日経ビジネス（2015.6.22）より三谷作成

では、なかったのです。

こんなことが、数字にこだわることで見えてきます。

ただ、やった計算は単純です。引き算してその他メーカーの数字を出し、割り算を3回やって平均単価の比を出しました。製造コストと全体コストの動き方の差を見ることで、各々の重みを推定しました。

本や雑誌・ネットで**数字をいくつか見かけたら、足し算・引き算、ときどき割り算、**くらいはしてみましょう。

## ④人より「一段深く」まで調べる

まずはなんでも疑問に思ったら、**「一段深く」**考え、そして調べましょう。今は調べるのがとっても楽ちんです。スマートフォンに向かって語りかければ、大概のことはわかります。

このYKK記事でも、自分の疑問点をいろいろ調べてみました。

8年前の記事ではどう取りあげられていたのか？　YKK経営陣の発言はどう変わったのか？　事業環境は本当に変わったのか？　ファストファッションの売上の伸びは？　YKKによる

ボリュームゾーン攻略はなぜこれまで（15年間も）失敗し続けてきたのか？　今回の対応はこれまでと何が違うのか？　インディテックス（ZARA）やH&Mのデザインから店舗納入までのタイムスケジュールはどうか？

答えにつながる情報がある場合も、そうでない場合もありました。まずはそれで十分です。ネットなどに情報がなくとも、それで「簡単にはわからないことなんだ」ということがわかりますから。

それでも知りたければ、もう少し粘ります。Wikipedia《ウィキペディア》で英語版の頁を読んでみたり、Google検索で20頁目くらいまで読み込んでみたり、「－《マイナス》」記号を使うことで検索結果の絞り込みを行ったり。

たまには、**知っていそうな人に質問したり**もします。本当はこれがもっとも効果的・効率的で迅速《じんそく》です。ただし、業界関係者や当事者だと当然、発言内容にバイアスがかかるので注意が必要です。

この「知っていそうな人に聞く作戦」を、よく使うのは長女です。私をよく、質問箱代わりに使います。私も素直に答えを教えず、もっと難しい（でも楽しい）質問にして返したりしますけれど（笑）

人より一段だけ深くまで調べることで、意外に面白い情報に行き当たります。

### ⑤得たものはちょっと「抽象化」して考える・覚える

記事の中で、一番私が面白いと思ったのは次のくだりです。さすがのＹＫＫも、かなり苦労している様子です。

- ファストファッションにもＹＫＫが選ばれるようになってきた
- だが、管理システムが短納期に対応できていなかった
- 従来のシステムは、１つの生産工程に１日かかることを前提としていたが、ファストファッションの納期に対応するには、１時間単位で工程を管理する必要がある
- 当初は専用ラインをつくり、人海戦術《じんかい》で乗り切った
- 新システムの導入計画は３度も延期され、１年遅れで導入予定

これを**「抽象化」**すると、**組織が持つ「固有タクトタイム」の問題**、ということになるでしょうか。

タクトタイムというのは生産工程における概念で、流れ作業のラインが何分で次の工程に動くかを示します。なので全工程で同じです。

全工程とも、ひとりの指揮者のタクトに従って、次の工程に仕掛品《しかかりひん》（生産途中の製品）を渡すのです。

仮にファスナーの生産工程が、材料生産から完成品チェックまで10工程あるとしましょう。各々の工程がどんなに頑張って素早く（たとえば1時間で！）仕上げたとしても、タクトタイムは1日なので次の日までは、次の工程の作業が始まることはありません。結局、最短でも生産には10日間かかることになります。これでファストファッション対応などできるわけがありません。

でもそれを1時間単位にすることが、恐ろしく大変そうであることが、記事からは伺えます。新システムの導入は3度も延期されていると。

昔、経験した住宅産業でも同じでした。

営業担当者は施主《せしゅ》と週末土日に打ち合わせます。その要望を月曜日にまとめて設計担当者に送ります。設計担当者は火曜日に作業をして、水曜日の設計会議にかけて承認を得ます。その結果が木曜日に営業担当者に戻されて、また週末の施主打ち合わせに使われるわけです。

固有タクトタイムはやはり1日であり、1周するのに1週間かかります。それを崩すような「緊急対応」「特急処理」は組織の生産性を、著しく低下させることになってしまいます。

でも、最近は施主側とメールなどでのやり取りが増えて、「打ち合わせは週末まとめて1回だけ」なんて悠長《ゆうちょう》な感じではなくなってしまいました。施主からの要望は24時間365日、「随時」やってきます。なのに、組織の固有タクトタイムは1日で、しかも曜日が決まっています。たとえば水曜日に施主からもらった要望も、設計に渡せるのは次の月曜日で回答は木曜日、つまり返答に8日もかかることになります。

でもこれを変えることは、極めて難しいことでした。

抽象化して考えることで、その本質が見えてきます。そして、他の業界とのつながりや差異がハッキリします。

また、**そういうレベルに昇華して覚えておくことで、次に別の情報が来たときに、心に引っかかりやすくなる**のです。斜め読みの効果・効率がぐっと上がります。

たとえば「組織の固有タクトタイムと顧客ニーズのズレ問題」、身の回りで思い当たることはありませんか？

**発見型読書の5つの視点**

**視点①** 過去や他業界と「対比」して大局観を持つ

**視点②** これまでの当たり前を覆した「反常識」を見つける

**視点③** 徹底的に「数字」にこだわる

**視点④** 人より「一段深く」まで調べる

**視点⑤** 得たものはちょっと「抽象化」して考える・覚える

視点①「対比」

# 過去や他業界と比較して差を見つけ、それがダイジかどうか見極める

## 時系列で対比することで自己の客観性を保つ。タカラと佐藤慶太

ある本や雑誌・ネット記事を読めば、それは必ずあるトーン、ある基本メッセージの下に書かれています。肯定的、否定的、懐疑《かいぎ》的、云々。

それは文章としては当たり前のこと。しかし読者として、簡単にそれに飲み込まれてはいけません。

そして、**特に雑誌・新聞の記事は、「一過性である」**という大きな特徴（限界）を持っています。基本的には、そのとき1日や1週間のことが中心です。ゆえに読者としては、ファクト（事実）にせよ、トーンにせよ、時間的に極めて限られた一断面を見ていることになります。

これを自分の中で、客観的に（執筆者によってつくられたトーンを外し）、時系列で見つめ直すことで、さまざまなことが見えてきます。

玩具《がんぐ》メーカーであった、タカラ[4]の例で見てみましょう。
2001年から数年間、「日経ビジネス」でのタカラに関する記事は20以上に上りました。その全体を一言で表すと、**前社長である佐藤慶太の（日経ビジネスから見た）栄枯盛衰《えいこせいすい》物語**、となります。

簡単に背景を説明しておきます。

彼は父が創業したタカラに入社後、常務、専務となりましたが1996年、方針の食い違いから退社して独立します。2年で年商16億円の企業に成長させましたが、父に呼び戻されます。業績が悪化し長男に代わって父が社長に戻っていたタカラに99年復帰し、2000年2月からは社長として、窮地《きゅうち》のタカラをV字回復させました。

ヒットさせた商品は、ベイゴマの「ベイブレード」、犬と話せる「バウリンガル」、家庭用カラオケ「e－kara」、チョロQのラジコン版「デジQ」、家庭用ビアサーバー「レッツビアー」などなど。

彼は**「拡玩具」ビジョンの下**、家電への進出、電気自動車（巨大チョロQであるQ－CAR）など事業領域も拡大し、03年度には遂に**売上1000億円を達成**しました。

そしてそれからわずか2年弱、収益は悪化し、05年3月末に100億円を超える赤字を出したとして引責辞任（会長に）、そして5月にはトミーとの合併を決断しました。

4_2006年、トミーに吸収合併されタカラトミーになった。

そして7年後の12年6月には、タカラトミーの代表取締役副社長を退《しりぞ》きました。

**日経ビジネスをただ読むと……**

さて、その間の日経ビジネスの記事です。主要なものの見出しを挙げてみます。

(1) 編集長インタビュー：創業家の意識は捨てた（2001.11.5）
(2) 2001年版ヒット商品ランキング　ヒット商品の法則：エイジレス1　親にも買わせるタカラの「拡玩具戦略」（2001.12.17）
(3) 戦略――市場拡大――タカラ：チョロQが道路を走る理由（2002.3.4）
(4) ひと烈伝――40代が変える――佐藤慶太氏「次の社長を育てています」（2002.10.7）
(5) もっと働け日本人　新モーレツ主義のススメ　社員が燃える条件1：トップの熱い思いが共感と自信を生む（2003.1.27）
(6) タカラ――踊り場迎えた「拡玩具路線」（2004.6.21）
(7)「拡玩具路線」でつまずいたタカラ：背水の陣で2度目の〝再建〟へ（2004.12.6）
(8) 歴史は繰り返された：タカラ、業績悪化で佐藤社長引責辞任（2005.2.7）

(1)(2)(3)は基本的に「拡玩具」戦略の称賛です。(4)(5)は経営者である佐藤慶太に対する称賛。そして1年半後の(6)で「拡玩具」戦略の否定に転じ、その半年後の(7)(8)では「やっぱりダメだったね」というところ。

本当に「拡玩具」戦略は間違いだったのでしょうか、そして、佐藤慶太のリーダーシップに大きな問題があったのでしょうか。

いや、きっとそうではなかったのでしょう。

日本の稀有《けう》なる少子高齢化の中において、大手玩具メーカーが「国内の子ども向け玩具」市場にのみ留まることはありえません。拡玩具は必然です。

また、それ以前に「ヒット商品を作る力の強化」というのは玩具メーカーとして必須のものであり、彼がそれに成功したのは間違いありません。

ただ、肯定的な記事ではこれらの良い面しか書かれませんし、否定的な記事では悪い面しか書かれません。しかしその両方を（頭の中で）見比べてみると、どこまでが良くてどこからがグレーだったのかがわかります。

## 本当の問い「なぜバンダイ化が難しかったのか」

そもそも佐藤慶太自身が「肯定的な記事」の中で、最初から言っています。「タカラはまだまだ足りない。**バンダイのような形**になっていない」、と。

そこには彼の正しい自己認識があります。

彼はそれを目指して多くの手を打ちました。多くの成功と失敗がありましたが、それを後から「拡玩具戦略の失敗」というのは誤りでしょう。本当に考えるべきは、「なぜ（目指したにもかかわらず）バンダイ化が難しかったのか」という問題なのです。

**既存のキャラクターやブランドで稼ぎ続ける**には、どうすれば良かったのでしょうか。バンダイのように、ガンダム、仮面ライダー、プリキュア、など息の長いキャラクター[5]でいろいろな収益を長期に生み出すには、何が必要だったのでしょうか。

そういう視点で見直すと、タカラの失敗はまた違ったものに見えてきます。

最初絶賛されて後に失敗の象徴とされた「Q－CAR」は、確かに大失敗でした。「拡玩具の収益源」ではなく、「既存ブランド（チョロQ）強化のための短期事業」と割り切るべきでした。

5_2014年1月販売を始めた「妖怪ウォッチ」シリーズは3年で売上が9分の1に（元はレベルファイブのニンテンドー3DS用のゲームソフト）。

販売台数は約1年で400台に達し、消費者向け電気自動車（原付四輪部門）としては日本一売れました。たとえそこで収益が上がらなかったとしても、そもそもがチョロQ[6]事業の象徴的存在であり、チョロQ自体のブランド復権には大きく貢献しました。それで十分、とすべきでした。

しかしタカラはそこに、経営資源や資産をさらに注ぎ込みました。チョロQモーターズという会社を作り、自動車部品会社を買収し（1億円）、さらには国内に8つしかない公認のレースコースのひとつを買収しました（2・3億円、入場者減で赤字が年5000万円）。

そうではなく、固定費・固定資産の少ない、撤退しやすい形にしておくべきでした。

ただ、それは記事にあったように、「撤退したから失敗」とか「電気自動車なんてムリだった」という話ではありません。「位置づけの誤り」だったのです。

これらは決して日経ビジネスをはじめとするビジネス誌の否定ではありません。日経ビジネスはじめ、国内外のビジネス誌には良い記事がいっぱいです。

しかしながら、大きな流れや本質、特に自社にとっての意味合い《インサイト》を見抜くのは、所詮《しょせん》読者であるわれわれの「読め方」次第、ということなのです。

6_1980年9月に「豆ダッシュ」としてテスト販売。12月から「チョロQ」として正式販売。1999年頃からの第2次ブームでは年間10億円前後の売上があった。

視点②「反常識」

## それまでの業界常識が覆された部分を発見する

**成功だけを見ても、そのすごさはわからない。レゴの危機と復活**

大きな成功の根元には、必ずそれまでの業界常識を無視（非常識）、もしくは、それに反した（反常識）意思決定と行動が潜んでいます。それらを決して見逃すことなく、しっかり拾い上げましょう。

LEGO《レゴ》ブロックで有名な玩具メーカーレゴ（本社デンマーク）は、無計画な多角化とシリーズの拡大によって、**突如破綻《はたん》の危機に瀕しました。2003年のこと**です。ほとんどの新規事業や新商品が利益を生まず、「イノベーションの暴走」とも呼ばれました。

その復活劇が『**レゴはなぜ世界で愛され続けているのか**』に詳しく描かれて

『レゴはなぜ世界で
愛され続けているのか』
デビッド・C・ロバートソン他
日本経済新聞出版社
2014年

います。

04年、若き新CEOヨアン・ヴィー・クヌッドストープは、まず本業への集中を打ち出し、生き残りに向けた大転換を行います。

(1) 自社が儲からないものをつくらない。製品利益率13・5％以上
(2) 小売店が儲かるものを提供する。一過性のヒットより売れ続けるもの
(3) 子どもたちに創造的な組み立て遊びを提供する。**ターゲットは、ドイツ・北欧の「組み立て好きの子ども」**
(4) **ピースのバラエティを抑制**する。まず半分にし、その後の新規も制限
(5) 開発手順を簡素化し期間を3年から1年半に短縮
(6) 開発評価はイラストや試作品への子どもたちの反応[7]で行う
(7) 意思決定をトップダウン型に変更
(8) 人員整理を実施。本社ビルも売却し狭いビルや包装工場の一部に移転

これらの成果は大きなものでした。

開発案件のうち1～2割しか商品化されなかったものが、9割が市場投入されるようにな

7_子どもたちに尋ねるのではなく、子どもたちがそれを話題にするかや、実際にどれくらい興味を持って遊び続けるかを観察して評価した。

りました。LEGOシティの消防車も重機も警察セットも、よりリアルになって3倍以上の売上となりました。duplo《デュプロ》[8]の複雑で電子的で高コストだったトレイン商品が、単純化・低コスト化され大ヒットしました。

レゴは数年で経営危機を脱し、次へのイノベーションに向かう土台がつくられました。

でもこれらの施策や成果の一体何が、「常識に反するようなこと」だったのでしょうか？

## 反常識① 制限こそがより高い創造性(と収益性)につながる

元マッキンゼーのコンサルタント クヌッドスヌープが打ち出した(4)**ピースのバラエティの抑制**は、デザインチームの手足を縛ることであり、新商品の魅力を下げる行為のハズでした。

その前の10年間（94〜04年）でピースの種類は4200から1万4200まで3倍以上に増やされていました。より魅力的な商品をつくるため、でした。

その間、新しくつくられたピースの9割はしかし、一度しか使われない「特殊ピース」でした。そのための金型代に1個5〜8万ドルもかかるというのに。

**特殊ピースこそが、収益悪化の元凶**でした。

8_ 幼児向けの大きなレゴ。ちょうど4倍なのでレゴと互換性もある。

実際には、ピースバラエティの「制限」こそが、デザインチームのより高い創造性を引き出しました。安易に「未来的な消防車をデザインして、新しい特殊ピースでそのまま表現」するようなことがなくなり、既存ピースの組み合わせで、どうリアリティを出すのかの知恵が、存分に引き出されました。

新しい開発手順では上司の感覚的意見より、試作品への子どもたちの反応の方が優先されたので、デザイナーたちは社内で上司向けのプレゼンテーション資料をつくり込むのではなく、消防署に出かけてリアリティや面白さの表現アイデアを積み重ねました。その意味ではデザイナーたちは、それまでよりずっと「自由」でした。

**「制限と自由こそが、創造の源」**だったのです。

そしてそれらは、顧客である子どもたちにおいても同じでした。

汎用《はんよう》ピースの組み合わせ中心の新商品は、コア顧客である「組み立て好きの子どもたち」に大いに受けました。それしかつくれない特殊ピースだらけの商品でなく、自分の創意工夫が活かせるものだったからです。

**「自由さが創造を生む」という常識**は覆《くつがえ》されました。

## 反常識② レゴ好きの子どもたちは減っていなかった

**(3)ターゲットは独・北欧の組み立て好きの子ども、**という絞り込みも、それまでの社内・業界常識を打ち破るものでした。

レゴを経営危機に陥れた「イノベーションの暴走」は、そもそも「少子化&玩具の電子化」への焦りからくるものでした。

レゴのメインユーザーである子どもたち自体が（先進国では）どんどん減ってしまう。その興味も時間も、どんどん電子機器（ビデオゲームやインターネット）に奪われてしまう。このままでは、ブロック遊びは廃《すた》れて、レゴは縮小均衡に陥ってしまう。そんな経営陣の焦りが、レゴを電子化やブロック以外でのイノベーションへと駆《か》り立てたのです。

でも、**実際にはコアユーザーは減っていませんでした。**

ドイツ・北欧の組み立て好きの子どもたちは、数百万人という数を保っていましたし、その子たちはビデオゲームやインターネットに興《こう》じながらも、LEGOへの興味も失っていませんでした。スポーツ好きで友だちも多い、普通の子どもたちでした。

レゴ経営陣は、そこに集中すると決めました。レゴを、万人のための商品ではなく、彼ら向けのハイエンド商品（ニッチ商品）なのだと再定義しました。

この反常識を明らかにしたのは、レゴによる大規模消費者調査です[9]。5万6000人のオンライン調査や多数の対面調査が行われました。その結果が、これだったのです。『レゴはなぜ世界で愛され続けているのか』の中では、こう表現されています。「この調査では、ひとつの特筆すべき発見があった」「これは前CEO時代の大前提を覆す発見だった」

成功の根本にある「反常識」を見つけ出すには、こういう言葉を逃さないこと。そして自分の常識と常に照らし合わせながら読むことです。

それによってその成功物語は、常識突破の物語へと変わり、さらにそのすごさと汎用性を伝えてくるでしょう。

似たような常識が、あなたの会社にも、ありませんか？

9_ 調査プロジェクトの名称は「Core Gravity」。2005年に実施された。

## 視点③「数字」

# 数字に落ちるものを見逃さない

### ナンバーワンになると、売上はどうなる？――ランキンランキン

ある日、日経ＭＪをつらつら１面から読んでいました。すると、目になにやら数字が飛び込んできます。

**「ナンバーワンだと２倍」**

東急電鉄が東京近郊で展開している情報発信型店舗「ランキンランキン（ranKing ranQueen）」[10]では、商品ジャンル別の売上順位を前面に打ち出し、上位の商品だけを陳列しています。

そこでは、これまで２位以下だった商品が１位になると、売上が突然以前の２倍になるという「法則」があるというのです。

これが特集記事の隅に、小さく載っていました。

10_ ランキング商品棚で集客して、残りの棚はメーカーに場所貸しする。収益源はこちら。

企業の基本的戦略といわれるものの中で、ポジション別戦略というものがあります。リーダー戦略、チャレンジャー戦略、フォロワー戦略、ニッチャー戦略、の4つです。

リーダー戦略という存在が示すように、ある分野でナンバーワンになることには、非常に大きな価値があります。顧客や取引先から最初に声をかけてもらえますし、メディアに優先的に取りあえげてもらえます。社員の意識が高まりますし、なによりブランドイメージが上がります。みんな1番が好きなのです。

ただ、そこに定量的な裏付けはありません。本当に一番になったら、どれほどの売上インパクトや収益向上があるのでしょうか。

そんな「○○○効果」の実例を、経営コンサルタントは常に求めているので、それがどんなに小さく書いてあっても、見逃しはしません。

そしてその数字は、私の心のメモに刻まれたのです。「1位になったら売上2倍（ただし、消費財）」と。

## 数字を、見逃さない。特に「重み」と「差」に着目せよ！

基本は「どんな数字でも」なのですが、特に気にすべき数字もあります。「重み」と「差」を表す数字です。

時系列での変化や競合との比較が「差」です。右の「ナンバーワンになると売上2倍」は、「差」を表す数字なわけです。

でももっと大切なのは「重み」です。**全体の中でその事象や項目が、どれくらいを占めるのか、が「重み」**なのですが、それがわからないと「差」だけでは議論になりません。

たとえば、家庭での節電を考えたとしましょう。

2011年の夏、東日本大震災の影響で原子力発電所が止まり、多くの地域で事業所では20〜25％の節電、家庭でも15％の節電が呼びかけられました。

わが家では冷蔵庫が買い替え時期でもあったので、ちょっと調べてみました。すると、07年頃に技術革新があって、同じ容量なら冷蔵庫の消費電力は昔のものに比べて、なんと6割も少ない[11]ということがわかりました。

でも、これは「差」です。「重み」はどうなのでしょうか。冷蔵庫は全体の中で重いのでしょうか、軽いのでしょうか？　家庭での消費電力に占める割合は高そうではありますが……。

11_買い替えのサイクルが約10年なので、10年前のものと比較した場合。

これを明らかにするには、「在宅家庭における消費電力の内訳」という数字が必要です。ところがしばらく調べて、そういう数字がこの世にはないということがわかりました。

もちろん、家庭需要の年平均の数字はあります。季節別もあります。時間帯別も見つけました。でも、それでは「重み」になりませんでした。なぜなら、求められていたことが実は「夏のピークカット」だったからです。

夏、家庭消費電力のピークは午後2時に訪れます。だから、**季節別×時間帯別の家庭消費電力の内訳が必要**でした。でも、ありませんでした。6月になってようやく、そういった情報が政府や電力会社によって提供され、冷蔵庫の真の「重み」がわかりました。夏の午後2時、冷蔵庫は消費電力全体の23％を占めていました。エアコン（52％）に次いで2番目の「重み」でした。

これでようやく、わが家の冷蔵庫の買い替えインパクトが計算できました。約14％[12]です。電気代にすれば年間1万円ほど。投資の価値あり、とわかりました。

## わからなければ、引き算や掛け算・割り算をやってみる

YKKの話にちょっと戻りましょう。

12_ 23%×60%=13.8%

(4)材料費が一番大きい、とありました（↓218頁）。つまり製品コストの中での「重み」で、材料費が最大だというのです。

貴重な情報ですが、定量化はまったくされていません。90％かもしれませんし、20％かもしれません。90％なら他のコストはほとんど無視できますが、20％なら他のコストの（寄せ集めの）方が、ずっとダイジになってしまいます。

それを知りたいものだなあ、と思っていたら、(3)新興国向け製造機械によって、製造コストは2～3割、材料含む製品コストは数％～1割削減できた、などと書いてあるではありませんか！

以上の情報から、3つの仮定をおきます。

- **製品コスト＝製造コスト＋材料費＋販管費他**
- **製造コスト削減率は25％、製品コスト削減率は7・5％**
- **材料費と販管費他は一定（削減率0％）**

製造コストが25％も下がったのに、全体の製品コストではそのちょうど3分の1の7・5％しか下がりませんでした。こんなことが起こるのは、どういうときでしょう？　そう、製造コストが全体の3割であるときです。

　すると、引き算して「材料費＋販管費他」が製品コストの7割だった（改善後は約76％）ということになり、材料費が最大コストなので、おそらくは4割以上だということがわかります。

　数字を見逃してはいけません。「差」はもちろん、特に「重み」を解明すべく、頑張りましょう。いくつかの情報を組み合わせたら、出てくるかもしれません。四則演算で十分ですから。

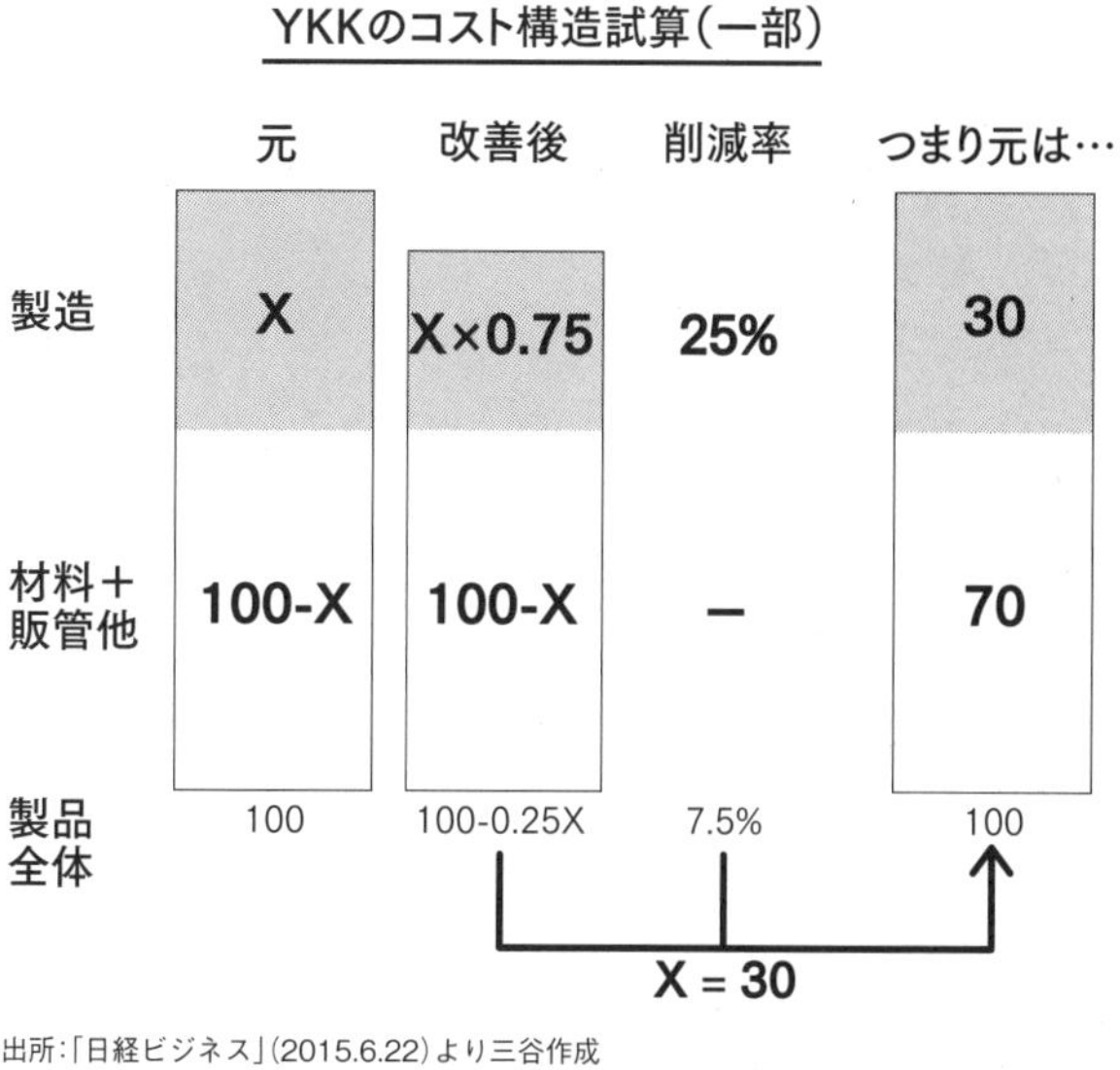


出所：「日経ビジネス」（2015.6.22）より三谷作成

視点④「一段深く」

# ウィキ英語版や出典まで読む、検索結果を1000件辿る

## 気になったら考えてから、調べる。まずはGoogle

普段の生活の中でも、何かが気になる瞬間がありますよね。

「あれはなぜ青色？」「これはどうして長方形？」

それを決して見逃さないこと。そして軽《かろ》んじないこと。

それは貴重な「発見」です。考えてわからなければ、すぐ調べるか、あとで調べられるように書き留めましょう。「何かに気がついたのだけれど」ということだけ覚えていることほど、悔しいことはありません（でも、よくある……）。

そして、調べるときは「人より一段だけ広く深く調べる」ことです。インターネットで調べるのなら、

- キーワード検索して20頁分くらい斜め読みする
- Wikipedia は必要なら英語版も読む
- 出典元の記事・論文も読む

が私の基本技です。

気になったことはその場で考え、ダメならすぐ Google などでキーワード検索します。

その検索結果の、通読（全部読む）に挑みましょう。斜め読みでまったく構いません。ただし、同じコピペ記事を読むのは辛いので、「－《マイナス》」記号を使って、どんどん消していきましょう。20頁分くらいを斜め読みしていけば、きっと2～3個は面白いサイトが見つかります。それをじっくり読み込みましょう。

## 「イマドキの若者はなっとらん」と最初に叫んだのは誰？
## 英語版 Wikipediaを読む

Wikipedia はそんな有用なサイトの筆頭ですが、使っているとときどき、「寄付して」って出てくる[13]ので寄付します。ものすごくお世話になっていますし。

13_Wikipedia には広告欄などがまったくなく、運営のためのコストは寄付によって賄われている。スローン財団から300万ドル、Google から200万ドルなど大口もあるがほとんどがユーザーによる少額寄付である。

日本語版はもちろんとして、時々はその他言語版に一歩、踏み込みましょう。テーマにより ますが、**英語版だと日本語より数倍の情報がまとめられていたりもします。**あまりに文字数が多ければ、右クリックで日本語翻訳して、重要そうなところの当たりをつけるのもいいでしょう。

それだけで、ほとんどの日本人が辿りついていない情報が入手できたりします。

私が数年前、「イマドキの若者《わかもん》は！」論について調べていたときもそうでした。ネットで検索すると、山ほどのサイトが「太古の昔から言われている論である。古代アッシリアの遺跡からも、そう書いてある粘土版が見つかった」と語っています。

でもその99％は、他のサイトからの孫引きに過ぎません。

めげずに検索結果をずっと斜め読みしていくと、当時わずかに2つの情報源（日本語サイトとしては）が、

「それは実は不確かで、アインシュタインが著書で述べているだけ。もともとはソクラテスの言葉らしいが未確認」

と記《しる》していました。

ただ、さらにその出典元である「英語版Wikipedia」を読んでみると、意外なことに「ソクラテスがそう言っている」ということがわかります。

プラトンの主著『**国家篇**（Republic）』第4巻に、ソクラテスの言葉としてこんなことが書かれているのです。

「最近若者たちが年長者の前で騒がしすぎないか。年長者に敬意を示し、席を譲ることを怠っていないか。両親を敬わず、衣服を浪費する。服装も髪型も行儀もすべてだ。違うか？　そうだろう！」[14]

検索結果を数十頁辿り、多くの人が読まない英語版Wikipediaをちょっとまじめに読んだら、ある「常識（もしくは誤解）」の起源（らしきもの）に辿りつきました。

## 出典を読んでみる

「もう一段広く深く調べる」ための、もうひとつの方法が、「出典を読む」作戦です。学術書や学術論文には必ず個々の主張ごとにその引用元が示されています。

例えば、

『国家』
プラトン
岩波文庫
1979年

14_『国家篇』英語版からの日本語訳は筆者。ソクラテスは、直接の対話（ダイアローグ）によってしか真実は伝わらず深まらないと、著作を遺さなかった。その弟子であるプラトンが、ソクラテスを語り手とする「対話篇」という形で師の言葉を遺した。

本文：空気が透明なのは〇〇だから、とされている、（三谷、２００６）
参考文献：『観想力　空気はなぜ透明か』三谷宏治、２００６年

といった具合です。その引用元がまた、ちゃんとした論文や情報源なのかは素人にはまったくわかりませんが[15]、つながりがわかるだけでも便利です。気になるところはそれを辿っていけるのですから。

また最近のネット記事などは、引用部分にその引用元へのリンクを直接張ってあるものも多く、便利です。

その引用元がまた別の所からの孫引き（コピペ集）だったりするとガッカリですが、直接学術論文や、ＩＴ・科学系なら「ＷＩＲＥＤ」「ナショナル ジオグラフィック」、ビジネス系なら「日経ビジネス」「週刊ダイヤモンド」「週刊東洋経済」「プレジデント」「Ｆｏｒｂｅｓ」、もしくはＮＨＫ、朝日新聞、日経新聞、ＣＮＮ、ＢＢＣ、ロイターなどの自前記事サイトや「ＮｅｗｓＰｉｃｋｓ」、「ほぼ日刊イトイ新聞[16]」になんかにつながっているとラッキーです。

15_論文であれば他論文による「被引用数」である程度評価することができる。ただし、成果ではなく実験手法に偏る傾向はある。

16_ほぼ日が運営する情報やモノ・サービス提供サイト。ほぼ日刊と謳いながらも、1998年6月の開設以来これまで更新されなかった日はない、との噂。

一般の本や雑誌ではなかなか、情報の引用元や出典がハッキリわかるものは少ないですが、気になるならネットで検索すれば大抵はわかります。

## 世に溢れる「HAL」の意味とは？

たとえば、瀬名秀明《せなひであき》のロボットSF『**ハル**』、ロボットスーツのHAL、ゲーム会社のハル研究所、「量産機になるな。」のHAL。HAL《ハル》って一体なんでしょう？

HALのもともとが『**2001年宇宙の旅**』（1968）のディスカバリー号に搭載された人工知能「HAL9000」のことだということは、検索すればすぐわかります。人間側の矛盾した命令で狂ってしまい、守るべき乗組員を「駆除」してしまった悲しきコンピュータHAL。

でももう一段だけ調べることにしましょう。何故《なにゆえ》にHALはHALかと。

HALの3文字を、アルファベット上で1文字ずつずらすと？

そう、IBMになります。

『ハル』
瀬名秀明
文春文庫
2005年

『決定版 2001年宇宙の旅』
アーサー・C・クラーク
ハヤカワ文庫
1993年

でも、『２００１年宇宙の旅』の著者であるクラークはずっと「ＩＢＭ由来説」を否定し続けていました。まったく根拠のない噂である、と。

ところが、シリーズ最終作『３００１年終局への旅』の「典拠《てんきょ》と謝辞」でクラークはこんな言葉を漏らしています。

「最近聞いた話では、ビッグ・ブルー[17]は、いまやこのことを自慢しているくらいだとか。というわけで、間違いを正そうとする試みは今後放棄する」

ＨＡＬの名をめぐってそんなことがあったとは、これまでずっと知りませんでした。きっとクラークは『２００１年』発表当時、ＩＢＭに相当文句を言われたのでしょう。「わが社名をもじって、殺人コンピュータの名にするとは何事《なにごと》であるか」と。

そのＩＢＭは今、人工知能に社運を賭けています。

１９９７年には「ディープ・ブルー」でチェスの世界チャンピオンを破り、認知系ＡＩである「ワトソン」では２０１１年に米クイズ王２人をも打ち負かしました。さらに２０１６年には東大との共同研究により、女性白血病患者の正しい病名を10分で見抜き、その命を救ったのです。

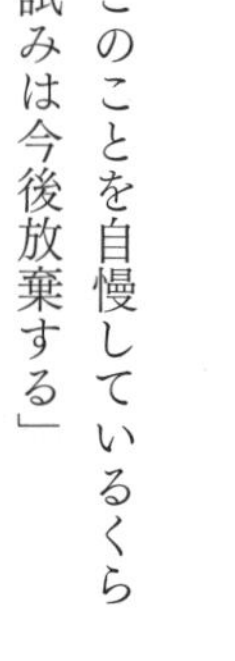

『3001年終局への旅』
アーサー・C・クラーク
ハヤカワ文庫
2001年

17_ IBMの異名。ロゴの色に由来する。

今やコンピュータはヒトの計算能力のみならず、知識・言語能力や判断力をも凌駕《りょうが》しつつあるのです。ＨＡＬはそのイメージキャラクターとして、決して悪くありません。

一段だけ深く調べることで、面白いことがみつかります。ここでは**ネットをどんどん活用しましょう。**いろいろなつながりが、見えてきます。

視点⑤「抽象化」

# 事例や情報をそのままでなく、一段だけ抽象化して記憶する

## データ／インフォメーション／インサイト／コンセプトで考える

ヒトの知的活動とは、結局、次の4段階の「知の階層」で表せるのではないでしょうか。

**①素の情報である「データ」**
**②それを整理整頓した「インフォメーション」**
**③そこから意味合いを引き出した「インサイト」**
**④それらを統合・抽象化してつくり上げた「コンセプト」**

対象はどうあれ、私たちは普段、この4階層の間を行ったり来たりして思考しているのです。

さっきのＹＫＫの例でもそうでした。「数字」を軸にしてこんなことが行われました。

**①データ**：ＹＫＫのファスナー世界市場での金額シェア40％、数量シェア20％など（記事に書いてあった数字）

**②インフォメーション**：平均単価はＹＫＫ38円、その他14円（①から計算によって出した数字）

**③インサイト**：ＹＫＫは他社より約3倍の高単価（②からわかったこと）

**④コンセプト**：ＹＫＫがボリュームゾーンを攻略するには、製品コストを半分以下にする必要がある（③と他の情報を合わせての考えや主張）

**4段階の「知の階層」**

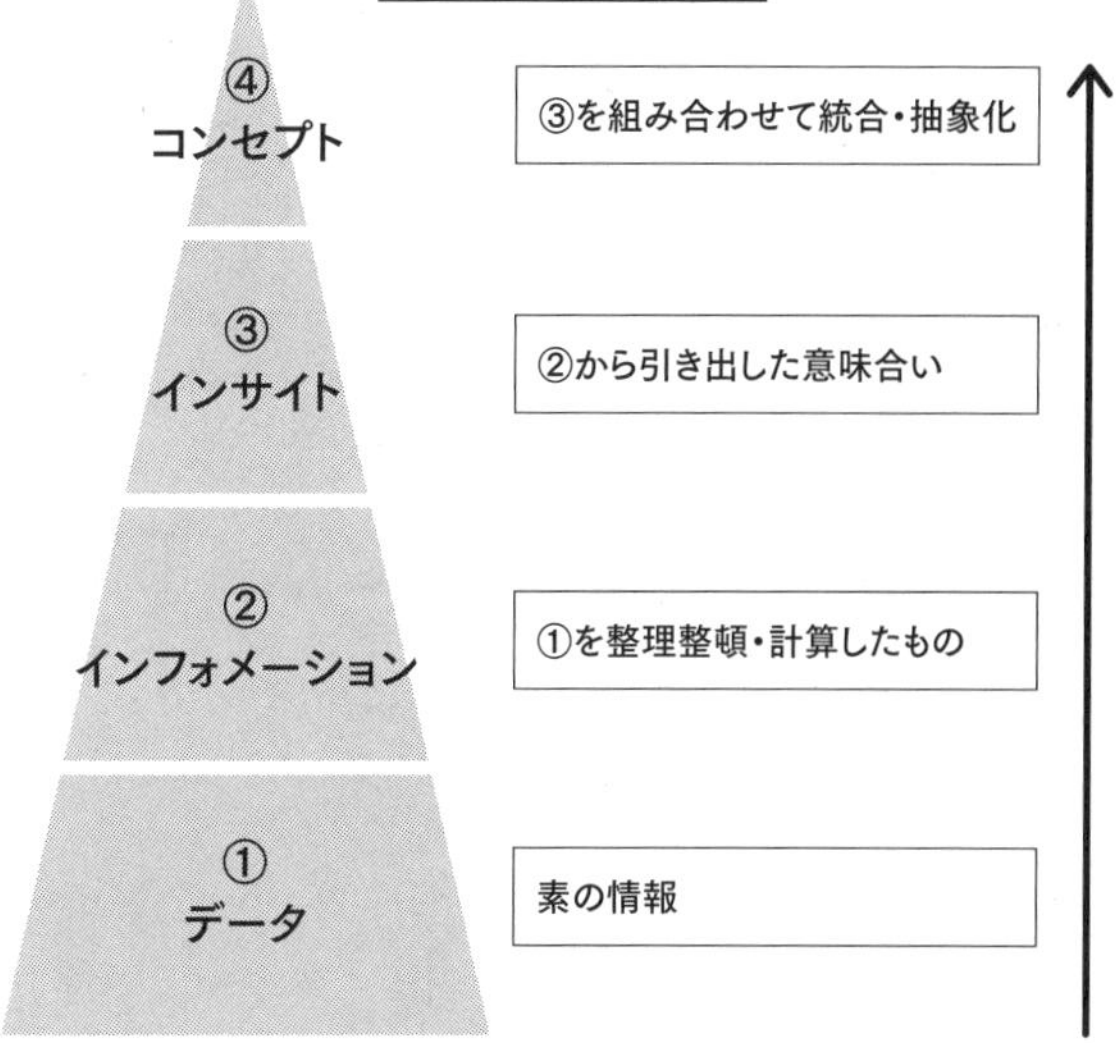

データやインフォメーションをそのまま記憶するのもいいのですが、各々を抽象化して覚えておくと、あとで他の情報とつながりやすかったりもします。

## 抽象化してみる。ネコとは何か、ネコの面白さ

抽象化とは、いくつか共通点でまとめてグループ化し、ネーミングすることです。

トラとイエネコは「ネコ科の動物」と呼ぶことができ、さらにネコ科は（イヌ科やクマ科、アシカ科などと組み合わせると）食肉目《もく》（ネコ目《もく》）である、と抽象化できます。

抽象化はいろんな要素でできるので、食性で見ればネコは（タカやマッコウクジラと同じく）肉食動物と呼べますし、活動時間で見れば（フクロウやコウモリと同じく）夜行性の動物ということもできます。

世の中には面白い動物投稿動画が溢れていますが、ネコ動画は不動の人気を誇っています。ある日こんなものを見ました。

〔ビデオ開始〕

キッチンテーブルの上に座ったネコが、飼い主（撮影者）の方をチラチラ確認しながら、前足だけ動かしてテーブルの上の食器を動かしている。テーブルから落としたら、確実に砕け散りそうなものを。

慌てて叫ぶ飼い主。「Ｎｏ！　Ｎｏ！　Ｎｏ！」

ネコは前足を止めて、憮然《ぶぜん》とした表情（？）で飼い主を見つめる。でもすぐに視線をそらし、次の瞬間、スッとその食器を払い落とす。まるで、何事もなかったかのように。

鳴り響く、破壊音。

［ビデオ終了］

これをこうやってそのまま記憶してもいいのですが、こんな抽象化もできます。

- ネコの**面白**動画（……これは、つまらない）
- ネコの飼い主**無視**行動（飼い主の制止を無視したから）
- ネコの飼い主**虐待**行動（飼い主が嫌がることをしたから）
- **鉄面皮**《てつめんぴ》のネコ（面白いことをまったく無表情でやったから）

どうでしょう？　ネコ独特の面白さです。

こうした抽象化もあわせて覚えれば、別の面白動画を見たときに「アレと一緒だ！」と感じやすくなるのです。

## YKKは強いのか？　高いのか？

YKKの話だって、同じです。

まずは「①データ：YKKのファスナー金額シェア40％」をちょっと抽象化してみましょう。

これは、**「ファスナー市場の上位集中度」の話**になります。そこで「トップのYKKが1社で4割支配」しているというのです。

巨大なグローバル市場の、4割を占める企業はなかなかありません。規制や関税・商習慣に国民性。国ごとの壁はまだまだ高く、それを越えることは容易ではないからです。

「日系企業でグローバル市場の半分近くを占める例」として記憶しましょう。

「②インフォメーション：平均単価はYKK38円、その他14円」も、そのままでなく、せめて

「高い！」か「安い！」かの感覚を持ちましょう。

最初は私も「安い！」って感じました。あんな精妙なパーツが数十円とはと。

でも、**「アパレル材料とそのコスト比率」として捉える**とどうでしょう。ファストファッションの店頭価格が3000円、製造コスト（材料込み）がその3分の1の1000円としましょう。材料コストはそのまた半分で500円。

すると、YKKファスナーはその8％近くを占めてしまうことになります。薄利多売のファストファッションSPAとしては、決して無視できる数字ではありません。

元が1万円するファッションブランド品であれば、材料コストが1500円ほどはあるでしょうから、ファスナーが1本50円でも全体の3％ほど。そこを無闇《むやみ》に削るよりは、商品のファッション性を高めるパーツとして考えてもくれるでしょう。

でも3000円のファストファッションにとっては、「高い」のです。

## あるものでなく、ないものに着目する

データやインフォメーションから気の利いたインサイトを絞り出すために、他にもいろいろな視点が有効です。

たとえばそれは**「あるはずなのにないもの」**。杉下右京[18]や浅見光彦[19]の得意技です。スペシャルドラマ『遺留捜査』でもよく出てきます。

犯行現場で、普通は犯人の遺留物（残したもの）を必死に探します。それはそれで立派な「発見」の努力です。でも、そこにあるはずなのにないもの、を見つけられたら……。

あったもの（データ）を整理して、あるはずのものと比べることで、なくなった（犯人が持ち去った）もの、というインフォメーションが浮かび上がります。そしてそれが指し示めす犯人像（インサイト）とは！

ビジネスも同じです。来たお客さんではなく、**来なかったお客さんを見ないと大きな売上向上の余地はわかりません**。だから、店の中でなく、店の外で通行客を調べます。

その属性やブランド選好のデータを、得意客データと比べることで、店の前まで来ているのに、取り込み切れていないターゲットの数、というインフォメーションが生まれます。

そこからさらに、なぜ取り込めていないのかというインサイトを絞り出し、どう取り込むかのコンセプトを組み立てていくわけです。

こういった発見と探究の訓練の機会は、日常の中にいくらでもあります。見逃さず、ちゃんと動けば（計算するとか調べるとか）いいだけ、なのです。

18_ドラマ『相棒』の主人公。水谷豊が演じる。

19_内田康夫の推理小説の主人公。『後鳥羽伝説殺人事件』が初出。

日々これ修業なり。

第3章ではここまで、読んだもの（本や雑誌・ネットの文章）を使い倒すための5つの視点について書いてきました。**これらは本の「読め方」を劇的に変える（可能性のある）読書法**でもありました。

最後にいくつか、「つながる読書」のためのちょっとした技を3つ紹介します。

# 読書がつながる3つのおまけ技法

## ①線の引き方 ②耳の折り方 ③読む順序

### ビジネス書はきれいに読むな！

子どもの頃、私の教科書は落書きだらけでした。

授業中は先生の話も聞いていましたが、教科書を先読みするか、机の下で本を読むか、教科書の空白に落書きするか、外の田んぼを眺めるかでした。

あのときの落書きはなぜ、真っ白なノートではなく、教科書の余白にしていたのでしょう。きれいな印刷物を汚すという行為の背徳感が、うれしかったのでしょうか……。

でも、自分の本に書き込みをすることは、一切ありませんでした。

「高校生になるまでは買わずに図書館の本を読みなさい」との担任の教えを守り、子どもの頃読んだ本はだいたい借りたものでした。買う本も、親が「月に1冊は好きな本を買っていい」と言ってくれたので、厳選していました。

それらに「落書き」なんてとんでもありません。本はきれいに読むものでした。

その、本をきれいに読む癖は、その後もずっと続き、未だに非ビジネス系の本はそんな感じです。

でも、大学の教科書くらいから別の読み方をするようになりました。難解で読み応えのある**本を、情報源として後々役立て、活用するための読み方**です。

それは、最初から最後までを「きれいに」読み通すのでもなく、「落書き」しまくるのでもなく、線を引き、（頁の）耳を折り、読む順番を工夫する、読み方の細かな技法（細工《さいく》）でした。

社会人になって、分厚いビジネス書をじっくり読んだり、逆に薄い業界本を素早く読んだりしながら、それらの技も少しだけ進化していきました。

### 技法① 「線の引き方」シンプルにエンピツ線。ときどき虹色えんぴつ

読んでいて、ここぞと思ったところには線を引きます。

**目的は、あとで読み返すときに読むべき場所がわかること、だけ**なので、「エンピツで薄く」

で構いません。線を真っ直ぐに、となるべくこだわらずにサラサラ引いていきましょう。

手元にエンピツがなければ、ボールペンでも万年筆でもいいですし、色も黒でも青でも赤でもOKです。

三色ボールペン[20]で、とか、蛍光ペンで、とか、やってはみましたが、私はダメでした。そもそもちゃんとそれらのペンを持ち歩けなかったので、話になりません。

シンプルに、エンピツ線だけです。ただ、特に気になるところは、その部分を線で丸く囲んだりもします。ダイジそうな「数字」や「キーワード」「事例」などです。

コツは線を引きすぎないこと。**1頁には1~2ヶ所限定**くらいの気持ちでいきましょう。

たまに、特殊な線を引くことがあります。

芯が虹色の色えんぴつで、線を引くのです。発想力系の本や楽しい本、きれいな本のとき、7色の線を引きます。

『イノベーションの達人!』
トム・ケリー他
早川書房
2006年

20_齋藤孝『三色ボールペンで読む日本語』(角川文庫、2005年)では、「まあ大事」は青線、「すごく大事」は赤線、「おもしろい」は緑線を引くことで、読解力・要約力が上がると説く。

トム・ケリーらの『**イノベーションの達人！**』は、システム思考の元祖であるIDEOの本です。本自体、フルカラー頁を多用して華やかですし、とても楽しい内容の本なので、線も楽しく引いていきます。虹色えんぴつで**ゆっくり軸を回しながら線を引く**のです。本にレインボーライン！　それだけでテンションが、上がります。

## 技法② **「耳の折り方・付箋の貼り方」耳折り勝ち抜き戦で下カドも使う**

耳を折るのは「ここにいい情報がある！」を示すためです。

なので、**基本的には線を引いた頁の耳を折る**ことになります。単純です。でも、すごく気に入ったビジネス書だと、20頁以上も耳が折ってあって、「いい本なんだ」はわかりますが、どこが一番良かったのか、すぐにはわからなくなってしまいます。

そんな気に入った本のときには、一読したあとに、耳を折った頁をざっと読んで（線も引いてあるから一瞬で終わるはず）、**勝ち抜き戦**です。

そして、ここぞという数頁だけ、もう1回耳を折ります。ただし今度は上カドでなく、下カドを。

これでベスト・オブ・ベスト頁が一目瞭然《いちもくりょうぜん》になります。

私はやりませんが、受験生でもある三女のお気に入りは「細いプラスティックの透明カラー付箋」です。

上手に使えば、

**●気に入った行のところに貼ることで、線を引くのと同じ効果**
**●頁外に少し、はみ出させることで、耳を折るのと同じ効果**
**●色を使い分けることで、三色ボールペンと同じ効果**
**●覚えていなかったところにはさらに貼ることで、二重線と同じ効果**

なのだとか。なんと一石四鳥《いっせきよんちょう》です。半透明なので文字が読めなくなることもありませんし、最近は上からエンピツで書き込める材質のものもあります。

三女曰く、ダイソーのものがお勧めだそうです。一番細くて使いやすいから、と。幅4㎜(長さは44㎜)のこだわりです。

## 技法③ 「読む順序」まず序章、あとは自由

文芸書を読むときには必ず「前から順に」です。作者の意図に身を委《ゆだ》ねたいからなのですが、一度だけそうしなくて深く後悔しました。

伊坂幸太郎『死神の精度』はオムニバス[21]形式です。主人公の死神や主要設定は同じですが、彼が関わる対象やお話は章ごとに異なり、どこから読んでも支障はありません。そのハズでした。

全6話のうち2話まで読んで、次に最後の「死神 対 老女」に飛びました。それなりに面白く、また3話目に戻り、4話、5話といって気がつきました。この作品が単なるオムニバスではなく、つながっているのだということが。

最終話で初めて、それが明らかになるはずだったのですが、ときすでに遅し。その展開で始めて得られるはずだった深い感動を味わうことは、できませんでした。

普通のビジネス書には、そんな「精緻《せいち》な全体ストーリー」や「大どんでん返し」があるわけではないので、大抵読む順番は自由です。

論を積み上げていって、前章での知識がないと、後章が意味不明になるものもあるでしょ

21_原義は「すべての人のために」で「乗合馬車」の意味が加わり、バスの語源ともなった。独立した作品をひとつにまとめたもの。映画では黒澤明『夢』など。

『死神の精度』
伊坂幸太郎
文春文庫
2008年

うが、それは目次を見ればわかります。

でも**私が必ず最初に読むのは、**（あれば）**序章です。そこにすべてが凝縮されているからです。**

レヴィットとダブナーの『**ヤバい経済学［増補改訂版］**』で見てみましょう。

序章は「**あらゆるものの裏側（The Hidden Side of Everything）**」と銘《めい》打たれ、その後の6章を見事に要約しています。

- **道徳**は世の中がどうあって欲しいかを表すが、**経済学**は世の中が実際にはどうなのかを表す。基本的には**世の中はインセンティブで動いている**
- **遠くのことが劇的な変化につながるときがある。**アメリカの若年凶悪犯罪激増予測が外れたのは、（誰もそう指摘しないが）実は中絶合法化のお陰である。合法的で安価な中絶により、犯罪に巻き込まれやすい階層での出生率が下がったから
- **専門家はその情報優位を客より自分のために使う。**不動産屋さんの営業担当者は、顧客の物件（家）より自分の家を売るときにもっとも努力し時間をかけ、3％（100万円以上！）高く売る

『ヤバい経済学［増補改訂版］』
スティーヴン・D・レヴィット／スティーヴン・J・ダブナー
東洋経済新報社
2007年

**●通念や常識はだいたい間違っている。**「選挙はカネ次第」とみんな思っているが、選挙資金を倍つぎ込んでも得票率は1％しか上がらない。国政選挙に年平均10億ドルがつぎ込まれるが、これは米国でのガム消費金額と同程度に過ぎない

**●何をどうやって測るべきか**を知っていれば、込み入った世界もわかりやすくなる。**面白いテーマを裏側から（経済学の手法で）探検するために**この「ヤバい経済学（Freakonomics）」[22]という学問分野（？）を筆者たちは立ち上げた

自分がこの本を、読むべきか・読みたいかは、だいたいこれでわかります。あと、どこからスタートするかは目次と相談しましょう。そのためにも、本の序章は読みとばさず、しっかり読み込みましょう。本のメッセージや難易度、筆者のスタンスや文体（や翻訳）、がチェックできるので。

この本ではどうだったでしょうか。

さてここまでで、本の読み方（や読め方）の方法論は終わりです。次章からは、さらに私の超個人的お勧め本の紹介と書斎論です。

もしその内容を抽象化し、ひと言で表現するなら「知のオープン化」でしょうか。



22_freak（変わり者、奇形、熱狂者）とeconomics（経済学）を組み合わせた造語。

# 第4章

# 知のオープン化

## ——書斎と本棚と魔法の1冊

# 書斎を持つ。廊下の隅でも、ロフトでも、必ず！

## 仕事場は自宅の書斎。完璧な環境をデスクにととのえる

私が普段、活動しているのは自宅の5畳の書斎です。会社勤め（BCGやアクセンチュア）だったときも、6時過ぎには退社して、7時以降は家だった[1]ので、自宅の執務環境は大変重要でした。

オフィスでも自室がありましたが、会議やなんだかんだで机に向かってやることはせいぜい、メール（1日100通以上）の返信や細かな打ち合わせくらい。新しい企画のために知恵を絞ったり、時間をとって資料をつくったり、文章を書いたりするのは、昔から自宅の机の上でした。

だから、自分の書斎が作業上、一番快適につくってあります。であれば、そこでやるのが当然です。

まず、**机がとても大きい**のです。普通の机ではなく、通販で安い6人掛けのキッチンテーブルセット（3万円也）を買ってイスを手放し、残ったテーブルを書斎机にしていました。

幅160㎝、奥行き80㎝もあるので、それだけで便利です。両脇にはガンガン、資料用の本や資料が積んであり、正面には**22インチの液晶ディスプレイが2つ**並んでいます。

1_ 飲みにいくのは週1回弱。早く帰ると「娘たちが駅までお迎え」という特典があった。

そうすると、デスクトップの総面積は2600㎠強で、17インチディスプレイ1台の3倍に相当します。画面の解像度にもよりますが、同時に4つほどのアプリケーションの「窓」を置いておけ、いちいち「片付ける作業」がなくなります。

机の下のパソコンは、常にハイスペックマシーンでこれも作業上のストレスがありません。さらには、完璧なオーディオ環境[2]がととのえてあり、気合いを入れるも落ち着くも自由自在です（笑）

南西側のカド部屋で、正面と左右に窓。そして**左右の壁は**窓の他は全面上から下まで**全部本棚**です。ほぼ隙間なく。

## すべての壁を浅い本棚にして本の「見える化」を

自分が買ってきた本で主要なものや、自分が面白いと思ったものは、なるべく「開架《かいか》」したいと思っています。なので書斎だけでなく家中本棚です。

長年の試行錯誤の末に、**本棚は「奥行きの浅いものを天井まで」**と決めました。造り付けの本棚も、通販で買った組み立て式本棚も、**奥行きは17㎝で統一**です。

文庫（奥行き10㎝強）やマンガももちろんですが、ビジネス書でよくある四六判（同13

2_CDからPCでMP3化してホームサーバーに保管。これを家中で再生できるようにしてある。書斎のPC音楽ソフトでは出力プラグインにWASAPIを利用し、USBオーディオプロセッサを介してアンプにつなげている。最近はYouTube Music Premiumも愛用。

01-01-00
安子

cm）やA5判（同15cm弱）も、これで十分収まります。B5判（同18cm強）の大型本だって、少しはみ出すだけなのです。

普通の棚は奥行き30cmだったりしますが、これだと手前がムダになるか、本を前後に並べると後ろの本が見えなくなります。蔵書庫としてはいいのかもしれませんが、それでは開架になりません。

伸縮式のもので天井まで隙間なく本棚にすれば、幅75cmに文庫で600冊、四六判でも350冊が詰め込めます。天井までしっかり突っ張れば、地震のときでも、本棚が倒れたり本が落ちたりすることはほとんどありません。

本棚に囲まれながら、ときどきこれまでに読んだ数千冊の本を眺め渡します。

「ああ、こんなネタもあるな」「あれとつながっているのかも」と感じて、本を手に取り、そして気になる点はパソコンやスマートフォンですぐに調べる。

そんな環境が私の発想や執筆のベースなのです。

## 電子書籍も見える化したい。タブレット自体を開架する⁉

書籍が全部、電子デバイスの中に入っていれば、確かに場所をとらなくていいのですが、見えないので「自分への刺激」になりません。

もちろん、それもあと5年もすれば、壁一面がディスプレイになって、バーッと、「あなたが持っている本一覧」みたいな感じで、全面に映し出せるようにもなるでしょう。

そうしたら変わると思いますが、それまでは「紙の本を開架」作戦です。

といいながら、便利さに負けて[3]すでに数十冊は電子書籍（本や雑誌やマンガ）を買ってしまっています。

でもそのままでは開架にならず、自分がどんな本を読んだのか、まったく目につきません。これを少しでも紙の本の開架に近づけるために、家では（その電子書籍が読める）タブレットそのものを「開架」しています。

みなが一番集まる**キッチンの壁に、タブレットを架けている**のです。

必要なのは石膏《せっこう》ボードに取り付けられる壁掛けフックが3つだけ。1000円もかか

3_ 電車内など移動中の読書用。スマートフォンの魔力ともいえる。

らず、ほんの数分で作業完了です。

これで少しは、この電子書籍たちがみんなの目に留まるようになるでしょうか。

## 書斎がお父さんやお母さんの人生を変える?

書斎は大切です。私は親子5人、3LDK(70㎡)に住んでいたときも、書斎を確保していました。一番陽当たりの良い南側の角部屋は、いつもお父さんの部屋、書斎でした。大きさは関係ありません。場所も本当はどうでもいいのです。廊下の隅でも居間の上のロフトでも、「お父さんやお母さんの書斎」が、確保されていることが大切なのです。直接目に入らずとも、そこにいて「お仕事」や「勉強」をしていることが、子どもたちに伝わればいいのです。

私は八百屋《やおや》の家に育ったので、親の偉大さが自然に理解できました。朝5時に起きて朝市に行き、数十万円分の仕入れを即断即決でこなしていきます。それに失敗したら大量の生鮮品が売れ残ります。途中で危なそうなら、すぐ刺身にしたり揚げ物にしたりして惣菜として売る準備を始めなくてはいけません。それでもダメなら、最後は家族で消費するしかなくなります。毎日、これをくり返します。雨が降ろうが槍《やり》が降ろうが。判断も作業も、自分（子ども）にはとてもとても出来ません。

でもサラリーマンの子どもたちには、親のやっていることが見えません。見えてもホワイトカラーの仕事なんて、子どもたちには訳がわかりません。書類をつくることの価値、コミュニケーションをとる意味がわかるのはずっとずっとあとでしょう。

だけど、**親がダイジなことをしていることを伝えるために、家での書斎が役に立ちます。**親の「お仕事」は子どもの「勉強」や「宿題」よりも、ずっとダイジなのです。

だから、子どもの勉強部屋より親の書斎を優先したいのです。

## 家族で本棚を共有の図書館にする

数年前、弟が住んでいるマンションをリフォームするというので、少し手伝いました。予算の都合で完全なリノベーションではありませんでしたが、いくつか面白いことができました。

もともとマンションにはよくある間取りですが、その家でも「廊下の先にベッドルームが3つぶら下がる」形でした。そうするとそこにはドア（開き戸）3枚によるデッドスペースがいっぱい生まれます。引き戸に変えればそれらを解放できるかもしれません。

そんな「プレルーム（部屋の手前の部屋）」をつくろうというアイデアを建築士さんがくれました。結局、**デッドスペースを寄せ集めて丸2畳分のプレルーム**をつくることに成功しました。そしてそれを**家族共用の「図書室」にした**のです。

薄い本棚を目一杯造り込んだので、1000冊も詰め込めます。みんなの本が置ける場所です。お父さんの本もあれば、お兄ちゃんの本[4]も、妹の本も、お母さんの本もある「わが家の図書室」です。

みんなが通る場所だから、お互いが何を読んでいるかわかります。子どもが親の本を読むことも、またそ

**廊下が図書室に！**

**もともとの間取りでは廊下から3部屋に**

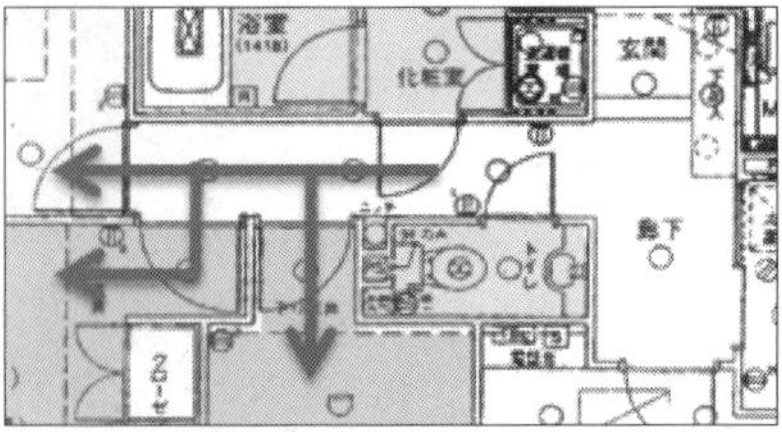


**デッドスペースを集めて4㎡の図書室に！**

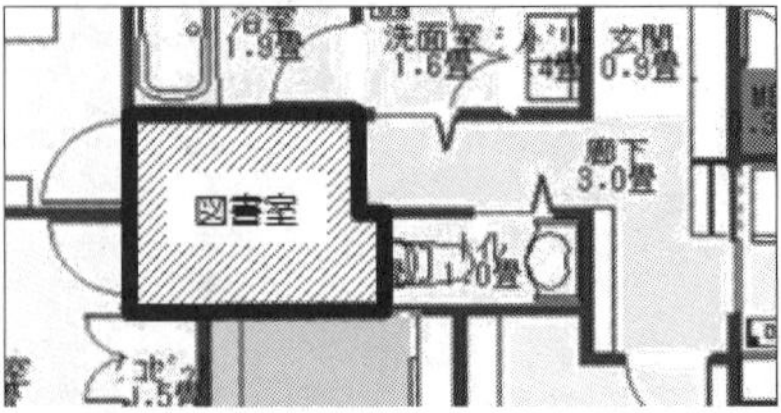


4_ 一部、おじさん（私）の本コーナーもある。

の逆もあるでしょう。これだけでも十分です。

私自身の家だと、居間も食堂も廊下も、かなりの部分が本棚化されており、しかも子ども部屋や寝室のもの以外は基本的に私（お父さん）の本が並んでいます。

たとえば、1階居間の造り付けの本棚（幅3m）はすべてマンガで埋まっている（口絵参照）のですが、もちろん私のものだけ。2階の書斎のとなり、トイレ前のスペースには3本の本棚がありますが、これは私の書斎から溢れ出した本。「ファンタジー」「日本作家のSF」「小説」が並べられています。

あ、でもよく見たら『王さま』シリーズ20冊がなぜかその一角に（笑）三女がこっそり置いていたようです（290頁参照）。

# 本棚に本をどう並べるか。「段ごと分類」と「面陳」を

## わかりやすさのための並べ方「段ごとに分類する」

本棚は浅い天井までのものを用意したとしましょう。壁という壁を本棚で埋め尽くして、とりあえずはスペースも十分だとします。

さて、肝心の本を、どう並べましょうか。

カルチュア・コンビニエンス・クラブが、「蔦屋《つたや》書店」ブランドで展開する新型店舗（東京・代官山や二子玉川など）では、本や雑誌が「テーマ別」に並べられています。

文庫や新書、単行本といった種類も、大きさも関係ありません。「ロボット」の場所には、手塚治虫『**鉄腕アトム**』も、アシモフ『**われはロボット**』も、岡田美智男『**弱いロボット**』も、仲よく同居しています。

『鉄腕アトム』
手塚治虫
講談社（手塚治虫文庫全集）
2009〜2010年

そういえばこの本が主張していることも「セグメントやジャンル別での資源配分や読み方」ということなので、この並べ方もあり得ます。でもこれ、家庭やリアル書店でやるには大問題が2つあります。

「スペース効率の低さ」と、「メンテナンスの大変さ」です。

ひとつの棚に、判型（大きさや形）の違う本を並べると、凸凹《でこぼこ》して見かけ的にもイマイチですが、とにかくスペースがムダになります。

文庫なら4段積めるところが、四六判も混在すれば3段になり、収納できる数は4分の3、25％も減ってしまいます。狭い民家でこれは痛い。

さらにはメンテナンスの大変さです。蔦屋書店の店頭でもそうですが、自分で引き出したものを元の場所に戻すことすら困難になります。

なので私は**本棚の半分、数段ごとに判型とテーマを揃えて並べています。**とりあえず、書斎周りでいえば、書斎右壁にフル2本〔A、B〕（273頁写真参照）、左壁にフル2本〔C、F〕、とハーフ2本〔D、E〕（次頁参照）。書斎のすぐ外にフル3本〔G、H、I〕があります。

段ごとには判型、つまり高さを揃えているのでムダがありません。かつ大括《おおぐく》りにはジャンルごとになっているので、見やすさ抜群です。

『われはロボット
〔決定版〕』
アイザック・アシモフ
ハヤカワ文庫
2004年

『弱いロボット』
岡田美智男
医学書院
2012年

## 書斎西面の本棚配置

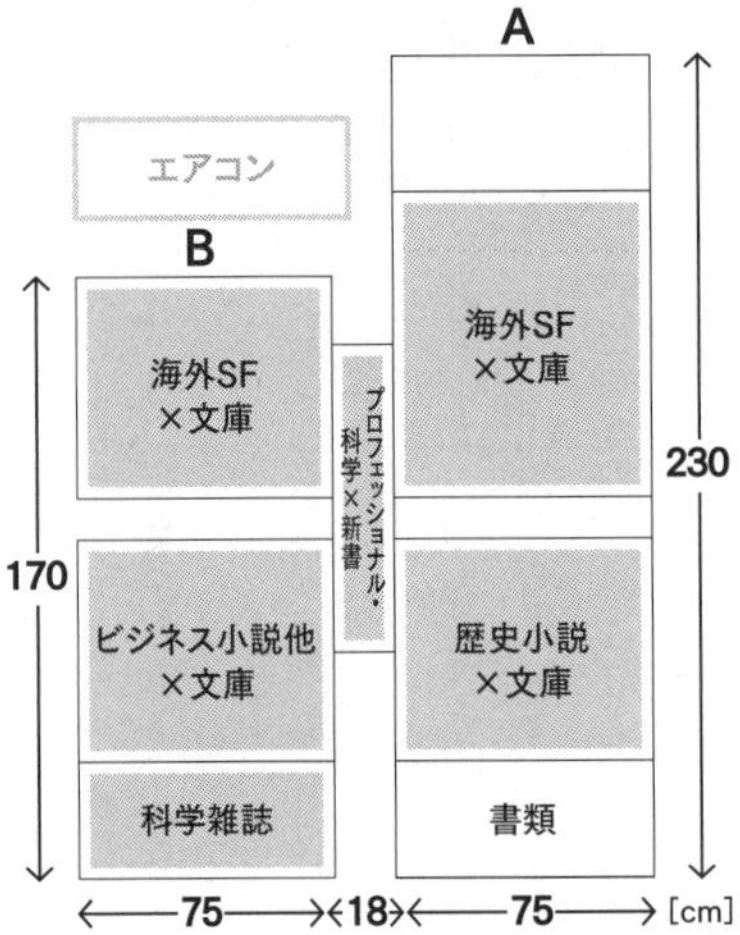


## 書斎東面の本棚配置

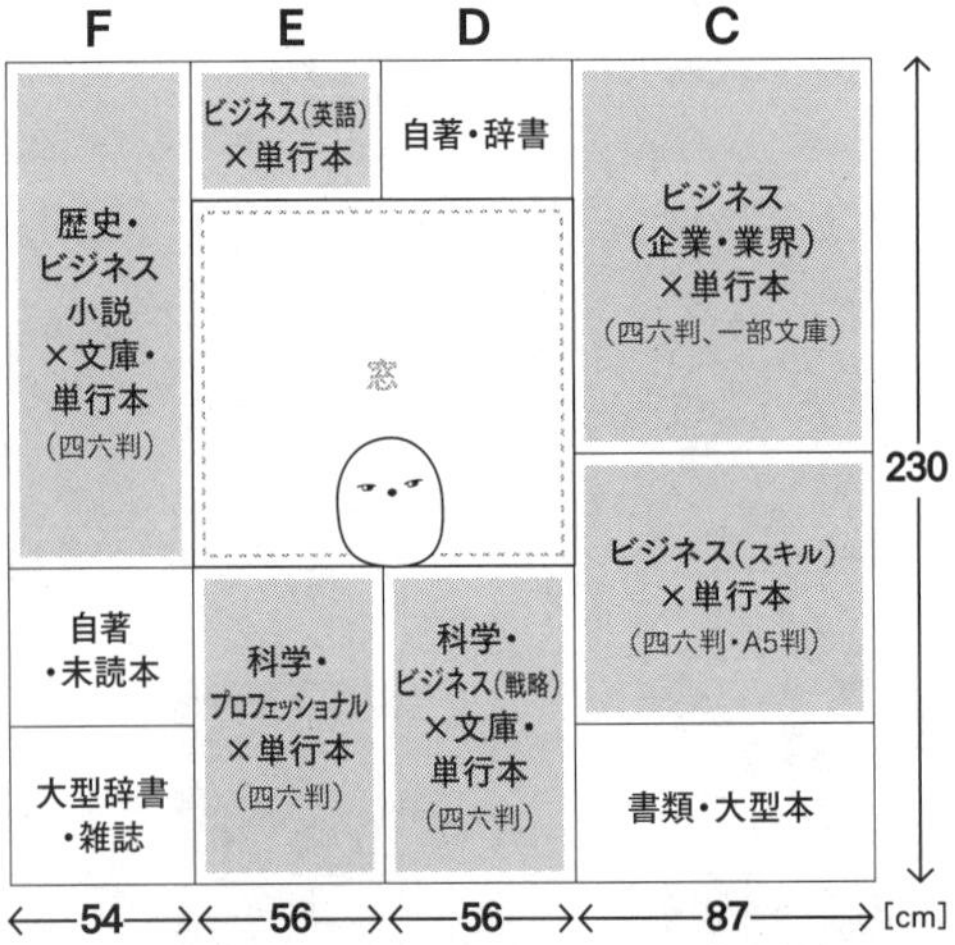

もちろん、ＳＦや小説は著者ごとに集めているので、管理も楽ちん。書斎内のＡ〜Ｆでの並べ方は右頁のような感じです。

## テンションが上がる並べ方「面陳する」

特に好きな本や、いいなと思う本は面陳《めんちん》にしています。書店ではないのでさすがに平台はなく、そこに平積み、なんてことはできません。

でも、本のカバーデザインが目に飛び込んでくる面陳の威力は絶大です。カバーは本の顔。日本の「紙の本」の価値の、半分はここにあります。同じ本の各国版を比べてみれば一目瞭然。[5] 日本の本の装丁の美しさ、カバーデザインの素晴らしさがわかります。

ＳＦでいえばイラストレーター**加藤直之《なおゆき》のカバー**は、衝撃的でした。そのカバーイラストだけで、その本の持つ世界が語られ、その世界観に取り込まれていく気がしました。

**『星を継《つ》ぐもの』**に始まり、**『宇宙の戦士』『終りなき戦い』**としばらくは彼のデザインというだけで本を買ってしまうほど……。

『終りなき戦い』
ジョー・ホールドマン
ハヤカワ文庫
1985年

5_『ハリー・ポッター』シリーズ著者のJ・K・ローリングも「日本語版の装丁が一番好き!」と。

75㎝幅の本棚一段には、40冊ほど入ります。**面陳するとは、**その40冊の中で「私が今、一番気に入っている本はこれ！」を1冊だけ選ぶこと。それを、数冊分の場所をわざわざとって示すことです。**そのジャンルでの私的ベスト本の選択・陳列作業**といってもいいでしょう。その作業自体が、自分が読んだ本の振り返りになり、内容を思い出す助けになります。

ときどきは何を面陳するか、考えましょう。

本が増えてスペースがなくなってきたら、縦にしないといけなくなりますが、今のところ棚一段に1冊は面陳されています。

面陳できなくなったときが、本棚増築（もしくは、次頁のイス取り合戦）のタイミングです（笑）

## スペースを生み出すための並べ方「イス取り合戦」

わが家には階段の壁を含めてあと数本分の本棚増設余地がありますが、ビジネス書やSFが書斎から離れると「開架」の意味が薄れるので、本の数を絞る努力もしています。それが**ジャンル別の勝ち抜き戦**です。どんな本でも、読み終わったらその本の所蔵方針を考えます。

① **永久保存本**：本棚の所定位置で面陳（最近だとSF『火星の人』）
② **開架本**：本棚の所定位置で縦に置く
③ **書庫本**：福井の実家の自分の部屋に箱や棚で置く
④ **おさらば本**：寄付（NPO法人[6]などに）に回すか、捨てる

最近は、幸か不幸か④が結構多いので、読んだ分だけ蔵書が増えることにはなりません。それでも手元に置きたい①②が2〜3割はあるわけで、そうなると毎年20〜30冊（棚半分か1段分）を、新たに開架する必要性が出てきます。

本棚がいっぱいなら、①②で増える分と同数だけ、既存の本を捨てなくてはなりません。

6_ 認定NPO法人3keysなどは、古本を宅配便で送るとその売上高が寄付になる仕組みをつくっている。ただし書き込みのある本等は不可。

でも、本を捨てるなんて……。

子どもの頃、「本はずっととっておくもの」でした。きれいに読んで、きれいにしまう。それはとても私的な手紙のようでした。

ただ、背に腹は替えられません。本たちに、生き残りを賭けた「イス取り合戦」をしてもらいましょう。

**同じジャンルや棚位置のもので、新しい古い関係なくのイス取り合戦**です。ビジネス系なら、一番耳が折れていない、線の1本も引かれていない本を選んで、それとの比較です。棚から出す本で、必要な部分はコピーをするのもいいでしょう。

非ビジネス系なら、もう感覚しかありません。直感で決めましょう。手にとったときの「トキメキ」で決めるのもいいでしょう。

ただどんな本だったっけな、と読み始めたら終わりです。きっと捨てられなくなるか、作業が進まなくなって時間切れになってしまいます。

スパッといきましょう。

段ごと分類と段ごと面陳、それにイス取り合戦。**わかりやすく、かつ刺激的な本棚をつくりましょう！**

# 子どもたちの読書量の増やし方。魔法の1冊を見つけよう

## あなたの最初の本はなんですか？

みなさんは、自分が最初に読んだ本のことを、覚えていますか？

**私自身に記憶はありませんが、読み始めたのは5～6歳の頃**のようです。小学校への入学式直後、40日間の入院をしました。そのとき小学校の先生方が「本の差し入れ」をしてくださり、それが40日間で累計100冊になった、と聞いているからです（楽章1参照）。

でも、なぜ小学校入学前に本が読めるようになったのかは、わかりません。母も記憶にないというか「2歳上の長女には最初の子だったからいろいろ教えようとしたけれど、あなたには何もしていない」のだそう。きっと、姉の横にいていつの間にやら読み方を覚えてしまったのでしょう。

以来45年、本は私の人生の「最大の友」であったと言っても過言ではありません。

読書はヒトの知識を拡げるだけでなく、「思考力」「想像力」の向上に役立ちます。もちろん、本は楽しむために読むものでよく、トレーニングの道具とする必要はありません。でも、ヒトが（イメージや暗号でなく）言語で思考し、その言語が文字という図形で表されるがゆえに、**読書という行為はヒトの脳を鍛える最高のトレーニングのひとつ**なのです。

書かれた文章を読むとき、脳はさまざまな働きをしています。

- 図形の視覚的特徴を抽出する
- 図形を認識（記憶にある特徴パターンと照合）する
- 単語に区切る
- パターンの組み合わせから単語の意味を抽出する
- 単語を組み合わせて文章の意味を仮につくる
- それまでに想像されていた状況にその意味で合うか当てはめる

視覚、記憶、意味、想像など脳のあらゆる機能が総動員され「組み合わされ」ます。それこそが、ヒトの脳の特長である「巨大な連合野」の強化につながるのです。マンガでも絵本でもなく、**本だけが「言葉」から情景を思い浮かべ、主人公たちの心を想像する力を育《はぐく》む**のです。

このあたり、詳しくは前出の『プルーストとイカ』（↓26頁）などを読んでいただくものとして、問題は「どうやったら読書好きの子どもにできるのか？」です。そんな質問を、親向けの講演でもよく受けます。

さて、なんと答えましょう。

## 魔法の1冊を見つけよう！　図書館で、書店で

親も気づかぬうちに本好きになっていた私自身の例は、参考になりません。代わりにわが家の3人娘たちの例で考えてみます。

するとさっきの質問への答えは、「本を好きにならせる」ことではなく、まず「好きな本を見つける」こと、次に「そこから芋づる方式で横展開する」ことでした。そしてその鍵は「図書館（や図書室・書店）」と「Amazon（などのネット書店）」です。

まずは立ち読みや図書館に通いまくって、子ども自身が「好きになれそうな本」を見つけましょう。

**どんな子どもにでも「魔法の1冊」がきっとあります。**文字が小さくて絵が少なくて文字ばっかりで、でも、なぜか引き込まれる、そんな本が。

**三女にとっては『ぼくは王さま』**がそれでした。

王さまシリーズは寺村輝夫《てらむらてるお》（1928～2006）のライフワークです。1956年から40年以上にわたって31冊が刊行されました。

どこかの国に住む、わがままな王さまが主人公のお話で、特に真剣な学びや寓意《ぐうい》があるわけではありません。でも、その強烈なわがままさと数々の失敗（と、ときどきの成功）が楽しい、そんな本です。

三女は小学3年生のとき、これで「小さな活字がいっぱいの本」を読む楽しみを、初めて覚えました。

それまでいろいろ試したけれど、最後まで読み通すことのなかった「小さい活字」の本。そういった本を読む楽しさを「王さま」は無邪気《むじゃき》に教えてくれました。それから彼女はひたすら王さまシリーズを読み進めました。

さあ、まずは立ち読みから。自分に合うものを「探す」だけなのですから、最初から買う必要なんてありません。

『ぼくは王さま』
寺村輝夫
理論社（フォア文庫）
1979年

そのための最適な場所は学校や地域の図書館・図書室であり、大手の書店でしょう。どんどん、ちょこちょこ、読みましょう。そして「読みたくなる」魔法の1冊を、見つけるのです。

## 魔法の拡げ方「Amazonつながり」

首尾《しゅび》よくそんな本が見つかったら、次にどうしましょう。

シリーズものであれば、まずそれを片っ端から読めばよし。同じ作者で攻める手もあるでしょうし、もしくは同じようなテーマで、というのも。

結構面白い、有力な手があります。それが「Amazonつながり」です。Amazonではどの本を選んでも、必ず「この商品を買った人はこんな商品も買っています」情報が示されます。これを辿っていくのです。

王さまシリーズの第1作『おしゃべりなたまごやき』を買った人は、『**エルマーのぼうけん**』も買っています。うんうん、これも良い本だよねえ。この著者は他にも本、出してたっけ。

著者の「ルース・スタイルス・ガネット」をクリックすると『エルマーと16ぴきのりゅう』や『エルマーとりゅう』が出てきます。

『エルマーのぼうけん』
ルース・スタイルス・ガネット
福音館書店
1963年

ああ、この3部作がガネットの代表作なんだ。講談社から英語版も出ているや。ふむふむ、どんなかな？コメントを読むと中学生程度の英語力でも読めそうです。

こうやって、「読みたくなる本」をつなげていくのです。

慌てる必要はありません。本を読む習慣さえつけば、そのうち、興味の範囲は拡がっていきます。

私は、高校卒業まで、読む本のほとんどはＳＦや科学系の本（ブルーバックスなど）でした。でも浪人時代、たまたま手にとった『竜馬がゆく』（→５０７頁）が、その興味を幕末史や歴史小説にも向けてくれました。

楽しく読書量をこなしてさえいれば、読解力はついてくるので、興味がどこへ向かおうと大丈夫です。

## 「魔法の1冊」の第2章

三女が『王さま』シリーズの次に気に入ったのは、**『若おかみは小学生！』**シリーズでした。

突然両親を亡くした小学6年生の「おっこ」が祖母の営《いとな》む温泉旅館に引き取られ、ひょんなことから若女将《わかおかみ》修業を始めることに……。２００３年からこれまで、すでに24巻を数える令丈《れいじょう》ヒロ子のヒット作です。

最初、次女（当時中2）が図書館から借りて読んでいた第1巻を、小学4年生の三女が横から又借りして、はまりました。三女は1ヶ月余りで、あっという間にそれまで出ていた全巻を読み切ったのです。

三女がこの本で見いだしたもの。それは「もっと小さい活字」で「挿絵《さしえ》が少なく」て「登場人物が多い」本の面白さ。言ってしまえば、「普通の本」の楽しさでした。

それまで決して本好きとはいえなかった三女は、このあたりから読書に加速がつき、中学を卒業するまで、毎年、年間1万頁を読むようにまでなりました。

普通の本の楽しさにつながるまで、図書館と本屋さん（含むAmazonなどネット書店）をどんどん探検させましょう。リアル書店でいえば、東京・二子玉川《ふたこたまがわ》の蔦屋家電《つたやかでん》なんて最高です。

そうして、子どもたちの思考力・想像力を飛躍させるのです。

『若おかみは小学生!（花の湯温泉ストーリー）』
令丈ヒロ子
講談社青い鳥文庫
2003年

大人でも、同じです。図書館や書店での逍遙《しょうよう》が、「非ビジネス新奇」の拡大、独自テーマの選択につながるのです。

座ってるだけじゃ、ダメですよ。

## 楽章2

# みんなと同じ本ばかり読んではいけない

## ——オリジナリティを育てる珠玉の15冊

## なぜ、SFや科学がビジネスに役立つのか？

### SFで知る、ヒトの本質——コミュニケーションとは？

私の学びの源泉として挙げられる第一のものは、書籍、その中でもSF（サイエンス・フィクション）です。

そして（私の独善的見解によれば）書籍のあらゆるジャンルの中で、**SFこそが**、もっとも**ヒトの本質に迫るもの**なのです。

SFにはいくつかの「類型」があります。

- **ファーストコンタクト：『宇宙のランデヴー』**『E.T.』『未知との遭遇』『コンタクト』『沈黙のフライバイ』**『三体』**など
- **機械知性：**『2001年宇宙の旅』『バーサーカー』3部作『戦闘妖精・雪風《ゆきかぜ》』『青い星まで飛んでいけ』など

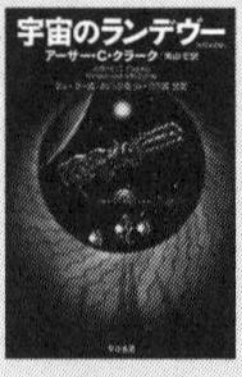


『宇宙のランデヴー〔改訳決定版〕』
アーサー・C・クラーク
ハヤカワ文庫
2014年

『三体』
劉慈欣
早川書房
2019年

●**ロボット**：『われはロボット』**『アンドロイドは電気羊の夢を見るか』**『アンドリュー NDR114』**『ハル』**など

●**神**：『百億の昼と千億の夜』**『BRAIN VALLEY《ブレインバレー》』**『神狩り』など

●**進化**：『幼年期の終り』**『竜の卵』**『反対進化』『継ぐのは誰か』『地球《テラ》へ…』など

●**超能力**：『龍は眠る』『光の帝国　常野《とこの》物語』**『偉大なる、しゅららぼん』**など

●**電脳世界**：**『ニューロマンサー』**『ブラッド・ミュージック』『サマーウォーズ』など

●**反理想郷《ディストピア》**：『タイム・マシン』**『一九八四年』**『五分後の世界』など

●**宇宙戦争**：『宇宙の戦士』『スター・ウォーズ』**『銀河英雄伝説』**など

『アンドロイドは電気羊の夢を見るか?』
フィリップ・K・ディック
ハヤカワ文庫
1977年

『ハル』
瀬名秀明
文春文庫
2005年

『BRAIN VALLEY』
瀬名秀明
新潮文庫
2005年

『竜の卵』
エドモンド・ハミルトン
創元SF文庫
2005年

『偉大なる、しゅららぼん』
万城目学
集英社文庫
2013年

その各々で、われわれはヒトへの本質的問いに直面します。

たとえばファーストコンタクトものでは、「**コミュニケーションとは何か**」がわれわれへの問いとなるでしょう。

そもそもコミュニケーションとは何なのでしょう。

情報の伝達？ 交換？ 変化？ その前に、情報の定義は？ 伝達のためのプロトコル（手順）は？ 情報評価のためのクライテリア（基準）は？

相手がまったくの異世界から来た者である場合、「挨拶《あいさつ》」とは何でしょう。音か光か、殴り合いか抱擁《ほうよう》か。

好意と悪意はどう表現されるのか、そういった人間類似の感情などあるのか。そもそも生死は同じ定義か、死（活動停止？）は相手にとって忌《い》むべきことなのか……。

まともなコミュニケーションの成立は、絶望的です。

**コミュニケーションとは、膨大な「前提条件」の上で成り立つ、極めて精妙《せいみょう》なガラス**

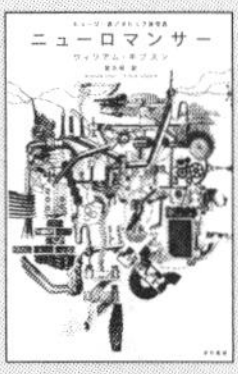


『ニューロマンサー』
ウィリアム・ギブスン
ハヤカワ文庫
1986 年

『一九八四年〔新訳版〕』
ジョージ・オーウェル
ハヤカワ文庫
2009 年

『銀河英雄伝説』
田中芳樹
創元 SF 文庫
2007 年

**細工**なのです。

でもSFでは、地球という同じ環境に育つ似た者同士のお話では決して実現することのない、決定的な「対比」の場が生み出せます。

そう、SFとは、ある本質的なテーマを、純粋かつ徹底的に議論・表現するための理想的な実験場なのです。

**星新一は問います。**

「キミはある日、相手を『食べる』ことが挨拶である宇宙人と出会った」「その挨拶を断《ことわ》れば宇宙戦争で地球は滅びる」

「さて、キミならどうする?」

**絶滅者たる人類に存在意義はあるのか?**

自然界を見渡したとき、**ヒトというものほど「不自然」**なものはありません。

“ヒトは毎年、
4万種を
絶滅に追い込んでいる。”

環境に適応してきた「生命」の流れの中で、ヒトは自ら環境をつくり出す強大な力を初めて手に入れ、それを振り回し、そして自滅しようとすらしています。

米シカゴ大学にある有名な「世界終末時計（Doomsday Clock）」は行きつ戻りつしながらも、２０２０年１月更新時で23時58分20秒、つまり人類滅亡まであと１００秒といった危機度合いを示しています。

しかも自滅だけならまだしも、地球ごと巻き込もうとしているのですからタチが悪い生物です。

海洋汚染、大気汚染、土壌汚染、オゾン層の破壊、二酸化炭素排出による温暖化、などわれわれ人類の引き起こしている大規模な環境破壊は、すでにヒトの前に、**他の生命種を大規模に滅ぼしていっています。**

現時点で毎年４万種もの生命種が絶滅[1]している、といわれています。スピードでいえば、あとたった３５０年で世界中の種がすべていなくなるほどの勢いなのです。

人間、この余りに歪《いびつ》な存在、余りに危険な知的生命体。**そんな人類に、存在意義など果たしてあるのでしょうか。**

1_ 現在、地球上の生命種は推定で1300〜1400万種（判明分は175万種）。

このテーマに挑んだSFも数多くあります。

提示される答えはさまざまで「存在意義なし。滅びるのみ」と断じた無価値論ものもあれば、「ヒトは機械知性への橋渡し役」とする階梯《かいてい》論、「アンバランスだからこそジャンプがある」とする飛躍論もあります。

人間知性の存在意義を見つめた秀作が、カード**『エンダーのゲーム』**、セイバーヘーゲン**『バーサーカー』**3部作、そして神林長平《かんばやしちょうへい》**『戦闘妖精・雪風』**『グッドラック』でしょう。

最初が異星生物とヒトの、次が機械知性とヒトの、最後2作がその三者がかかわる、いずれも人類存続をかけた熾烈な戦いのお話です。

その究極の状況下で見えてくる答えとは。

『エンダーのゲーム〔新訳版〕』
オースン・スコット・カード
ハヤカワ文庫
2013年

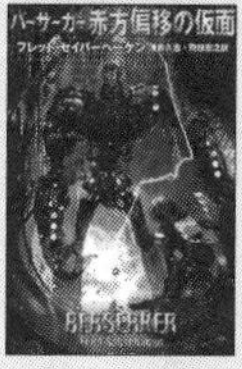

『バーサーカー赤方偏移の仮面』
フレッド・セイバーヘーゲン
ハヤカワ文庫
1980年

『戦闘妖精・雪風〈改〉』
神林長平
ハヤカワ文庫
2002年

## 「狩猟採集民に教示なし」と文化人類学者たちは言う

科学もやはり、われわれ人類の本質を教えてくれます。良い点も、悪い点も。

文化人類学者たちによる長年の観察・研究によって、**狩猟採集民《しゅりょうさいしゅうみん》**（バヤカ、サン人、イヌイット[2]、アボリジニなど）での**「教示《きょうじ》の不在」**がわかっています。たとえば、こんな様子です。

- **事例1**：母親が魚をさばいている。そばの子どもがそれを見ているが、親はさばき方を教えようとはしない
- **事例2**：年の離れた子どもたちが道具を使って遊んでいる。年少者が遊び道具をつくろうとしているが、年長者は見ているだけでつくり方を教えようとはしない

親や年長者は、教えればすぐできることでもあえて子どもに教えません。**子どもたちが自らやることを待ち、失敗したら笑ってあげるのです。**

個々人の創造性を引き出すためだ、といわれています。ヒトは教われば同じことをやるだけです。それが一番楽ですから。でもそこに「創意工夫」は生まれません。

2_ 昔はピグミー、ブッシュマン、エスキモーと呼ばれていた。それらが差別用語であるかは諸説あり。

「教えない」ことによる教育法は、おそらくは現生人類ホモ・サピエンスの力を引き出すための原初のやり方だったのです。

## 教えないが、見させて学習機会を与えるバヤカ

しかし最近、日本が世界に誇る「交替劇[3]」研究のなかで、ただ「教えない」だけではないことがわかってきました。

そもそも「交替劇」研究で知りたいことは「ネアンデルタール人は滅び、ホモ・サピエンスは生き残った。それはどんな学習能力・方法の差によるものか」です。

当時のホモ・サピエンスの学習能力や方法を推定するために、その名残をもつ現代の狩猟採集民を研究しているわけです。全体で6プロジェクトが編成されましたが、寺嶋秀明教授率《ひき》いる研究班A02がこれを担《にな》います。

バヤカのある部族をよくよく観察すると、**大人が子どもの「学習機会」を上手につく**っていることがわかりました。

**●事例3：**ジャイアントラット猟の際、大人Aが「葉をもぎ取れ」と別の大人Bに言

3_ 正式名称は「ネアンデルタールとサピエンス交替劇の真相：学習能力の進化に基づく実証的研究」。代表は赤澤威教授。

いつけたが、子どもCがそれをやろうとした。するとAは優しい声で「君は動かず、ネズミがどこから出るか計算して」とリクエストした

Aは青年ですが、子どもCを猟自体から排除することなく、しかし適切な学習機会を得られるように促したのです。これはCが一人前（=猟に役立つ）であるとなしにかかわらず行われていました。

「こうしろ」と教えるわけではありません。でも、その作業に参加してしまうのではなく、一番肝心なところを「自ら学ぶように誘導」していたのです。

名づけて「自主観察型教育法」、でしょうか。

## 情報伝達が完全だと進化しない！

ヒトには生物的な進化と、**文化的な進化**があります。どちらも「情報伝達が完璧」だと、進化そのものが起きません。

生物的な進化は、遺伝子レベルでのコピーミスや化学物質によるDNA損傷などに起因します。

遺伝子はタンパク質をつくるための設計図であり、それは4種類の塩基（Aアデニン／Tチミン／Gグアニン／Cシトシン）によって描かれています。塩基3つが1文字で1種のアミノ酸[4]を示します。

たとえばGAGはグルタミン酸で、GACはアスパラギン酸です。たったひとつの塩基が入れ替わる（G→C）だけで、グルタミン酸をつくるはずがアスパラギン酸に化けてしまうのです。

西アフリカに多い鎌状《かまじょう》赤血球は、強い貧血につながりますが風土病であるマラリアに強い性質を持っています。

通常の赤血球を鎌状赤血球に変えてしまったのも、たったひとつの塩基のコピーミス[5]でした。

逆に言えば、**情報伝達が完全でコピーミスなどが起きなければ**、突然変異も発生しませんし、それの環境適応による淘汰も起きません。つまり、**進化しないのです。**

4_人間を構成するアミノ酸（必須アミノ酸）はたった20種類。

5_グルタミン酸（GAG）がバリン（GTG）に変わった。A→T

## 進化の反意語は停滞。文化停滞の打破には「教えすぎない」こと

文化も同じです。

もし、一度獲得・確立された技術などが社会学習により「完全に」伝達されていくなら、**文化の進化は停滞するでしょう。**

もちろん、社会学習によって初めて、ヒトは全体最適解を選び、それを広めることで文化水準を上げることができます。個体学習だけでは、狭い範囲内での個別最適の塊になってしまうから（次頁参照）。

しかし、そういった優れた複雑な技術（全体最適解）の伝達（世代間の伝承）が完全だと、その習得に精一杯になり、自由な個体学習がなくなります。社会として、個々人の幅広い試行錯誤による解の探索がなくなってしまう（over fitting）のです。文化の停滞です。

そしてある日、環境が大きく変わります。でも、完全伝達による全体最適解のみの社会はそれに対応できません。その社会はその文化とともに滅ぶのでしょう。

**伝達が不完全であれば、試行錯誤の余地が残ります。**その結果の多くは個別最適ではありますが、変化した環境に対応した、「新しい全体最適解」に辿りつく者も出てくる

## 個別学習と社会学習が全体最適を生む

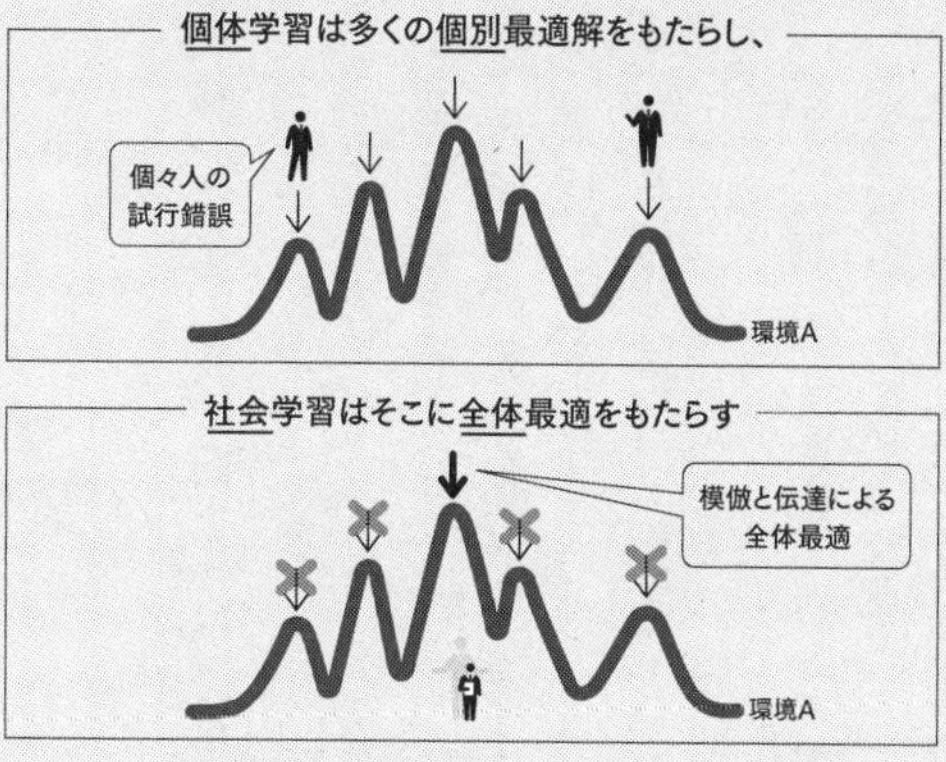
個体学習は多くの個別最適解をもたらし、
個々人の試行錯誤
環境A
社会学習はそこに全体最適をもたらす
模倣と伝達による全体最適
環境A

強すぎる社会学習は停滞につながる

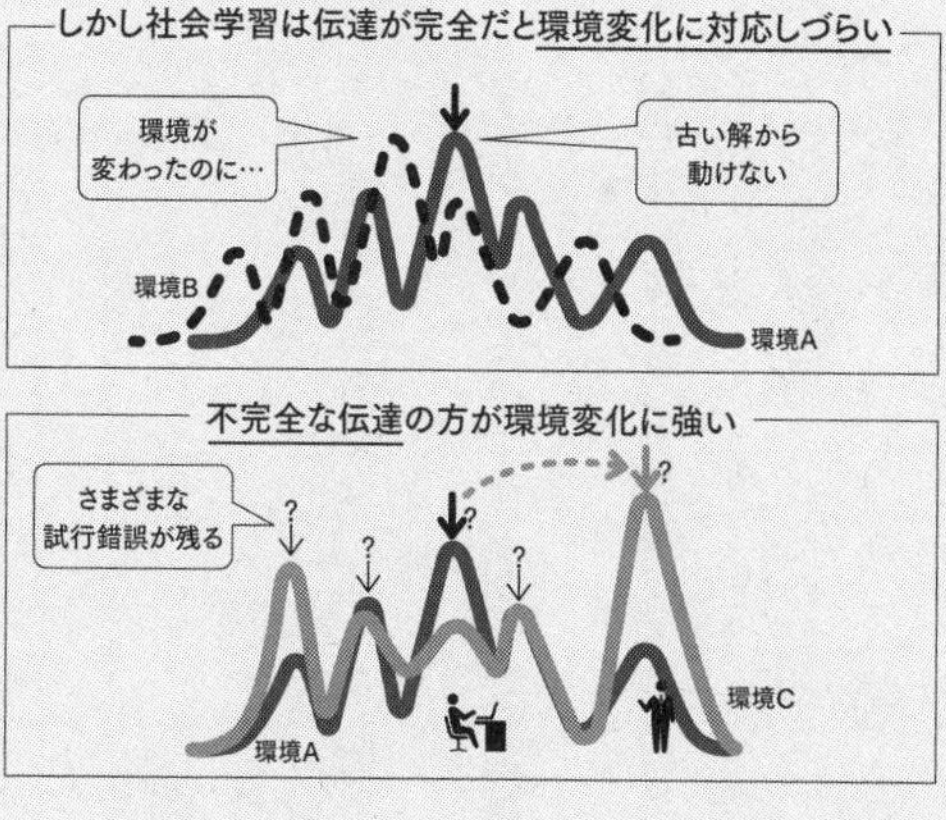
しかし社会学習は伝達が完全だと環境変化に対応しづらい
環境が変わったのに…
古い解から動けない
環境B
環境A
不完全な伝達の方が環境変化に強い
さまざまな試行錯誤が残る
環境C
環境A

でしょう。

ヒトの文化の進化は、その模倣能力の高さではなく、実はその不完全さ（＝遊びの余地）によって加速されていたのです。[6]

## 強い主張、強い文化と共に旧世代は滅びる

この研究成果が発表された2013年末の日本人間行動進化学会では、こんな面白いやりとりがあったそうです。[7]
「要するにそれまでの成果を一部捨てるということだから、個体学習（個人の試行錯誤）でも可能ではないか」
「（しかし）それは学者に当てはめると、それまでの成果や主張を一部棄てられるかということだ」
「それがなかなか難しいから世代交代とともにパラダイムが替わっていくのだろう」
つまり、学者は自らの主張（文化）とともに滅ぶ、ということでしょうか（笑）
いや、企業や組織だって同じです。**強い文化を持つことは、イコール停滞**です。そしてそれを墨守《ぼくしゅ》する者は、いつか環境変化に耐えきれず滅びるのです。

6_「不完全な情報伝達による文化の累積的進化」（2013）、中分遥・竹澤正哲。

7_「［学会］　第6回日本人間行動進化学会参加日誌　大会初日」（2013年12月18日）。

そんな本質的な問いと答えを、科学書は与えてくれるのです。

## 激動のVUCAワールドを生き残れ！ライトフットプリント戦略

現代はVUCA《ヴッカ》[8]ワールドだといわれます。不安定で不確実で複雑で曖昧な世界だというのです。ただ本業を頑張るだけでは、足りません。大きな環境変化が、そのビジネスや市場そのものをどんどん変えてしまいます。

これをもっとも切迫《せっぱく》感を持って捉えたのが米軍でした。20世紀末から戦場は、国家対国家の大規模な対象戦から、**対テロ組織への非対称戦**に、大きく変わりました。そこでそれまでのピラミッド型戦闘システムは、役に立ちませんでした。

それを打破するためには、**身軽で自律的な特殊部隊が必要だ**、がアメリカの答えでした。「Light Footprint（軽い足跡しか残さない）」[9]戦略を至上とし、小規模の特殊部隊を編成するようになりました。

みなさんの組織で、新規案件・事業はどう進めていますか？　どんな特殊部隊がそれを支えていますか？　それは自律的に動けるメンバーでありチームですか？　組織や人に

8_Volatility、Uncertainty、Complexity、Ambiguity

9_「Light Footprints : The Future of American Military Intervention」(March 2013)

「遊び」はありますか？　研修やマニュアル、上意下達《じょういかたつ》完全な伝承を目指しちゃったりは、してませんか？

ＶＵＣＡな未来に、どう挑みますか？

**企業は巨大な生物のようなものです。**その変革は、まさに生物での進化に等しいでしょう。企業変革のプロジェクトにおいて常に直面するのは「既存勢力の抵抗」であり「新しい思考や行動への反発」です。

しかしながら、企業を生物と見、変革をその進化と捉えれば、それがいかに大変で、種の存続をかけた出来事かがわかります。

また、効率性にのみとらわれていては、創造性も生まれてきません。ときに、非効率な「自らの学び」に賭けることも大切です。

ＳＦでは、変革と進化への共感（苦しみや悲しみ、希望と絶望）を学ぶことができます。さらには、旧人類（既存勢力）の身の処し方として、隔離型のもの、見守り型のもの、がある（しかない？）ことがわかります。

これは、企業であっても同じこと。**新しい世代や組織を、隔離して見守るしかないの**

です。いずれもその企業の経営者にとって厳しい決断でしょう。しかしヒトの進化というものを突き詰めれば、それしかないのです。

ここから9冊、SF・科学ジャンルでの私のお気に入り本を紹介します。

①小川一水『青い星まで飛んでいけ』
②アーサー・C・クラーク『幼年期の終り』
★③アンディ・ウィアー『火星の人』
④宮部みゆき『龍は眠る』
⑤宮崎駿『風の谷のナウシカ』
⑥戸田誠二『スキエンティア』
⑦河井智康『消えたイワシからの暗号』
⑧春日真人『100年の難問はなぜ解けたのか』
★⑨酒井敏 他『京大変人講座』

いざ非ビジネスの世界へ！

# わが名はエクス、クソ人類の末裔である

01 ——『青い星まで飛んでいけ』

短編ＳＦ

小川一水
ハヤカワ文庫、２０１１年

## ヒトは「思考」し「未知に挑む」生き物である

ヒトはこれからどこまで辿りつけるのでしょうか。はるか彼方《かなた》の未来を見つめてみましょう。

小川一水が『青い空まで飛んでいけ』で描く「人類」の未来は、こんな感じです。**「エクス」は地球人類の末裔《まつえい》**。その自意識は、２０００隻の１００トン級宇宙船を結ぶ電子的ネットワークの中にあります。ホモ・サピエンスは30万年前、彼に**「未知の宇宙探査」**のミッションを残したまま、あえなく滅んでしまいました。

自己増殖機械である彼は、イヤイヤながらその「外向的」指令（＝本能）に従って、宇宙を旅しています。新しい宙域を航海し、地球外知性の痕跡《こんせき》や兆《きざ》しを調べ、高等知性を見つければそれと接触を試みるのです。

そして大抵は大失敗に終わります。罠を仕掛けられ攻撃を受けてボロボロです。もちろん反撃し報復もします。互いの次への教訓のために。

異なる者同士の接触（ファーストコンタクト）は、それほどまでに難しいのです。

“訪《たず》ね、かつ、譲《ゆず》れ。
そうして世界を
広げるといい。”

でもエクスは進化を止《と》めません。この30万年間に5つの知的種族との平和的接触および「融合」を果たし、自らを新しい生命種へと進化させてきました。相手が機械であろうが有機体であろうが関係ありません。**ヒトは思考し未知に挑むことこそが、その本質**だからです。

ところがエクスは、そんな自分の性格が大嫌いでした。その性格のせいで、何度も何度もイヤな目に遭《あ》い続けたからです。

３００年もかけて異星人に接触したのに、いきなり全方位からの超遠距離レーザー砲攻撃を受けて、艦隊（＝自分の体）の８割を失ったり……。

彼は宇宙でひとり、祖先の人類を恨み、叫び続けました。

「こっの世間知らずで傲岸不遜《ごうがんふそん》でチビクソ（ぴー）人類どもめが」


そしてある日銀河系の片隅で、まだ原始的な知性体、サンジュ人たちを見つけます。


お、この2本足のトカゲたちは見所《みどころ》あるかも。

あれま、泳げないくせに水路を越えようとして溺《おぼ》れちゃってるじゃん。

ふむふむ、ようやくイカダを発明して喜んでいるぞ。


でも、接触はしません。じっとその惑星の**軌道上から見つめ続けるだけ**です。

エクスは静かに待ち、期待していました。サンジュ人たちが自分と同じようなレベルまで、その知的階梯《かいてい》（はしご段）を登ってくることを。

## ヒトは「恐れ」「慈しむ」存在である

エクスが見守り始めて2万9000年の後、惑星の急激な気候変動によって、サンジユ人は滅びます。惑星全体が相転移《そうてんい》的変動を起こし、大規模な火山活動の後、寒冷化して全球凍結（スノーボール化）[10]を起こしてしまったからです。

それをただ、エクスは見守っていました。最後のたき火が消え、１組の父子が吹雪《ふぶき》の中に歩き去るまで。

それから数百年の間、エクスは宇宙に浮かんだままひとり考えます。なぜ自分はサンジュ人たちに接触しなかったのだろう、せめて最後、救いの手を差し伸べなかったのだろう、と。

そう、**エクスは恐れていたのです。サンジュ人たちを。その知性体としての尊厳を侵《おか》すことを。**

エクスはサンジュ人たちを深く愛していたがゆえに、その行動に手を貸すことをしませんでした。その生と死を見守り、哀悼《あいとう》することを選んだのです。

相手を恐れ、そして慈《いつく》しむ。これもまたヒトの本質でしょう。

10_ 地球自体も過去２度、ほぼ全体が氷雪に覆われる全球凍結が１〜２億年の間、起きたと考えられている。ガブリエル・ウォーカー『スノーボール・アース』（ハヤカワ文庫）参照。

外向性と内向性、攻撃性と謙虚《けんきょ》さや慈悲心《じひしん》、それら両方がないまぜになり拮抗《きっこう》している矛盾《むじゅん》に満ちた存在こそがヒトであり、その価値なのだ。

小川一水は、**オーバーロード**[11]（さらに上位の知的種族）にそう語らせます。

「訪《たず》ね、かつ、譲《ゆず》れ。そうして世界を広げるといい」

現在のわれわれが次の階梯《かいてい》に進むために、欠けているのはこのバランスです。外向的・攻撃的に過ぎたり、イヤになるとすぐ内向的な幸福の中に引きこもってしまったり。はたまた、内向的かつ攻撃的だったり……。

ヒトが種として生き残るために、**「訪ね、かつ、譲る」バランスとそれを支える力**を、なんとしてでもつけねばなりません。

11_オーバーロードはアーサー・C・クラークの『幼年期の終り』に出てくる超・知的種族。現人類を絶滅から救うために降臨する。この『青い星まで飛んでいけ』は2008年に亡くなったクラークへの追悼作。

進化とは断絶であると
クラークは看破した

## 02 ——『幼年期の終り』

長編SF

アーサー・C・クラーク
ハヤカワ文庫、1979年

### 現人類の次の人類が生まれたら、一体何が起こるのか？

子どもの頃、私がもっとも影響を受けたSFは、アーサー・C・クラークの『幼年期の終り』[12]（原題 Childhood's End）です。これはヒトの「進化」を扱っています。設定は簡単。ある日、圧倒的科学力を誇る宇宙人（〈上主〉オーバーロードと呼ばれる）が、地球を訪れ宣言します。「これより地球を自分たちの管理下に置く」と。

ヒトは驚き、反発し、抵抗し、諦《あきら》めます。技術力も精神力も、相手が進みすぎていて勝負になりません。

12_ 最初に読んだバージョンは創元SF文庫の『地球幼年期の終わり』。カバーイラストが秀逸。

時を置かずして子どもたちの「**進化**」が始まります。

その進化は圧倒的で、**親たちはもう子どもたちと、**言葉や思考、感情を共有することすら出来ません。

その子どもらは悪意なく空間や時間を飛び回り、歪《ひず》ませます。そういった「遊び」が地球という惑星を易々《やすやす》と壊してしまうほどなのです。

それら新人類から見れば、今のヒトは遠い祖先のひとつに過ぎません。

われわれ（ヒト）自身、祖先であるホモ・エレクトゥス[13]に出会ったとき、彼・彼女らを心から理解し、尊敬することができるでしょうか。コミュニケーションもとれず、せいぜい「2足歩行を始めた頭の良いサル」程度にしか感じられないでしょう。新しい人類から見たわれわれも、必ず、そうなります。

この物語は示します。

生み出した親でありながら、子を理解できず、理解されず、滅ぼされる。そういう日がいつか来るのだと。**真の「進化」とは、そういう壮絶なる断絶なのだと。**

13_アフリカで180万年前に生まれ世界に拡がり、7万年前に滅んだ。ホモ・サピエンス、ネアンデルタール人の共通祖先。

“ヒトは次世代の知性体を生み出せたことを誇るべきだ。”

## 次世代の親である苦しみ、親になれない悲しみ

しかし最後にクラークは、上主（宇宙人）にこう言わせています。

「ヒトはこれを悲しむべきではない。次世代の知性体を生み出せたことを誇るべきだ」

「われわれの種族は今のヒトよりは遥かに優れるが、決して**われわれから次世代の知性体は生まれてこない**」

「その悲しみは、**子に滅ぼされるそれより深いのだ**」

進化論的にはこういった大きなジャンプも小さなジャンプもいろいろあり得るでしょう。またそのジャンプは前後左右どちらでもあり得ます。生物的変化（物理的・化学的変化による突然変異）自体に方向性はないので。

しかし、その後の淘汰《とうた》によって残るのは「適者」です。古い種は新しい、より適性の高い種によって住む場所を追われ、やがて滅ぶことになるのです。

これらメッセージの正しさや大きさの評価は、みなさんにお任せしま

す。ぜひ読んでみてください。

ただ私には思えます。これは確かにヒトの本質であり、進化というものの本質なのだ、と。

私が読んだ創元 SF 文庫版。このカバーが「上主」の秘密を表している!

つくってハカる力と
楽天さが突破力を生む

★ 03 ——『火星の人』 長編SF

アンディ・ウィアー
ハヤカワ文庫、2015年

## 『火星の人』は近未来の超リアル・サバイバルSF

2014年に大ヒットした火星サバイバル小説、『火星の人（The Martian)』**が映画化され、『オデッセイ』として日本でも16年2月5日に公開されました。**

日本での観客動員数は約250万人、興行収入は35億円を超えました。**全世界興行収入はなんと6・3億ドル。**リドリー・スコット監督[14]作品史上、最高の成績です。ちなみに海外での映画題名は本と同じく『The Martian』。日本でも『火星の人』でよかったのに……。

『火星の人』は、2035年の火星探索ミッションを舞台にしたサバイバルSFですが、**その執筆・発刊スタイルもまた、近未来的なものでした。**

作者アンディ・ウィアーは、15歳で国立研究所に雇われるほどのプログラマーでした。物理学者を父に持つウィアーはSF好きで、プログラマーとして働きながらも趣味でSF作品を書き続け、彼個人のサイトで公開していました。そして**2011年、39歳のとき『The Martian』がその個人サイトにアップされました。**

そのあまりの人気に**Kindle版が発売され、2014年2月、最終的に紙版が発売されたのです。**Kindle版は当初たったの99セント。システム上可能な、最低の価格をつけたからなのですが、発売3ヶ月で3万5000ダウンロードに達したとか。

## 人類初の「火星での死亡者」を逃れるために、主人公ワトニーがハカったもの

この物語で素晴らしいのはその圧倒的なリアリティですが、もっとも心を打つのは火星にひとり残された主人公ワトニーの、**ユーモアと楽天性**です。それこそが、彼のめげない精神と活発な行動を支えているのです。

あるヒトは映画『オデッセイ』を「観るエナジードリンク」と評しました。そう、こ

14_『エイリアン』(1979)、『ブレードランナー』(1982)、『ブラック・レイン』(1989)、『グラディエーター』(2000)、『ロビン・フッド』(2010)、『プロメテウス』(2012)など。

の原本『火星の人』は、「読むエナジードリンク」と言えるでしょう。読むと動悸《どうき》が高まり、テンションが上がり、もの凄く前向きになれます。

気圧が地球の135分の1（つまりほとんど真空状態）、気温がマイナス50℃（冬のエベレスト山頂より寒い）の火星で、**ワトニーは精神の安定を保ちつつ、生き延びる術《すべ》を見つけ、つくり出し続けました。**

**そしてその根幹にあったのは、科学者（植物学者）としての彼の「ハカる」姿勢と能力でした。**

火星での単独遭難確定後、最初に彼がハカったのは、残存食糧の数でした。もともとの宇宙飛行士6人×滞在予定50日分、つまり彼1人なら300日分の食糧があることが確認されました。ただ、助けが来るのは4年先。[15] これでは3年分、足りません……。

ウゲッ。

その後も彼はいろいろなものをハカり、脚を前に進め続けました。文字通り。

●**じゃがいも**：土とウンチと水をハカってカロリー確保可能量
●**ASCII**：目盛りと表で通信効率化
●**電力と体力**：改造ローバーで（探査車）どこまで行けるか

15_ 地球と火星は近づいたり離れたり。地球からの往復に適した位置関係は4年に一度のみ。

## みなの者、ぼくの植物学パワーを畏れよ！

4年後の救出に向けて、最低限必要なのは、カロリー（食糧）、エネルギー（電力）、酸素、水などなど。

なかでもヤバそうなのが食糧でした。足りない3年分の食糧を、どうやったら極寒不毛の火星の地で育てうるのでしょうか。倉庫から見つかった植物の中で、もっとも効率のよいじゃがいもが、その候補となりました。場所はいまいる火星基地（ハブ）の中。そこに土を運び入れて畑をつくるのです。

**ワトニーは、まずなんでも概算します。**

ハブの床面積は92平方メートル。すべてを10㎝の厚みで埋め尽くすには、9・2立方メートルの土が必要だ。一度にエアロックを通れる土は0・1立方メートルくらいかな。わぉ、100回も出入りしなきゃ。

でも、概算（頭の中の計算）はそれで十分。あとはやってみてから考えます。作業をしてみたら、その本当の効率が分かり、そしてその改善策も思い付くというものです。

やってみたら12時間かけて、必要量の20分の1しか進みませんでした。毎日これだけやっても3週間かかりそうです。でも、作業の途中で「エアロックをいちいち通らない方法」を考えついて、大分作業効率はアップしました。

**これが実際にやってハカることの価値**ってもんです。

運び入れた乾燥無菌の土（というより砂）を、耕作に適した土に変えるのが、ワトニーのウンチの役目です。そこに棲《す》むバクテリアたちこそが、その立役者。

彼は他のクルーが残していった乾燥ウンチ（バクテリアは死んでいるがさまざまなタンパク質を持っている）も回収して、コンポストに一緒にぶち込みました。

その堆肥《たいひ》を匂いは我慢しつつ、徐々に火星の砂に拡げていくことで、豊かな土壌が生まれるのです。火星で最初の「じゃがいも栽培」のスタートです。

ワトニーはRPGの主人公の如く叫びます。「みなの者、ぼくの植物学パワーを畏《おそ》れよ！」

“みなの者、
ぼくの植物学パワーを
畏れよ！”

## ASCIIコードとカメラの向きで文字をハカる！

ハカるとは「**軸と目盛り**」をつくることです。（『「ハカる」力』参照）

ワトニーは地球との通信手段をなんとか確保しましたが、「火星上のカメラを地球から遠隔操作できる」というだけだったので、こんなことになりました。

●**火星↓地球：**ワトニーがボードに書いたメッセージが画像で送られる
●地球↓火星：**カメラの向き（回転）**によって「Yes」「No」を示すだけ

当時、電波が届くのに片道11分強かかっていたので、これでは「ぼくの両親は元気ですか？」「Yes」という会話だけで20分以上かかります。命がけの畑仕事もやっているワトニーに、そんなヒマはありません。かといって、カメラの周りに、30枚（アルファベット＋αで）ものボードを立てても、カメラがどこを指しているか、判別できません。

しかし彼は、カメラの向きだけで「文字」をハカるための「軸と目盛り」をつくり上げました。ASCIIコードを使ったのです。

**すべての英文字と記号は2桁の16進数（ASCIIコード）で表されます。**Aは41、STUは53 54 55、？は3Fという具合です。ワトニーは、カメラの周りに0〜9、A〜F（16進法）と質問ボードの17枚のボードを立て、カメラがどれを向くかをハカることにしました。

**軸はカメラの向き（360度）、目盛りは16進法＋1（21度毎）**という訳です。地球側は即座にその意図を理解し、カメラを53 54 41 54 55 53 3Fなどと動かします。「STATUS?（状態は？）」

通信効率は数十倍に跳ね上がりました。イェー。

## つくってみてわかった移動可能距離

ワトニーは火星上を移動するためのローバーを改造して、長距離航に挑みます。でもいきなりなんてやりません。少しずつ、試行錯誤です。

太陽電池パネルなどを詰め込んだローバーで、まずは数キロを走ります。それもジグザクに行ったり来たりで。万一止まってしまっても歩いて戻るための工夫です。

その距離を徐々に延ばしていって……のつもりでしたが、**すぐダメとわかりました。寒すぎるのです。**ヒーターを付けないと、1時間で寒さに耐えられなくなるとわかりました。でもヒーターを付けると航続距離が半分になってしまいます。

「**これは失敗ではなく、学習体験だと呼びたい**」との名言を残して、彼は次の手段に移ることを決断しました。

これも机上ではわからなかったでしょう。でも、やってみて、体でハカればすぐわかります。これは耐えられる、耐えられない……。

## どうしようもないような困難にどう立ち向かうのか

ワトニーは山のような問題を、なんとか片付けていきます。「**問題はひとつずつ対処していこう**」と。その方法はでも、いつも同じです。**概算し試行しハカリ再試行することをひたすら繰り返します**。

でもときどき（というかかなり頻繁に）、彼はどうしようもないような困難にぶつかります。概算したら足りないのです。じゃがいもが、そして、水が。それも2～3割ではありません。2倍も10倍も足りないのです。

そんな**圧倒的困難に直面したときのワトニーの、典型的な反応**はこうでした。

「**ゲッ。もう寝る**」

寝ることで気力が戻り、体力が回復します。頭も回転もよくなることでしょう。ワトニーはそれを知っています。座って悩んでいてはダメだと。寝て、動いて、考えることでこそモノゴトは進めうるのだと。

みなさんも、是非。

## 異能者の苦しみと
## その親の覚悟

04 ——『龍は眠る』 長編SF

宮部みゆき
新潮文庫、1995年

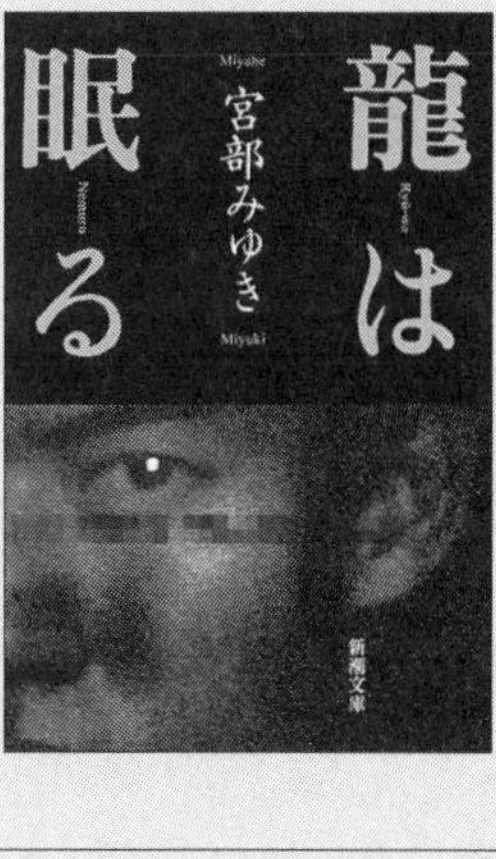


### 超能力を持ったらどうなるのか？ 現代社会における密かな苦闘

超能力もSFのみが扱う（扱える）稀少な題材です。瞬間移動《テレポーテーション》、念動力《テレキネシス》に精神感応《テレパシー》や予知能力《プレコグニション》。『サイボーグ009』『幻魔大戦』『X－MAN』の世界です。

こうやって書いているだけでゾクゾクします。

でもそういった超絶的能力を持つ「超能力者」を、悪に立ち向かい大衆を救うヒーロー・ヒロイン、といったアメリカ的楽観主義でなく、**異能者のもつ苦しみや悲しみ**という面で描いたのが、宮部みゆき『龍は眠る』です。

主人公は超能力を持った2人の少年、それに語り手としての週刊誌記者です。少年たちはさまざまな事件に巻き込まれ、それを阻止・解決しようと努力します。

しかし、設定である現代の日本において、そういった超能力者の少年たちの努力は、どうなると思いますか？

ここで語られるのは彼らの輝かしい活躍でも、颯爽《さっそう》とした立ち振る舞いでもなんでもありません。彼らはひたすらその力を隠し、陰に回ろうとしています。

当然のことでしょう。ヒトは自らの持たない力を持つものを、認められるほど寛容《かんよう》ではありません。異能者は、ゆえに苦しむのです。

ただもっと深い悲しみをもつ人たちがいます。それがその超能力者たちの家族です。

## 超能力者を子どもに持ったらどうなるのか？ 親としての覚悟

主人公のひとりである慎司《しんじ》の両親は、自らは特殊な能力を持ちません。彼らに対して、やはり異能者であった叔母が語りかけます。

「あの子が生きていくのは大変なこと」「あの子が背負っているものは、あの子にしかわからない。親にはどうしてやることもできない」

「だから黙って見ててやって」

「で、あの子が相談を持ちかけてきたら、できる限りのことをしてやって。それしかないよ」「親なんだから子供をどうにか導いてやれるはずだなんて考えたら駄目」

父親はその覚悟を、取材に来た週刊誌記者に静かに語ります。

「私は、叔母の教えに従うつもりです」「それしかしてやれないというのは、親として本当に切《せつ》ない、情けないことですが」「私と家内は慎司のうしろにいて、起こることを全部受けとめるだけですから、遠慮は要りません」

この本は、異能者（他と異なる者）であることの苦しみ、その親・近親者であることの悲しみと覚悟を教えてくれます。

もしかしたらそれは、あらゆる親の、子どもたち（自分の子であるかどうかにかかわらず）に対する基本的な姿勢であるのかもしれません。子どもを導びこうとするから失敗します。親にできることは、**子どもたちが遠慮なく戦えるように、後ろで受け止め応援し続けることだけな**のです。

“だから
黙って見てて
やって。”

## ヒトの愚かさと希望を描いた壮大なSF戦記

05 ―― 『風の谷のナウシカ』

長編SFマンガ

宮崎駿
徳間書店、1984～1995年

### 映画『風の谷のナウシカ』は原作マンガの数分の一のみ

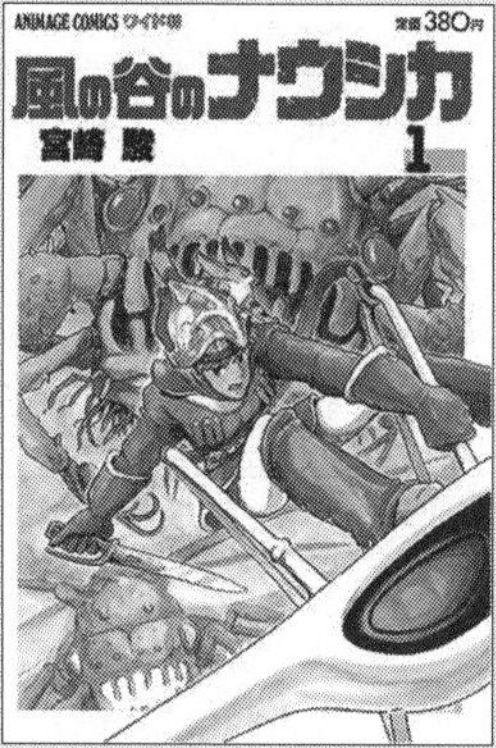


『風の谷のナウシカ』は言わずと知れた宮崎駿《はやお》の傑作です。1984年3月に封切られた同名の映画は各界で高い評価を受け、彼の映画出世作となりました。日本テレビの「金曜ロードショー」などで過去18回も放送されているそうなので、視られた方も多いでしょう。

しかし、そこで描かれた世界は「アニメージュ」に連載された原作[16]の、数分の一に過ぎません。マンガの単行本（B5版）で言えば、全7巻のうちの2巻目の80頁目くらい

16_連載は「アニメージュ」の1982年2月号から1994年3月号で、完結まで12年を要した。全7巻。

でしょうか。
ナウシカの旅は、そして戦いは、そこからが本番です。

文明を崩壊させ世界を汚染し尽くした**最終戦争から1000年**が経ち、世界は猛毒の瘴気《しょうき》を放つ腐海《ふかい》に覆われています。人々は残されたわずかな地で生活していますが、そこでも醜《みにく》い大国間の争いが繰り広げられます。それに巻き込まれる小国「風の谷」とその姫ナウシカ。

過去の究極兵器「巨神兵《きょしんへい》」が再生され、兵器としての人造粘菌《ねんきん》が大地を埋め尽くし、国土自体が失われていきます。

大国の王たちはそれでも、**人類の叡智《えいち》を収めるといわれる**「シュワの墓所《ぼしょ》」を目指します。自分こそがその継承者となり、覇者となるために。

そのために数限りない民《たみ》や戦士が、粘菌の吐く毒や戦闘の中で命を落とします。ナウシカと関わった多くの人たちも……。

“私たちは、血を吐きつつ、
くり返しくり返し、
その朝を超えてとぶ鳥だ。”

『風の谷のナウシカ』とはそんな**ヒトの愚かさを徹底的に描いた作品**でもあるのです。

## ナウシカが真に戦った相手とは

ナウシカはその血にまみれた旅と戦いの中で、ついにこの世界の成り立ちの秘密を探り当てます。腐海と最終戦争の謎、自分たちの存在の意味、シュワの墓所《ぼしょ》の役割。そして、ナウシカは決断するのです。地球と人類再生の任を負った叡智《えいち》の結晶「シュワの墓所」を滅ぼすと。

墓所の番人は、ナウシカに問いかけます。

「娘よ、お前は再生への努力を放棄して人類を滅びるにまかせるというのか」「人類はわたしなしには滅びる」

ナウシカは答えます。

「それはこの星が決めること」

「**私たちの生命は、私たちのものだ。**生命は生命の力で生きている」

「私たちは、血を吐きつつ、くり返しくり返し、その朝をこえてとぶ鳥だ」

文明の次の朝を、過去の電子プログラムに与えてもらうことに、決してヒトの幸せはないと彼女は叫ぶのです。たとえそれが滅びへの道であっても、**自ら自分の意思で生きることにのみ、生命の幸せはあるのだと。**

『風の谷のナウシカ』全7巻。ワイド判の7巻セットで3000円ちょっと。とってもお得です。映画だけしか見ていない、という方には、ぜひご一読をオススメします。ナウシカ観が、変わります。

ワイド判 風の谷のナウシカ
全7巻函入りセット
「トルメキア戦役バージョン」
（アニメージュ・コミックス・ワイド判）

## 禁断のテクノロジーとヒトの幸せ

06

### 『スキエンティア』

短編SFマンガ

戸田誠二
小学館、2010年

#### 禁断のテクノロジーは何を可能にするのか？ ボディレンタル、抗鬱機

スキエンティアは超高層ビルの名称です。ちょっと未来の日本に建っています。その最上部には女神像が立ち、町をやさしく見つめています。その女神の名前がスキエンティア（Scientia）。

ラテン語のscientiaの意味は「知ること」、知識です。科学と知識の女神が見守る町で、その禁断の力に触れた人々の営みが、オムニバス形式で綴《つづ》られていきます。

大それた事件が起こるわけではありません。でも、たとえば第1話「ボディレンタ

ル」では**他人の体と自分の脳を遠隔でつなぐ技術**が登場します。まさに禁断の科学。それによって他人のボディをレンタルしてその生活を楽しめるわけです。

功成《こうな》り名《な》遂《と》げた車いすの老女が望んだのは「もう一度、生身の手足で働きたい」でした。そこに応募する自殺志願の若い女性……。

第4話「**抗鬱機**《こううつ》」はその名の通り、**鬱状態を抑え込める機械**が登場します。しかしその副作用は大きく、抑え込んだ分だけ反動が表れ、使い続ければ死にすら至るものでした。

それでも主人公はその使用を望みます。親に誹《そし》られるだけの家を出て、自立しようとしたのに鬱状態でろくに働けません。そのとき思うのです。

「一回でいい、人に認められたい」「フツウに働いて、笑って暮らしてみたい」

ただそれだけのために彼は、抗鬱機という禁断の科学に踏み込んだのです。そして数年後に来る、**致命的な副作用の発作**……。

薄れゆく意識の中で、彼が「最期に」と望んだことは、オフィスの廊下をたどって、職場のみなの顔をもう一度、見ることでした。

## 日々の営みのすべては世界とつながっている

最終話「覚醒機《かくせいき》」では2人のミュージシャン志望の若者が出てきます。もちろんなかなか売れません。そこに舞い込む「覚醒機」被験の誘い。**人の能力や感性を飛躍的に高める機械です。**使えばヒット作も思いのままかもしれません。しかしその代償は、やはり命です。寿命を大きく縮め、使い続ければ7〜8年で確実に死に至るというもの。

ひとりはそれに応じます。もうひとりは応じずバイトとライブ、オーディションという生活を続けることを選びます。応じたひとりはメジャーデビュー後に大ヒットを連発し、数年で十数枚のアルバムをリリース。そして最初で最後の大規模ライブツアーが開始されます。

一方、応じなかったひとりは大学卒業後8年粘って、遂《つい》にあきらめます。30歳の新入社員として会社に勤め、必死に働いて結婚し、子どもも生まれました。ようやく、もうひとりのつくる歌の素晴らしさを認められる余裕も出てきました。

そんなとき、ツアー中のひとりからメールが入るのです。「少しの時間しか抜けられ

“一つ一つ丁寧に生きろ。

絶対返ってくるから。”


ないけど、できれば会いたい。頼む」と。

会うなり彼は言います。

「……お前、子ども生まれたのか？」「わかるよ。……いい顔になったな」

そして相手の両肩をしっかり摑《つか》みながら涙を流し言うのです。

「いいか、お前の生活の中の一つ一つはすべて世界とつながってるんだ。ホントだぞ」「だから一つ一つ丁寧《ていねい》に生きろ。絶対返ってくるから」


**科学はヒトを幸せにするのでしょうか。**それは魔法のように便利なものかもしれません。でもしょせん、便利にするだけです。

幸せになるためには、ヒト自身が頑張らなくてはいけないのです。

07

## ――『消えたイワシからの暗号』

科学

河井智康
三五館、1999年

### なぜイワシの価格が高騰したのか？は正しい問いではない

大衆魚、といえばイワシ、アジ、サンマ、サバが挙げられます。しかし数十年の単位で見てみると、これが正しい（つまり多く獲れて値段が安くて大衆の手に入りやすい）のは各々、数十年に一度しかないことがわかります。

2006年5月の報道によれば、東京築地市場で5月23日についたマイワシの値段は1匹なんと1000円以上。2匹で高級魚マダイの1kg分に匹敵するものでした。値段高騰の理由は簡単です。その年、マイワシ漁獲高が劇的に減少したのです。

**マイワシの漁獲高は2005年度時点で年間1万トン強、全盛期のなんと4000分の1です。**

イワシが極端に安かった時代、漁獲高が非常に多かった時期はここ100年では2度ありました。1930年代の10年間と、1975年からの15年間でした。1988年にはマイワシ漁獲高は最大の449万トンを記録しています。

報道では「最近の海水温の上昇によって」とか「乱獲《らんかく》によって」という理由によってその漁獲高激減を説明していました。最近は「エルニーニョ」と言えば、みんな納得するらしいので。なにやら不思議な魔法の呪文です。

本当に答えはそのようなことなのでしょうか。

この漁獲高の変動状況を見ると、そもそも問いそのものが間違っていることがわかります。本当の問いはこうなのです。

●イワシはなぜ漁獲高が「周期的に」「激変」するのか

## 「大衆魚」はどうやって大衆魚になったのか?・回遊性とプランクトン食性

今から5億7000万年前 カンブリア紀に入ってからようやく動物たちは大きく進化を始めました。魚類はその先頭を走っていた生物です。まずはシーラカンスに代表される「甲冑魚類《かっちゅうぎょるい》」が生まれました。強力な鎧甲《よろいかぶと》に身を包み、その時代の海を支配していました。最大のものは「板皮《ばんぴ》類」のダンクルオステウス[17]。体長12メートル、鎧の厚さは数cmという強者《つわもの》です。

しかし、現代の魚のほとんどは1億5000万年ほど前に生まれた「**真骨《しんこつ》類**」と呼ばれるものたちです。堅い鎧を捨て、丈夫でしなやかな内骨格と強力な筋肉を持ち、大海をエネルギー効率よく悠々と泳ぎ渡る能力を身につけました。

この**劇的な運動能力と効率の向上により、可能になったのが「回遊《かいゆう》」**という行動です。暖かい南の海で産み落とされ、エサの多い北の海に行って大きくなる、そしてまた南の海に帰って卵を産む。これによって魚たちは、広範囲の海を対象にエサを採ることが出来るようになりました。

イワシ、アジ、サンマ、サバといった「大衆魚」の条件にはもうひとつあります。そ

17_日本では長く、その科名である「ディニクティス(恐ろしい魚)」として呼ばれていた。

れはエサの種類です。**イワシたちは小さなプランクトンをエサとし**、高級魚たるマグロたちはイワシなど小魚をエサとしています。そして海中のエサとして量が多いのは圧倒的にプランクトンなのです。

海中の食物連鎖ピラミッドの上位にあるものほど数は少なく、マグロたちはゆえに「大衆魚」にはなり得ません（別になりたくはないでしょうが）。

**「大衆魚」とは、数百万の卵を産む多産多死《たさんたし》形態の中で、回遊性とプランクトン食性を持ったものたち**なのです。

そしてこれこそが「周期的」「激変」の理由となっています。

## 大衆魚の劇的増減「魚種交替」

「乱獲による資源減少」というのが、もともと強い「常識」でした。

確かに、全世界規模での漁獲高は大幅に伸びています。１９５０年から１９８８年の間に、世界の漁獲量は１９００万トンから８９００万トンの５倍になりました。同時期の世界の牛肉生産量は３倍弱しか増えなかったのに……。

人類は20世紀後半の50年間、魚資源に頼って成長してきたのです。

この間、世界の「大型捕食魚」の90％が姿を消したとの報告もあります。そしてその原因は高性能の大型船団による乱獲（持続可能な漁獲量以上の魚を獲ること）にあったと考えられています。「常識」通りです。

しかしながら、魚食性の大型魚と異なり、「大衆魚」たちはプランクトン食性であり、かつ広大なエサ場を持っています。種々の推定によれば、これら大衆魚の海中資源量は漁獲高より遙かに多く、数倍から十数倍に達するといいます。

前述のマイワシで見れば、1988年の漁獲高449万トンに対し、推定資源量は太平洋側で3800万トン、日本海側で1000万トン、計4800万トンです。漁獲高は資源量の10分の1以下に過ぎませんでした。

一方、マイワシの過去最低資源量は、太平洋側でわずか4万9000トン（1971年）と推定されています。これは最大時の776分の1です。

**変動（激変）しているのは漁獲高ではなく、大衆魚の資源量自体**なのです。かつ、漁獲高は単独の魚種の増減だけでなく、サンマやサバも含めた異なる魚種間の増減サイクルが存在しているように見えます。その増減サイクルはイワシと同じく圧倒的です。

太平洋東北海域でのマイワシ、サンマ、サバ類の漁獲高を見てみましょう（漁獲統計で太平洋北区に相当）。

●1958年（サンマ時代）3種計43万トンのうち91％がサンマ

●1971年（サバ時代）3種計63万トンのうち91％がサバ類

●1987年（マイワシ時代）3種計217万トンのうち89％がマイワシ

**海中では人知れず、非常に大きな「魚種交替」が行われていたのです。**

## 魚種交替のメカニズム

実はこの理由（メカニズム）について、まだ定説はありません。

**太平洋東北海域での漁獲高比率推移**

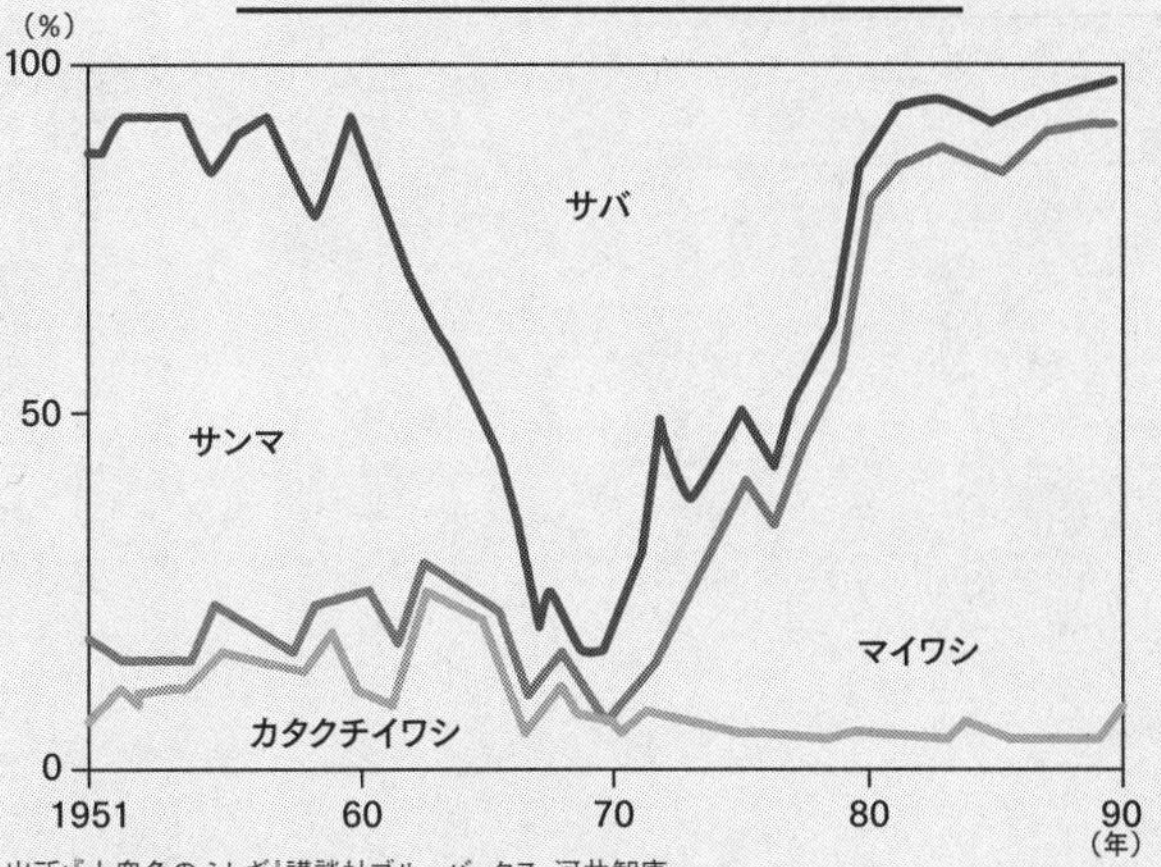


出所:『大衆魚のふしぎ』講談社ブルーバックス、河井智康

魚類生態学者の河合智康らによれば、3すくみモデル、自己振動モデル、といったものの他に、魚食性プランクトン（つまり魚の卵や稚魚を食べてしまうプランクトン）の大量発生が原因とするもの（食害型）、逆に、エサとなるプランクトンの減少が原因とするもの（飢餓型）などがあります。

魚食性プランクトンと言っても何も特別なものではありません。動物性プランクトン（普通は植物性プランクトンをエサにする）が、自分より小さな魚卵や稚魚をエサのひとつとしてパクパク食べるに過ぎません。そういった中で、魚の卵や稚魚の初期減耗《げんもう》での生存率は、

●生存率＝EXP（－M）：Mは卵や稚魚の「死亡係数」で魚食性プランクトンの数に比例する

となります。ここからわかることは劇的です。

**イワシの産卵から最初の数週間、初期減耗での生存率を仮に1000分の1**とします。つまり100万個の卵のうち1000個だけが生き残るのですが、その場合、右記のMは6・9となります。

ここで問題です。

魚食性プランクトンの数が2倍になった場合、イワシの卵の生存率は何分の1になるでしょうか？

計算すればすぐわかりますが、答えはなんと１０００分の1。つまり生存率は１００万分の1となるのです。生き残れる卵は1個だけ……。

捕食者が2倍に増えると被捕食者の生存率は１０００分の1に。捕食者がわずか10％増えるだけで生存率は半分になってしまう、これが大洋に棲む、魚の世界の生存競争なのです。

しかし、1匹で数万から数十万の卵を産む魚たちは、決してそれで滅びることなく、次の爆発的増加の機会を窺《うかが》うのです。

## メカニズムがわかることと将来予測ができることは違う

これらの事象を調査研究し、そのメカニズムを解明していくことは、それ自体まことに興味深いことです。それでも、あえて問いましょう。これは何のための研究か、と。

おそらく、人間社会に対しての最大の価値は、「海洋資源管理」への示唆《しさ》を得ることでしょう。魚を「乱獲」せず、うまく資源として管理し、持続可能（sustainable）な状況に保つ。そのための確実な方策を見いだすことこそが、こういった研究の最終ゴールなのです。

しかしここに、もともとの「問い」に対する最大の問題が潜んでいます。

先ほど修正された問いは「イワシはなぜ漁獲高が周期的に激変するのか」でした。このどこにウソがあるのでしょう。

それは「周期的に」という部分です。激変の理由はなんとなくわかりました（確定はされていないが）。では、次にいつ各大衆魚の増加や減少の波が来るのでしょうか。それは本当に「周期的」なのでしょうか、そうでなかったとしても見通せるものなのでしょうか。

現代の魚資源管理は、ある年の調査結果をもとに翌年以降の資源量を予測することから始まっています。

それはＶＰＡ[18]と呼ばれ、同じ年生まれの魚数をキチンと数え上げていく方法です。そしてお年頃（繁殖適齢期）の魚が増えればその分、産卵数が増えるはず、というような推測をしていきます。

18_ Virtual Population Analysis コホート分析とほぼ同義。

“捕食者の数が2倍になると、
生き残る数は1000分の1になる。”

これに加えて、漁獲効率（CPUE：Catch Per Unit Effort）を推定し、翌年の漁獲量目標TAC（Total Allowable Catch：許容総漁獲量）を定めるのです。

長らく信奉《しんぽう》されてきたこの手法は、1991年、カナダ東海岸における真鱈（マダラcod）資源の劇的な「崩壊」によって大きく揺さぶられました。

ピーク時より10分の1以下に減ったとはいえ、約20万トン分はいると推定されていたカナダ東海岸の真鱈。それに対して数万トンの漁獲目標が設定され許可されました。魚の減少に伴って、漁獲効率が下がるだろうことも加味された目標値でした。

ところが実際には真鱈の資源量はその4分の1程度になっており、しかも高性能化した漁船団は効率を落とすことなく（かつ減った真鱈も種族防衛のため密集して生活していたので）きっちり所定の漁獲量を獲りきりました。

そしてカナダ東海岸の真鱈はほぼ「全滅」し、未だにその復活を見ていません。

この**真鱈資源の劇的崩壊は世界の漁業関係者に大きな衝撃と教訓**をもたらしました。真鱈は寿命も長く、資源量推定対象として好適で、うまく推定や管理ができていると思っていたのでなおさらです。

- VPAは当てにならない（＝海中資源の推定は困難）
- CPUEも当てにならない（＝資源が減っても漁獲効率は一定もしくは上昇）

**現状（VPA）も変化（CPUE）も当てにならないのでは、**目標（TAC）など信頼できるわけがありません。

これまで見てきた大衆魚の魚種交替でも、状況は大差ありません。残念ながら日本近海における海中資源調査は精度が高くなく、国の予算削減の中でそれはますます低下しようとしています。魚種交替のメカニズムがわかり、増減の傾向がわかったとしても、間違った目標設定で相手が全滅しては取り返しがつきません。

とはいえ、魚種交替の将来予測は純粋に数学的に見ても、極めて難しい問題なのです。

## 予測できないときには即時対応型の「スイッチング漁獲」を

では、どうすればいいのでしょうか。

三重大学の勝川俊雄らによって提唱されている方策は「スイッチング漁獲」と呼ばれています。

事前に魚種別の漁獲目標を定めず、その時資源の多い魚種を獲り、少ないものは禁漁とする方法です。これにより、全体の漁獲効率が上がって漁獲量が増え、低水準資源の保護にもつながるとされています。

**①当たらない推測に頼らない**
**②実際に得られる情報のみを使う**
**③事後的に対応する**

特に①は生物動態における数理モデルの限界に基づくものです。

魚に限らず生物の「生き死に」はさまざまな要因で決まってきます。しかもそれらは相互作用的であり、これを数理モデル化し数学的に表現すると、いわゆる「カオス的」

であることがほとんどです。

カオス的な自然現象の典型は気象です。地球上、数万の観測点からの詳細情報をリアルタイムで集めて、世界最高性能のコンピュータで計算し尽くしても、天気予測が精度高く当たるのはせいぜい数日の先まで。カオス的現象においては、将来の傾向や確率はわかっても、遠い将来を正確に予測することは決して出来ないのです。

**大衆魚の魚類交替は、魚世界における「カオス的現象」**の典型です。

食物連鎖上、中間で上下の種との相互作用が強く、魚種間の相互作用もあります。こういった状況で、魚資源の将来予測は非常に不確実性の高いものになるでしょう。

“当たらない
推測に
頼らない。”

その極めて高い不確実性を前提としたときの対応方法が前記の①〜③であり、資源管理の方策が「スイッチング漁獲」なのです。

もちろんこれらの諸策を実現するには、今の資源分布を正確に把握するために海洋の試験操業を大規模に行うとか、迅速に事後対応をするために多数の民間事業者を巻き込んだ仕組みを作るとかに壁があります。

それでも、ヒトが今出来ることを最大に為すとすれば、それらなのでしょう。

## 「広くよく見てすぐさま対応する」が正解だが……

それは、問題があり（イワシが高い！）、その原因がわかり（魚種交替とそのメカニズム！）得たとしても、その直接的・根本的解決が出来るとは限らないということです。

そのひとつが「本質的に不確実」な領域での問題でした。そこでは高いカオス性のゆえに正確な将来予測が立たず、事前の対応や準備が困難です。

そこでは**即時の状況把握と迅速な事後的対応で頑張るしかない**のです。

ビジネス界でも、そういった「直接的解決が困難な領域」はますます拡がりつつあります。マーケティング然り、企業リスク管理然りです。そして、そういった領域で「常識的な発想」や予測に基づいた行動は、無益であるばかりでなく大きなマイナスとなってしまうのです。

## 天才は2つの武器で超難問に挑んだ

08 ――『100年の難問はなぜ解けたのか』 科学

春日真人
新潮文庫、2011年

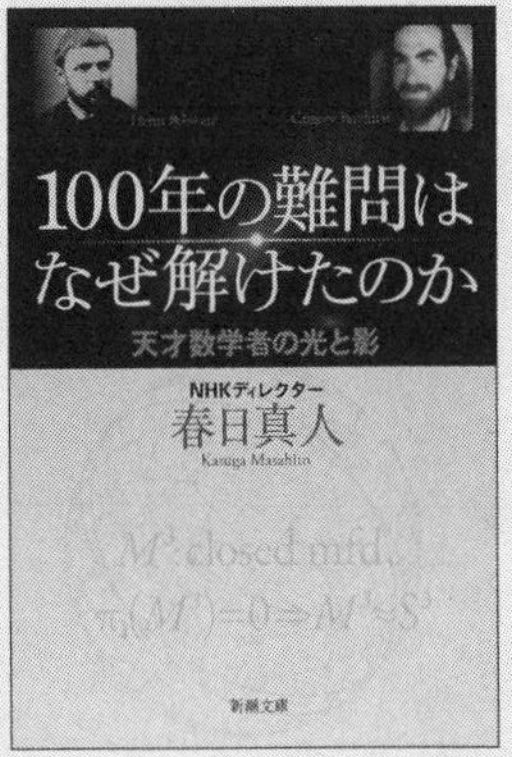


### 世紀の難題――ポアンカレ予想

まずはこの世の中でも、とびきりの難問について話しましょう。「ポアンカレ予想」です。

● 単連結な3次元閉《へい》多《た》様体《ようたい》は、3次元球面S3に同相《どうそう》である

## ポアンカレ予想って……

『単連結な3次元閉多様体は
3次元球面S3に同相である』

簡単には……

『この宇宙空間はドーナツ状でなく
球面状である』

星や銀河が表面に張り付いているとして……

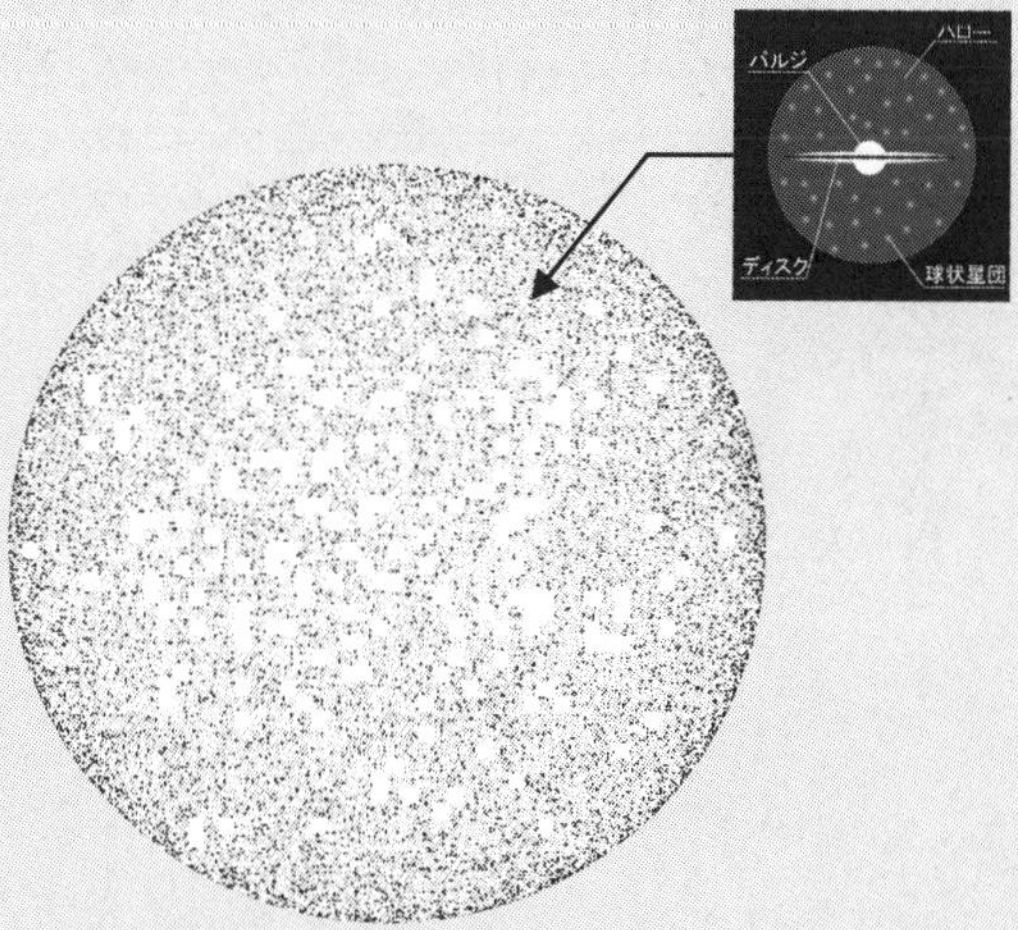

完全に意味不明ですが、「この宇宙空間はドーナツ（の表面）状ではなく、球面状である」とも言い換えられるとか。**この宇宙は穴あきか否か**、です。なんとなく、数学というより宇宙物理学の問題みたいですね。

1904年にアンリ・ポアンカレによって提出されたこの数学上の難問は、102年後の2006年、ロシア人数学者グレゴリー・ペレルマンによる証明が確認され、決着がつきました。

多くの数学者たちの挑戦を跳ね返してきたこの難問に、**ペレルマンはどう挑んだのでしょうか**。問題や答えの内容はともかく、「難問の解き方」という視点で、ペレルマンのアプローチを見てみましょう。

## 天才ペレルマンは2つの武器で超難問に挑んだ

この世紀の難問に、彼はたったひとりで立ち向かいました。そのために彼は、他の数学者たちとは違う2つの武器を手にしました。

**良い「問い」**は、「**答え**」だけでなく「**新しい考え方**」を生み出します。その問題を解くための、**武器**として。

ポアンカレ予想の場合、まずは位相幾何学《トポロジー》がそうでした。対象の「形」のみを議論するための新しい武器、それがトポロジーなのです。大数学者オイラーが創始し、ポアンカレ自身が強化しました。

以来、トポロジーは「新しい数学」と言われるほどの発展を遂げました。今や制御や情報通信の分野では、それなくして成り立ちませんし、数学の主流のひとつである「多様体」研究（ポアンカレ予想もそのひとつ）の最強武器でもあります。

みな、トポロジー研究の先に「ポアンカレ予想」の答えがあると信じて疑いませんでした。

“なにも
出なかったときの
覚悟はある。”

ペレルマンはそこに、別の武器で攻め込みました。数学では傍流《ぼうりゅう》であった「**特異点空間**」の視点と、「**物理学**」**的な手法**です。

彼にとって「特異点空間」論はもともと学生の頃からの専門でした。それに加えて彼は、米国での研究中に「物理学」的な手法を専門として身につけたのです。

## ペレルマンはどう2つの専門性を身につけたのか

ペレルマンは学問一筋の人でした。

幼少期から数学や物理学の才能に秀《ひい》で、（長距離の）散歩が唯一の趣味であったといいます。出生地ロシアで英才教育を受け、国際数学オリンピックで満点をとり、新進気鋭の数学者となり、ソ連崩壊とともに26歳で米国に渡りました。

そこである手法に出会います。リチャード・ハミルトンによる**微分幾何学**「**リッチフロー方程式の利用**」でした。この聞き慣れぬ方程式は、物理学の超基礎である「熱方程式」に似たもので、それは彼の子どもの頃の十八番《おはこ》のひとつでした。

彼は米国でこの考え方を熱心に学び、研究します。そして有名大学からのオファーをすべて蹴って、わずか３年でロシアに戻り、秘密のうちにポアンカレ予想の研究に没入したのです。

「なにも出なかったときの覚悟はある」と同僚に言い残して。

７年後の２００２年、彼はポアンカレ予想の証明につながる画期的論文を発表し、翌年、解説のための３日間講義を行いました。多くの数学者がそれに殺到しました。

しかしその証明は、みなが打ち込んでいたトポロジー手法ではない、特異点と物理学的手法（リッチフロー方程式）をもって、なされていました。

同席した多くの数学者たちは嘆きました。

**「解かれたことに落胆《らくたん》し、解法がトポロジーでないことに落胆し、その解の解説がまったく理解できないことに落胆した」**そうです。

ペレルマンという天才は、その中に2つ（以上）の専門性を詰め込んで、史上最大級の難問に勝利したのです。

おそらくは、渡米のときから決めていたのでしょう。数年のうちに、生涯を掛けるにふさわしい難問を選び、それを解くための武器を手に入れる、と。

## 発想のためのT型人材——他人の視点の重要性

「発想」のためには、自分自身の視点にこだわらず、他人の視点を借りるのが、早道です。そうすれば、自分にとっての常識や日常に、異質な見方を与えられるからです。たとえば勉強会にせよ読書会にせよ、たまにはいつもと違うところに顔を出すことで、いろいろな「視点」を得ることができるでしょう。

でも、問題は異質同士がうまくつながれるか、という点です。

よくいわれる「**T型人材**」というときのTの縦棒は「専門性」です。多くのヒトは仕事を通じてそれを獲得していることでしょう。

でも横棒が、意外と弱かったりします。

Tの横棒は文字通り、ヒトとヒトとをつなぐための腕と手です。共通の部分がお互いまったくなければ、ヒト同士はコミュニケーションできません。

ゆえに「**専門外の幅広い知見**」が、**この横棒**となります。

これを強くするには、社会人大学院に通ったり、新聞に端から端まで目を通したりすることです。

ヒトが何に興味を持ち、何が問題となっているのかがわかります。

そういったT型人材になることで、**幅広く「他人の視点」を借りられるようになる**わけです。

## 難問に挑むΠ型チーム——リーマン予想

難問の「証明」には、検証が必要です。

19_1859年、ベルンハルト・リーマンによって提起された。

ペレルマンが発表した3つの論文に対し、各々2人の数学者による検証チームが組織されました。ひとりではこの、解析学・微分幾何学からトポロジーまでを駆使する論文をカバーできなかったからです。

**強い専門性（縦棒）を持つ2人を組み合わせ、Π《パイ》型チームをつくる**ことで3年後、ついにそれらペレルマン論文の正しさは検証されました。

ポアンカレ「予想」が「定理」に昇格した瞬間でした。

ポアンカレ予想を上回る数学上の難問が、**リーマン予想**[19]です。

もともとは単なる素数[20]の現れ方への疑問でした。しかし、だんだんとその深遠さが理解され、**今や「究極の問題」**とされています。

リーマン予想は、素数（数学）とこの宇宙（物理学）とを、直接的に結びつけるものだったのです。

最初のこのつながりを直感で見抜き、その数学的能力で示した[21]（1735年）のは、やはり（トポロジーをつくった）大数学者オイラーでした。

「素数と円周率π《パイ》はつながっている！」

20_1以外で自分自身以外に割り切れる数（約数）を持たない自然数のこと。その現れ方の「不規則性」は、現代の通信暗号の基礎ともなっている。

そして1972年、プリンストン大学恒例のお茶会で、**2人の数学者と物理学者が雑談**します。数学者のヒュー・モンゴメリー（ミシガン大学教授）は、たまたま隣にいた物理学者フリーマン・ダイソン（プリンストン高等研究所）に、自分の専門である「リーマン予想」の話をし、ある式を紙に書いて見せます。

専門外の話をなんとなしに聞いていたフリーマンは、その式を見てびっくり。ミクロな世界を扱う物理学の別の式と、まるで同じだったからです。素数の中に、この宇宙構造の秘密が隠されていた、と言ってもいいでしょう。物理学と数学の専門性（縦棒）の、偶然の組み合わせによってそれが見いだされたのです。

もっと幅広い専門性を組み合わせるために、1996年、200人の数学者・物理学者等を集めた第1回リーマン会議が開かれました。そこでも大きな発見がありました。「非《ひ》可《か》換《かん》幾《き》何《か》学《がく》」という最新の数学概念を築きつつあったアラン・コンヌは、その会議の場で気がつきます。自分の数学の専門性が、素数と深くつながっていること、そしてミクロな物理現象とも関係することを。

今現在、リーマン予想および宇宙論への総攻撃が、**「非可換幾何学」という武器**を得た数学者・物理学者らによって行われています。

落城は、いつでしょうか。楽しみです。

21_ 無限にある素数をある方法で掛け算・割り算していくと、6 分のπ二乗、になる。

## 専門性のためにはメジャーでなくマイナー領域を狙う

新しい言語習得や専門スキル修得には1万時間の訓練が必要だ、ともいいます。なのでひとりで2つ以上の専門性を持つ（Π型人材）ことは、普通、ムリです。1日3時間を費やしても、10年かかるのですから。

でもそんな時間をかけなくとも、その道のプロ（や第一人者）になれる方法がありま す。それは新しい領域、マイナーな領域に特化することです。

ウルトラマンやガンダムでは他人に勝てなくとも、『蒼穹《そうきゅう》のファフナー』[22]の知識でなら一番になれるかもしれません。

そこでの敵役《かたきやく》である未知の生命体フェストゥムは人類に問いかけます。「あなたはそこにいますか」

全体でひとつの存在であるフェストゥムには個体という概念がありません。だからＹｅｓと答える者には同化（相手を吸収する）を、Ｎｏと答える者には破壊を試みます。それで初めて、全体がひとつになれるから。

**個体という概念、生死という概念がない相手に、どう戦えばいいのでしょう。**共存は、可能なのでしょうか……。

22_放送期間2004年7月～12月。全26話。Wikipediaでの解説は非常に詳しく約4万文字。しかし、ガンダムだと「シリーズ解説」だけで2万文字弱。

とても深い、お話（多くの部分は悲劇的だが）です。本業に使えないはずが、ありません……よね。

**発想のためには、他人の視点が必須です。**人とつながれるためのT型人材をまずは目指しましょう。次に目指すのがペレルマンのようなΠ型人材です。自分の中にもうひとりの自分を、飼うのです。そこで独自性を出すには、趣味から始めること。それも、ちょっとマイナーなものか新しいものを選びましょう。それですぐ第一人者です。

ペレルマンほどの能力や意思、ジョブズほどの運と頑固さと能力がなくとも、これできっとなんとかなります。でも、そしてそうやって得た**「点」（専門性）をつなげる努力を続けること。**

つながるのを待ってちゃ、いけません。

# 地に足などつけるなと 京大総長は叫ぶ

★ 09 ――『京大変人講座』 科学

酒井敏 他
三笠書房、2019年

## 京都大学は変人のパラダイスである

学士（大学卒業）レベルで言えば、京大は日本での理系ノーベル賞受賞者数で堂々の1位です。24人中8人が京大出身で、2位の東大は5人（外国籍の南部陽一郎博士、中村修二博士を含む）に過ぎません。

独創性に重きを置く京大の現総長は山極壽一《やまぎわじゅいち》博士。霊長類（主にゴリラ）研究の泰斗《たいと》です。学生たちにも慕《した》われ、2014年に行われた総長選挙では、学内に「山極教授に投票しないで」のビラが構内に溢れました。なぜなら「山極博士が多忙な総長になってしまったら、霊長類学の進歩や京大の教育力に大きなマイナスだから」。もちろんこのビラは逆効果となり、彼の人望を高める結果となりました。

『京大変人講座』の冒頭、越前屋俵太との対談で山極総長は言います。

「変人でないとこれまでとは違う発想ができない」「地に足をつけているだけではダメ。**地に足がついている人は頭の中では変だと疑っていても結局行動に出られない**」「僕ら研究者は訓練して変人になる」「そういう（変人）精神を持っている人がいなければ、世の中は新しくならない」

この本では6つの講座が取り上げられていますが、その中からひとつだけ紹介します。サービス経営学の山内裕博士の「経営の教室」です。

テーマは「鮨屋のおやじが怒ってるわけ」。そこには飲食店における客と店主との間の、壮絶な戦いが隠れていました。

## 鮨屋のおやじはなぜいつも怒っているのか

高級な飲食店が客に提供する価値は、料理の味とサービスです。

“「客のことなんか関係ねえよ」という姿勢を貫くからこそ客はありがたがる。”

味はもちろん美味しい方が客の満足度を高めますが、サービスではどうでしょう？　どういったサービスをすれば、客は喜ぶのでしょうか？　そして、観察事実として良く見られる「いつも怒ってる鮨屋のおやじ」とはどうつながるのでしょうか。

実は**サービスでもっとも大切なのは、**どんなサービスを受けるかではなく、**誰からサービスを受けるか、**なのです。茶会で同じお茶を受けとるにしても、主人《あるじ》から直接と小坊主さん経由とでは、嬉しさが違います。自分より上位者にされると嬉しく、下位者からだと不満なのがサービスなのです。ところがサーブ（奉仕）すればするほど、する方の権威は下がるので、偉そうにしている方が、むしろサービスの価値は上がるのです。

故に山内博士曰く、「サービスとは水面下における生死を賭《と》した闘い」なのです。店主 対 客の。

だから高級店ほど客に不便を強《し》います。メニューは意味不明で、価格もよく分からず、サイズすら判別不能です。ショート、トール、グランデでなく、S、M、Lでいいのに！

鮨屋のおやじは客に「何かお切りしますか？」と尋ねます。「はい」と答えたら客の負け。「白身で良いの入ってる?」と言えたら合格点です。おやじは「何か酒のつまみに刺身をつくりましょうか」と尋ねているので、その意を汲《く》んで刺身に関して気の利《き》いた返答をしなくてはなりません。「はい」じゃ、ダメなのです。

おやじが客前で弟子たちを叱《しか》り飛ばして、怒っているのもこの闘いのひとつに過ぎません。

そんな偏屈《へんくつ》おやじにちょっと親切にされたとき、客は無上《むじょう》の喜びを感じます。それこそが究極のサービス!……私はイヤですけどね、そんな店。

「お客さまは神さまだ」はもう古い。「お客に寄り添って、いいね!をもらう」も限界です。**客に不便を強いて、マウンティングして自分の権威を高め、ときどき客をちょっとほめることで成立する**のが、真の「ホスピタリティ」だったのです。

ああサービスって、奥が深いなあ。

## ふまじめさと非常識が世界を救う

2017年に始まった京大変人講座のキャッチコピーは「京大生よ、変人でよいのだ! 自信をもって胸を張れ!」でした。本の最後に、発起人である酒井敏《さとし》博士が**変人**

**の存在価値を「変人ナマコ理論」**として紹介しています。

日本のあるところに10人の村があり、みなで米をつくって暮らしていました。そのうち生産技術が向上し、ひとりで2人分の米をつくれるようになりました。素晴らしい！でもみなまじめなので、10人で20人分の米をつくってしまいます。他に売るところもないのに。

そうではなく、5人が米をつくって、残りの5人は海にでも遊びに行けばよいのです。その海にはナマコがいっぱい。でもそれが食べられるものだと見つけた人こそが「スーパー・イノベーター」。そこに辿りつくまでに何人がお腹を壊し、死んでしまったかも分かりませんが……。そしてお米をつくっている人たちにナマコを売りにいきましょう。美味しいおかずですよ、と。これでお金が回り、経済が拡大します。

みなが一緒なことをやっていては発展はありません。**積極的にふまじめになり、常識をかなぐり捨て、変人となりましょう。**変人こそが日本を、そして世界を救うのです。

その牙城《がじょう》が京都大学。みんなで変人講座に通いましょう。

# なぜ歴史やプロフェッショナル本がビジネスの役に立つのか

## 歴史ものには不変の真実と改革者の気迫が宿る

歴史ものの主人公には3種類の人物がいます。王、臣《しん》、放浪者《バガボンド》[23]です。王として臣としてどう生きるべきか。それは、まさしくどうヒトを動かすか、ということに他なりません。

**「士《し》は己《おのれ》を知る者のために死す」**は、春秋《しゅんじゅう》時代の末期、予譲《よじょう》という人物が言った言葉とされています（『新十八史略』より）。

彼は晋《しん》の重臣の知伯《ちはく》に仕《つか》えて重用《ちょうよう》され、それを滅ぼした政敵 趙襄子《ちょうじょうし》への復讐を誓います。

刺客《しかく》となった予譲はあらゆる策をめぐらせ、姿や声を変えて趙の暗殺を謀ります。しかし2度捕らえられ、最後に問われます。

23_vagabond。語源はラテン語で vagus はさすらうの意味。

「なぜ（予譲は）他の主君にも仕えたのに、知伯のためにだけ仇《かたき》を討とうとするのか」

彼は即答します。

「知伯のみが私を真に理解し、国士《こくし》として遇《ぐう》した」

「故に自分も国士として報いるのだ」

自分の真価を認めてくれる人のためには、命を投げ出してでも応えるものだと、彼は言ったのです。

企業変革の最終・最大の壁は多くの人をどう動かすかにあります。果たしてその原動力を、どこに求めればいいのでしょうか。

歴史ものには、その答えのすべてが眠っているといってもいいでしょう。

- 互いに相手を信頼し、王は臣の忠言に耳を傾けること
- 大きな夢やコンセプトを掲げ、共有すること（『竜馬がゆく』より）
- 自分自身を信じ、自分を強く持つこと

しかしもっとも価値があるのは、**主人公たちの息づかいを感じ、その「変革」「断行」**

の気迫を自らのものにすることではないでしょうか。自分自身を信じられずに、誰があなたを信じましょうか。

## プロフェッショナルの本質を探る――日産テストドライバー加藤博義

プロフェッショナルといえば、NHKの『プロフェッショナル 仕事の流儀』。すでに放送400回[24]を超えています。登場人物はいずれも斯界《しかい》の「超一流プロフェッショナル」です。

「ご神木」を切り倒す決断をする樹木医《じゅもくい》、あえて「絶対治す」と言い切る脳神経外科医、イタリアのピニンファリーナ社で多国籍のカーデザインチームを率いる日本人ディレクター。

各人の言葉は、選ばれ鍛え抜かれてきたものであり、ギリギリ極限の世界での緊張感が伝わる名番組です。100冊以上の本（含む電子書籍）にもなっています。

その中でも、2006年5月に放送された、第14回 日産自動車テストドライバー加藤博義《ひろよし》の回は秀逸《しゅういつ》でした。

24_2020年3月末時点では424回。

加藤は日産自動車のテストドライバー数十人のドン（当時）[25]です。その評価は「神の声」とまで言われるとか。

計器に出ない、測定し得ない微妙なズレや難点を、彼は自分の感覚でズバリ表現します。その感覚は研《と》ぎ澄まされ、速度計なしでもスピードを誤差時速１㎞以内で言い当てます。

その彼の基本スタンスは「**修羅場で笑えなきゃ、プロじゃない**」

彼は時速２００㎞の車を指先だけで運転したり、期限の迫った大問題に直面しても笑顔を見せたり、とにかく、極限的状況の中でもその余裕を失いません。

たとえそれがやせ我慢であったとしても、余裕を見せることで、自分も相手も何とかなる気がする、前進する気がする、と。

そんな彼の、部下育成方法は独特です。

ある日、開発中の車に装備するタイヤセットを決定するための評価を、若手２人に任せました。

３週間かけて２人は徹底的に走り込み、測定し、議論し、また走りました。期限ギリギリになってから加藤は現場に行き、黙って自ら試乗します。タイヤセット毎に１時間



25_2003年「現代の名工」、04年「黄綬褒章」を受賞。

"俺は教えない。教わろうっていう「クセ」が付いちゃうから。"

だけかけて。

その後、若手たちに彼らとしての結論を言わせます。「セットAが良いと思います」「理由としては……」

聞き終わって、彼は軽く、頷《うなず》きます。

「それでいいんじゃないか」

ある意味、徹底的な放任（もしくは放牧）スタイルです。加藤は言います。

「俺は教えない」

「教えちゃうと、教わろうっていう『クセ』が付いちゃうから」

受け身的に教わることに慣れてしまった人間は、決してトップには立てないのです。

どんな職業であれ、**トップに立つとは前人未踏《ぜんじんみとう》の世界に足を踏み込む者になるということです。**

そこで必要なのは「教わる力」ではなく「自ら学ぶ力」です。でも、そんな力をどうやって「教える」のか……。いや「教えずして導く」のか。

プロフェッショナルたちの声が、それに答えてくれるでしょう。

この後、歴史小説から2冊、プロフェッショナル本から4冊を紹介します。

⑩宮城谷昌光『華栄の丘』
⑪井沢元彦『義経はここにいる』
⑫小川三夫『棟梁』
⑬村上信夫『帝国ホテル厨房物語』
★⑭原田宗亮『新たな〝プロ〟の育て方』
⑮楠みちはる『湾岸ミッドナイト』

気になるものから、どうぞ。

# 名宰相が示す
# リーダーのあり方

## 10 ――『華栄の丘』

歴史小説

宮城谷昌光
文春文庫、2003年

### 苦言に耳を傾けられる「器」

古代中国を舞台とした小説で著名な宮城谷昌光《みやぎたにまさみつ》。彼の描く古代中国の英雄たちに多いのは、「王」ではなく「名宰相」（臣《しん》）たちです。

「重耳《ちょうじ》」（春秋時代の覇者、晋《しん》の英雄で死後 文公と呼ばれる）のような名君そのものも描かれますが、主人公のほとんどは、その補佐役たちなのです。

**管仲《かんちゅう》、晏子《あんし》、孟嘗君《もうしょうくん》といった名補佐役たちは**、一種「**超人的**」でもあります。時代や他人に流されぬ意志の強さを持ち、洞察力や判断力に優れます。主君や民《たみ》のため、また「天意」に従い、世に平安をもたらそうと命をかけて努力します。

ときには数十年、数代を経《へ》ながら、すべての呻吟艱苦《しんぎんかんく》を乗り越えていく姿は驚異というしかありません。

これらの本を読むと、主君を補佐する者の大変さや辛さ、そしてその才覚の偉大さ・重要さがよくわかります。

しかし、そこで本当に見えてくるものは「**リーダーのあり方**」ではないでしょうか。

その例を、戦国春秋時代の小国・宋の名宰相、華元《かげん》で見てみましょう。

**主君たる文公は、華元に何度も諫言《かんげん》**[26]を受けています。その最大のものは文公が公子時代、先代の王を打倒しようとして、華元に相談をしたときでした。

華元は淡々と言いました。

「正しい政治を実現したいのであれば手段を選ぶべきです。宋が公子を必要とするまで、耐えて、お待ちになるべきです」

それを聞いた文公は憤慨《ふんがい》します。すでに自分は10年以上待っている。これ以上耐えて待てとはどういうことだ、と。

26_ 目上の人の過失などを指摘して忠告することやその言葉。死をもっていさめることを諫死という。

“なんじを喪《うしな》わずにすんだ。

わしの運も弱くはない。”


しかし、あとで冷静になって思います。

確かに自分のしようとしていることは正統の王に叛旗《はんき》を翻《ひるがえ》す「叛逆《はんぎゃく》」だ。にもかかわらず、これまで自分が相談した他の諸侯は、誰も私を諫《いさ》めようとはしなかった。それはなぜなのか？

そして**文公は目を覚《さ》まします。**真に採るべき道、頼るべき臣、を理解したのでした。

つまり**文公は、自分（リーダー）をも育てる補佐役（つまり華元）を選ぶ目を持ち、**ときには批判や苦言とも聞こえる忠言に耳を傾けることができたのです。

ここで文公が悟《さと》ったことこそが、良きリーダーの欠くべからざる要件なのでしょう。

## 部下のやる気を引き出す「器」

名君たるもうひとつの要件は、**才能ある部下たちの力を引き出す「徳と度量」**です。

華元は大軍を任されたにもかかわらず、戦《いくさ》に大敗し敵国の捕虜《ほりょ》となります。その後帰国した彼は、文公に拝謁《はいえつ》し死を乞《こ》います。

「臣（華元のこと）の罪は万死《ばんし》にあたいします」

平伏《へいふく》する華元を前に、文公は爽やかに言い放ちます。

「なんじを喪《うしな》わずにすんだ。わしの運も弱くはない」

「（敗戦の）将軍が万死にあたいするなら、選んだわしも万死にあたいする。ともに死ぬのはもう少し先でも良いではないか」

この言葉を聞いた**華元は心を震わせます。命を捧《ささ》げるに足る君子だ**、と。

よく「良い人材は社内に多いが、それを活用し切れていない」という声を聞きます。そうであるなら、それはまさに、**経営者の「器」**の問題でしょう。

信と才ある者を抜擢《ばってき》し、それに耳を傾け、称賛しましょう。名君に飢えた彼・彼女らは、その全身全霊をかけて働くことでしょう。

これには古代も現代も、中国も日本もありません。

## 歴史には意味と人間の意思がある

### 11 ――『義経はここにいる』

歴史小説

井沢元彦
徳間文庫、2005年

#### 判官贔屓とは何か

古代史ミステリーでは、高橋克彦、井沢元彦を忘れてはいけません。特に、井沢元彦の小説は、ほとんど歴史論文です。

膨大な文献や史実による裏付けをもって、彼は新しい説を提示します。それをより多くの人に読んでもらうために、現代の殺人事件と組み合わせた「ミステリー」仕立ての本になっている。そんな風なのです。

この『義経はここにいる』も、**稀代の英雄「源《みなもとの》 義経《よしつね》がどこで死んだのか」**ということをテーマにした、歴史ミステリーです。

源義経の行く末《すえ》にはさまざまな説があります。奥州平泉《ひらいずみ》、高館《たかだち》で藤原泰衡《やすひら》に急襲され、弁慶《べんけい》などの家来たちと死んだ、という通説に対し、蝦夷《えぞ》へと渡ったという北行説《ほっこうせつ》、さらにはなんと樺太《からふと》、モンゴルへと渡り、成吉思汗《チンギス・ハーン》になったという説まであるのです。

井沢元彦がどう結論づけたのかは、読んでのお楽しみということにしますが、ここでは本書の中で書かれている「判官贔屓《ほうがんびいき》」について。

この「判官贔屓」という言葉は、そもそも源義経自身を語源としています。判官《はんがん》の位《くらい》を得ていた義経に対し「薄幸《はっこう》の九郎判官（源）義経に同情し愛惜《あいせき》する意から」来ている言葉なのです。しかし、ではなぜに日本人は「判官贔屓」なのでしょうか。そしてその判官義経に対して「義経不死説」がこうも根強いのでしょうか。

本の中で、主人公は言います。

「世の中すべてのことに理由はあるんだよ。判官贔屓という日本人独特の感情は何故生まれたのか、起源は何なのか、そして義経伝説とどういう関係にあるのか」

「敗者が出れば、怨念《おんねん》というものが発生する。怨念とは、天災、疫病《えきびょう》、飢饉《ききん》――すべての不幸の根源じゃないか」

ゆえに**日本人は「敗者」を出さないようにする。**それが判官贔屓だと。それが聖徳太子の十七条憲法第一条「和をもって尊しとなす」の本質なのだと。

## 北行伝説はなぜ生まれたのか

さらに主人公は問います。

「怨霊《おんりょう》が出現しないためには、どうすればいい」

答えは簡単でした。

「その人間は死ななかったと考えるんだ」

**「死ななければ怨霊にはならない、したがって祟《たた》りもない」**「もっとも安上りで確実な怨霊排除法じゃないか」

「義経不死説」が根強い理由が、ここにあります。

単なる歴史ロマンではありません。「北行伝説＝義経不死説」は、その時代に生きた人々の、積極的な不幸回避手段だったのです。

義経殿《どの》はここで死んではいないことにしよう、皆でそう信じ広めよう、生き延びたのであれば、我らが祟《たた》られる所以《ゆえん》はない……。

梅原猛も、言います。

「一つの寺は、ある意味をもってそこに存在している」「そして、その**意味を与えたのは、それを造った人間の意思である**」

歴史の足跡のすべてに、現代の身の回りの事象たちひとつひとつに、意味があるのです。それをつくり上げた人々の意思があります。

刮目《かつもく》してそれを見、感じましょう。

“怨霊《おんりょう》が出現しないためには、
どうすればいい？
その人間は死ななかったと
考えるんだ。”

# 未踏の建築に挑む宮大工の育て方

12 プロフェッショナル

## ――『棟梁　技を伝え、人を育てる』

小川三夫（著）、塩野米松（聞き書き）
文春文庫、2011年

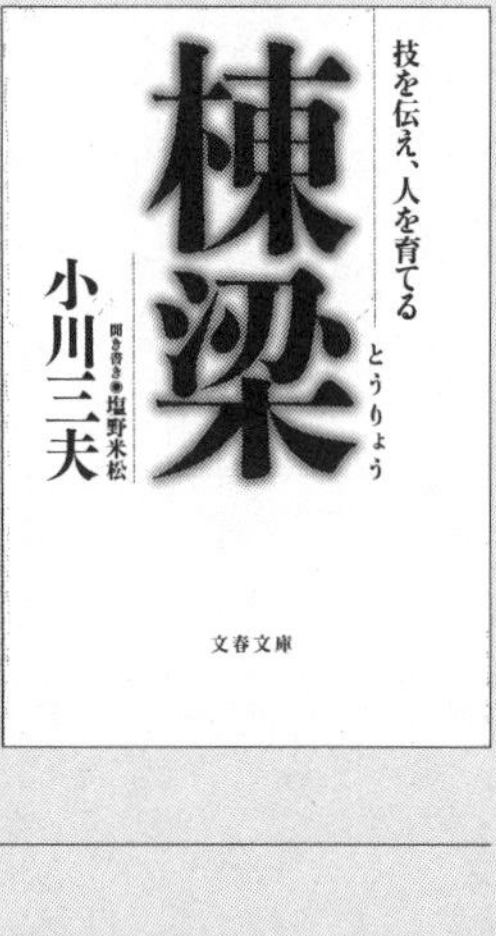


### 寺社仏閣とは究極の創造物である

寺社仏閣《じしゃぶっかく》というと、どんなイメージがあるでしょうか。

奈良なら法隆寺、薬師寺、唐招提寺《とうしょうだいじ》に東大寺の大伽藍《がらん》。京都なら西本願寺に東本願寺、東寺《とうじ》の五重塔に三十三間堂《さんじゅうさんげんどう》、下鴨《しもがも》神社、上賀茂《かみがも》神社。他にも伊勢神宮や出雲大社《いずもたいしゃ》などなど。

歴史ある寺社建築は日本中にあり、いずれも伝統の美に溢れています。

それらを造り上げてきたのが、宮大工と呼ばれる人たちです。彼らはその技を、どう伝承し、どういう人材育成をしてきたのでしょうか。

『棟梁《とうりょう》』を読むと、そんな人材育成のヒミツが見えてきます。

答えを先に、言いましょう。それは、

「親方に授《さず》けられるべからず」

でした。つまり、**先輩や上司に教わろうなどと思うな**、自ら学び自ら創意工夫せよ、ということなのです。


なぜ1400年も続くような世界で、各自努力せよ、などというある意味とても非効率なヒトの育て方をするのでしょう。

鵤工舎《いかるがこうしゃ》を創設した小川三夫棟梁は言います。

「教えたら30分ですむんやが、考えさせたら一日かかる」

それでも、そうでなくてはいけないのです。だからそうしているのです。

**寺社建築**のことを、伝統、と言いましたが、それは決して「同じことを繰り返す」ことではありません。大きければ大きいほど、それらは唯一無二のものであり、同じものはこの世にひとつとしてありません。

しかも、用いられる資材（主に木材）は、大変貴重[27]なもので、失敗すれば取り返しがつきません。

カタチを決め、建て方を決め、資材を調達し加工して、組み上げる。その全てが毎回違う、**完全テーラーメイドの独創性溢《あふ》れる世界**なのです。

だからこそ、未知のものに対して自分で考え、自分で決める、**強く自由な心**が必要です。

そしてそれは、**先人から「教わる」ことでは決して生まれ得ない**のです。

## 親方からもらったのはカンナ屑だけ

小川棟梁は、「最後の宮大工」と呼ばれた西岡常一《つねかず》棟梁の、唯一の内弟子《うち》でした。小川青年が無理やり頼み込んで、3年待った末に弟子にしてもらいました。

内弟子ということは住み込みです。

でも西岡棟梁は「これから1年間は、本もテレビ・ラジオも新聞も禁止。ただ**刃物研《と》ぎだけ**をしなさい」というだけで、他の大工仕事をさせてくれないばかりか、その刃物

27_薬師寺の再建に使われたのは樹齢1000年超の台湾ヒノキであったが、現在は伐採や輸出が禁止され入手不可能。

研ぎのことすら何も教えてはくれません。

でも仕方がないので彼は毎日、納戸《なんど》で刃物研ぎを続けました。

3ヶ月後、納戸に西岡棟梁がやってきて「カンナ屑《くず》とはこういうもんや」と、一枚のカンナ屑をくれました。

真綿《まわた》を薄く拡げたように向こうが透けて見える、それは見事なものでした……。でもカンナのかけ方は教えてくれません。

“ここまででいい
というのは
俺たちにはないんだ。”

小川棟梁はそれから20年間、西岡棟梁の元にいましたが、何かを教わるとか、**手本を見せてもらうとかしたのは、ただその1回だけ**だったそうです。

西岡棟梁が図面を引き、そしてそれを渡され、資材と現場が用意されます。あとは若手たちにお任せです。たまに現場にも来ますが、やるのは大工同士のケンカの仲裁《ちゅうさい》くらい。

その仲裁も、ケンカの脇でカンナを一発かける[28]こと。

宙を天女《てんにょ》の羽衣《はごろも》のような芸術的なカンナ屑が舞い、それに大工みなが見ほれて……ケンカは終了です。


28_薄く美しいカンナ屑は単なるデモンストレーションではない。木材の細胞がつぶれずに削られるので、水を弾き、長持ちする部材に仕上がる。

彼は一言も発しませんが、おそらくは「半人前の小僧ども、仕事しろ！」というメッセージだったのでしょう（笑）

## ものづくりは執念。それを引き出すために任せてガマンする

小川三夫棟梁は、西岡棟梁のもとを離れて鵤工舎を創りました。このままでは宮大工が滅ぶとの強い危機感があったからです。

宮大工は本来「寺付き」なので、自然と古いお寺の修復が中心となり、仕事場の広がりも限られます。個人でやっているので、人材育成といっても弟子を何人かとれば終わりです。しかも「寺付き」では、新築がなくて修理ばっかりだから全然、儲からない・食えない……。

それでは、ダメだ。新しい仕事に取り組み、多くの若者を一人前の宮大工に育てる、食える組織をつくらねば。

彼が立ち上げた鵤工舎に、今では毎年２００人以上が入りたいと応募してくるそうです。でも採用されるのは、たった数名です。

- 大卒より中卒：素直に体で覚えるし迷いが少ないから
- 器用な子より不器用な子：ひとつのことを繰り返し頑張るから
- そして何より自身のやる気

最初の1年ほど、新人がやることは4つだけです。

現場での**炊事**や**掃除**と材木運搬などの**手伝い**、そして**刃物研ぎ**。一緒に寝起きをして、あとは勝手に学ばせる徒弟《とてい》制度は、ここでも変わりません。

そしてそれは、宮大工にもっとも大切な「**執念**」を生むためでもある、と小川棟梁は言います。

「**ここまででいいというのは俺たちにはないんだ**」「できる最高のことをする、それが基本」「技術や技能、道具に囚《とら》われたら大きなものはできない」「俺たちは、与えられた線を出すためには、道具を作ることからやる」「ここまででいいやという人と、ここから先をどうしようかという人で、大きな差が出る」「だからいつも試練や、そういう状況を与える」

## 最初から取り返しのつかないような大きな部材を任せる

新人であれば、毎日毎日、掃除、炊事に刃物研ぎです。そのうちどうしても部材を削ってみたくなります。

親方のやることはそのタイミングを見計らって、木材を与えることです。ただし、とても大事な大きな部材を削らせます。失敗したら取り返しがつかないようなものを。それこそが試練だから。

一人前の大工であれば、そのうち現場を仕切ってみたくなります。

小川棟梁はタイミングを見てある日、現場と図面をその大工に与えます。そして後は全部任せます。まだ少し足りない、と思っても。それこそが試練だから。

**「やりたい、やりたいって思うまで我慢させなくちゃな。弟子と俺との我慢くらべみたいなもんだ」**

「それでそろそろいいだろうってときに、バーンと仕事をやらせる」「大きな部材に取りかからせるんだ。弟子のほうは喜ぶが不安でもあるわな」

「そのかわりできたら、実力がつくぜ。自信ができるんだ」

「もちろん失敗するやつもいる。それはしかたがないわ。それでもやらせるしかないんだ」

**親方のやることはつまり、任せるタイミングを見極めることと、大きく任せたら責任だけとってガマンすること、**だけなのです。

これが究極の建築に挑む者をつくり上げる、究極の人材育成法といえるでしょう。

## 西岡常一「親方に授けられるべからず」

西岡棟梁が晩年、鵤工舎の若手宮大工たちに贈った言葉を、改めて紹介しましょう。

鵤工舎の若者につぐ。
親方に授《さず》けられるべからず。
一意専心 親方を乗りこす工夫を切磋琢磨《せっさたくま》すべし。
これ匠道《たくみどう》文化の心髄《しんずい》なり。
心して悟《さと》るべし。

私はこの言葉が好きで、経営コンサルタント時代、ときどき組織のみんなに紹介していました。

あるとき、若手の自主勉強会に呼ばれました。何か話せというので、いろいろ話した後、これを2回、読み上げました。私たちも唯一無二のものをつくっている。宮大工たちと同じだよ、という気持ちを込めて。

終了後、その勉強会に参加していた若手コンサルタントが、私の所に来て言いました。「わかりました。もう一晩、考えてきます……」

彼はそのとき、同じプロジェクトにいたのですが、どうも自分の担当部分について私に相談するつもりだった様子。

うん、そうして。骨は、拾うからね。

私はただ、彼に笑顔を返しました。

## ムッシュは日本の料理界をどう変えたのか

13 ——『帝国ホテル厨房物語』

プロフェッショナル

村上信夫
日経ビジネス人文庫、2004年

### 村上信夫シェフが壊した4つの常識

2005年8月の早朝、元 帝国ホテル 専務取締役総料理長の村上信夫シェフが亡くなりました。享年《きょうねん》84。

鉄人とか巨匠などという程度の言葉で、彼の人生や貢献を表すことはできません。彼は一料理人ではなく、伝統的なフランス料理界の**掟をいくつも破壊し、常識をつくり替えた革命家**だったのです。同時にホテル事業に求められていたものを察知し対応した、稀代《きたい》のビジネスパーソンでもありました。

13代目総料理長で東京五輪選手村の食事責任者でもある田中健一郎シェフを始めとして、多くの弟子を育て上げた彼は、斯界《しかい》のまさに巨星でした。

スタートは、順調ではありませんでした。裕福な家に生まれながら小学5年生で両親を喪《うしな》い、小学校卒業を待たずに軽食喫茶店で働き始めます。18歳で帝国ホテルに見習いとしてもぐり込みますが、21歳で出征《しゅっせい》した太平洋戦争（第二次世界大戦）では、終戦後も2年余りシベリアに抑留《よくりゅう》されました。

そんな彼はしかし、あくまで前向き。33歳のある日、大きなチャンスが訪れます。帝国ホテルの社長に呼び出され「君、フランスに行かないか」と切り出されたのです。**彼は即答しました。**「行かせていただきます」

驚いたのは社長でした。実はその前に呼ばれた別の「有望な若手」7人はいずれも「家族と相談させて」などと返答したために社長の逆鱗《げきりん》に触れていたのです。

社長の「奥さんは？」という問いにも、彼は「説得します」と言い切りました。「腕はまだまだだが、頑丈《がんじょう》だから」と、8人目の候補として推薦された村上シェフ。すぐに、ベルギーの日本大使館へと送り出され、その後、フランス料理の最高峰「ホテル・リッツ」での修業という切符を摑みとりました。

29_1日4.5万食を提供。村上シェフが、責任者を務めた1964年大会の富士食堂では1日6000食だった。

帰国後、彼は37歳で帝国ホテル新館の料理長に大抜擢されます。

そして革命が始まりました。彼は４つの改革を断行します。

①**料理そのもの**：コスモポリタン・スタイル（一皿に魚と肉が同居）、定食スタイル（セットメニューはそれまでなかった）、バイキングスタイル[30]の導入

②**料理方法**：冷凍食材の積極導入、サプライセンター方式の導入（事前に１ヶ所で効率よくつくる）、大型自動ロースターの導入（何十人分を１回で焼く）

③**指導姿勢**：「私的制裁《げんこつ》」の禁止、怒鳴らない

④**教育方法**：レシピの公開・共用化

中でも、②と④は衝撃的でした。

「冷凍食材を使う」「レシピを公開する」は、伝統的世界で育った高級ホテルの料理人たちにはまったくもって受け入れがたいことだったのです。

これらを、村上シェフは、「東京オリンピック」という国家的事業に乗じて、大きく推し進めました。

30_元は北欧のスモーガスボードスタイルから。バイキングという名称は社内公募によるものだが、隣の日比谷映画劇場で上映していた『バイキング』（主演 カーク・ダグラス）が印象的だったから。

## 大量調理時代の実験場「東京オリンピック」

94ヶ国から選手・関係者1万人が集《つど》った1964年の東京オリンピックでは、3つの食堂（桜、女子、富士）とひとつのサプライセンターが設けられました。村上シェフは日本、アジア、中東の選手団向けの「富士食堂」の料理長を任せられました。

そこでの大問題が「多種大量調理の対応」「コックの促成《そくせい》栽培」でした。全国から300人の料理人が臨時に集められましたが、いずれも我流の職人たちです。これを短期に、一流の腕に上げ、数百種類のメニューを毎食1万人分も提供しなくてはなりません。

量と質、その両立のためには冷凍食材による事前準備が不可欠。それが村上シェフの出した結論でした。

それでも「冷凍食材」の大規模導入を渋る周囲の人々を、彼は大胆な一手で黙らせます。メニューをお披露目する**大試食会で、同じ料理を、冷凍食材と生鮮素材でつくって、その2種類を黙って置いて**おいたのです。

超一流の料理人が苦心して開発・調理したものを、食通とはいえ素人[31]が見抜けるわけがありません。「どちらも区別付かず美味しかった」と、皆、納得せざるを得ませんで

31_ 当時のオリンピック担当大臣が佐藤栄作。

した。**ほとんどだまし討ちです**（笑）

自分の経験だけで判断する**うるさい上役たちを黙らせるには、これくらいの荒技《あらわざ》と覚悟が必要**かもしれません。

「レシピの公開・共有」も、一気に進めました。調理手順の統一とマニュアル化も実施し、以降の大量準備・大量調理の礎《いしずえ》となりました。

このレシピは全国から集まった300人の料理人の手に残り、その後、日本全体の料理レベル向上に資することとなりました。

それだけでなく、彼が導入したこれらの「手法」は、名門ホテルに求められていた「宴会の大型化」「ホテルの大衆化」への対応策という意味でも、不可欠のものでした。五輪直後、帝国ホテルをはじめとした大手ホテルは、揃《そろ》って大型冷凍庫を備え付け、料理手順を変えることになりました。

“行かせていただきます。妻は説得します。”

個人技と個人的努力に頼っていたプロの厨房の世界を、一気に近代化する村上シェフ流の荒療治でした。

## 村上シェフを常識破壊へと駆り立てた「若さ」と「経験の幅」

彼の後進へのアドバイスは「欲を持て」と「急ぐな」でした。歴史的背景も含めて、料理を幅広く勉強し続けよ、しかし、流行だけを追わず基礎こそを大事にせよ、ということです。

また、彼の本当に楽しそうな話し方や身振り手振りは、何よりも彼の料理への深い愛情と無限の興味を、人に伝えていました。

「料理はとっても楽しいものだ。料理人でいられて本当に幸せだ」と。

ただ、ここでは彼の「常識破壊者」「新常識創造者」としての側面に注目しましょう。

彼は幾多の陋習《ろうしゅう》を取り除き、新しい常識を創り上げていきました。

なぜ、それが彼に（のみ）可能だったのでしょう。

ひとつは「若さ」です。大抜擢[32]の連続が彼に背伸びをさせました。

● 37歳で帝国ホテル新館の料理長。80人のスタッフのうち20人は先輩料理人

32　彼自身も、当時見習いに過ぎなかった三國清三シェフを、大抜擢してスイスの日本大使館の料理長に推薦した。

- 42歳で東京オリンピックのメイン食堂を任される。これも最年少
- 48歳で帝国ホテルの11代目 総料理長に、翌年には帝国ホテルで2人目となる料理人からの役員登用

これらが彼をして、新しいものにチャレンジさせる気概と環境（必要性）をつくったのでしょう。変革を期待されているのは明らかですし、**ダメならやり直せばいいのです。**若いのですから。

もうひとつは、彼の「**経験の幅**」です。

シベリア抑留時には、その極限的寒さの中で「冷凍食品」の価値や意味を見いだしていましたし、東京オリンピックのときにはその前のローマオリンピックへの偵察部隊に選ばれ、そこで大量準備・大量料理の技を目の当たりにしています。

テレビというおよそ超高級レストランとはかけ離れた世界に曝《さら》されたのも、彼の考えや「料理観」を大きく変えるきっかけとなりました。9年間出演したＮＨＫの『きょうの料理』での経験から、彼は3つのことを得たと言います。

●家庭料理の大切さ
●テレビ時代の到来
●料理法を人に伝える極意

彼を「料理人」から「取締役総料理長」へ変えたのは、こういった経験の（非常に大きな）幅、だったのです。

革命を起こすには、若さとともに、大きな幅の経験が必須なのです。幅広い読書も、きっとその一助となるでしょう。

## 修業10年なんて もう古い

★ 14 ――『新たな"プロ"の育て方』

プロフェッショナル

原田宗亮
クロスメディア・マーケティング、2017年

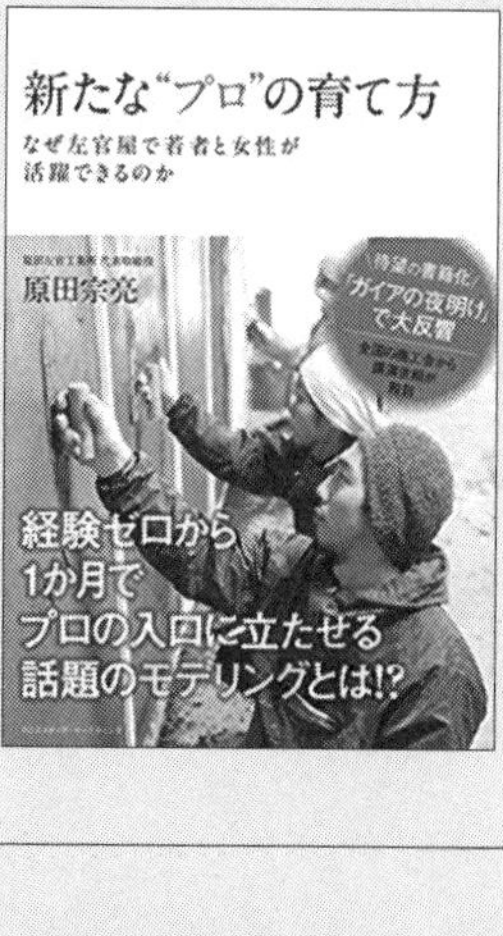
新たな"プロ"の育て方
なぜ左官屋で若者と女性が活躍できるのか
原田宗亮
「ガイアの夜明け」で大反響
経験ゼロから
1か月で
プロの入口に立たせる
話題のモデリングとは!?

### 職人の人材育成方法が変わってきている

教わるのではなく見て覚える、技は先輩から盗む、すべてOJT、一人前になるまでは最低10年。そんな「職人の人材育成」の世界が大きく変わってきています。

中野表具《ひょうぐ》は山口県下関市の表具（襖《ふすま》・障子《しょうじ》・クロスなど）店です。手漉き和紙や自然素材を活かした高級品を中心に、建物内装を手がけます。

表具師もやはり「修業10年」の世界。でも3代目店主の中野泰仁さんが、2013年から「30日間講習」を始めました。30日間で見習い10年分の知識と作業経験を積み、開

業レベルまで一気に引き上げます。

なぜそれが可能なのでしょうか？

中野さんは言います。「しっかりとした技術を持った職人を育成しなければ、この業界に未来はない」「見て覚えろは、結局、自分が苦労して得たものを簡単には教えたくないというだけ」「それを惜しまなければ、短期習得は可能」

## 「真似」と「面白さ」で若者を引っ張る原田左官工業所

いま日本の職人の世界で、こういった例が次々生まれています。需要はあるのに若い職人が育たない、職人がすでに高齢化してこのままでは滅びる、そういった危機感からのことでしょう。

原田左官工業所（東京）では、3代目社長の原田宗亮《むねあき》さんが左官職人の育成法をその独自のビジネス戦略と組み合わせ、体系化、深化させています。

若手育成は8社共同での新人育成場所である東京左官育成所での1ヶ月間トレーニングから始まります。いきなり鏝《コテ》を持たせての壁塗りからスタートです。

「左官には材料の配合や養生《ようじょう》などいろいろな作業があるが、やはり塗ることが醍醐味《だいごみ》」

「その面白さを先に教えるから定着する」「それに、いまの若者たちは教育慣れしているので教わったことはしっかりやる」（原田社長）

若者たちは超一流職人の壁塗り動画を見てその動きを記憶し、同じ塗り方にトライします。当然うまくいきませんが、撮影された自分の塗り姿とその場で見比べ、徹底的に真似を試みます。それによって、従来半年かかっていたスキルの習得が１ヶ月でできるようになりました。

現場でのＯＪＴでなく練習場での訓練ですから、どんどん失敗できます。そしてどこが悪かったか、手本（モデル）と見比べることで差が直感的にわかります。こういったモデリング手法は、ただのマニュアルやノウハウの詰め込みとはまったく異なります。「真似する能力を高める」訓練でもあるのです。だから応用が利きます。

“左官屋は、
昔は100人入って残るの１人。
今は10人入って辞めるの１人。”

## 戦略から変えないと人材育成は変えられない

原田左官のこの若者の短期育成手法は、必然でもありました。

● 今どき「見習い期間（4〜5年）は下働のみ、コテ持てない」ではみんなすぐ辞めてしまう
● そもそも材料のプレミックス化や軽量化で下働きが不要になった
● このままでは高齢化したベテラン[33]からの技の伝承も出来ない

同時にそれは原田左官独自のビジネス戦略に合致するものでもありました。

左官作業でも、大規模な仕事や簡単な仕事は、ロボットによる自動化や低価格化が進みます。そこで原田左官は、店舗内装分野への集中を図りました。チェーン店はともかく、ほとんどの店舗はその内装で自分たちのオリジナリティを競います。一品一様ですべてオーダーメイドです。デザイン性や提案力を求められ、若手や女性のセンスも活きてきます。

職人に憧れる若者たちから見ても、原田左官はそのニーズを満たす職場でした。**早く一人前になれ現場に出て左官仕事ができる、AIやロボットに置き換えられない技と職が得られる**、などなど。

原田左官での若手離職率は10分の1となり、現在50名の社員のうち40名余が左官職人、そのうち約10名が女性です。

33_ 左官職人は最盛期 30 万人が 2020 年は約 5 万人。その6割は 60 歳以上。

# 公道時速300㎞の人生哲学

## 15 ——『湾岸ミッドナイト』

プロフェッショナル・マンガ

楠みちはる
講談社、1993~2012年

### 「反応」「反射」「音速」「光速」で駆け抜けろ

自らの人生観を左右するほどの「言葉」に出会うことは、そう多くはありません。しかし、これまでに紹介した『幼年期の終り』や『上弦の月を喰べる獅子』には、そういう言葉やメッセージがいくつもありました。

『湾岸ミッドナイト』(全42巻)も、そういった稀少な本のひとつです(私にとっては)。

もともと自らのスポーツ性向を鑑みるに、**静かな暴走系**といえます。スキーなら、コブ斜面をモーグル流に駆け抜けるのではなく、フラットな急斜面を限界スピードの高速ターン3本で滑り降りるタイプ。かつ、その途中に多少のコブがあれば躊躇《ちゅうちょ》なくそれを使ってジャンプします。滑空距離15m以上。爽快《そうかい》です。

もちろん自分と他者の安全を確保するために、滑っている最中も、スピードという熱情の中で極めて高速な情報処理と冷静な判断をし続けています。

時速数十㎞で迫る斜面のうねりのひとつひとつ、視界の中の数十人のスキーヤー・ボーダーの運動方向・スピードとその軌跡の予測、耳を切る風の中に混じるさまざまな音、特に近づきつつある者の滑走音や悲鳴。

それらすべてを見・聞き・考えつつ、心はスピードの恐怖と緊張に浸っています。暴れるスキー板を押さえて力ずくで曲がっていくことも快感なら、押さえ切れぬものを瞬時に解放して、逆のターンに切り替えていくことも快感です。

そこに打算はありません。**反射と感性だけが存在**します。

松本大洋の『ピンポン』[34]でいえば、「反応」「反射」「音速」「光速」です。

**主観と客観、アクセルとブレーキの二重性**にこそ「力」が宿ります。

34_ 窪塚洋介主演で映画化もされた。バックに流れるスーパーカーの「Free Your Soul」が絶品。

## あなたは「オレは幸せだ！」と言い切れるか？

『湾岸ミッドナイト』は、主に首都圏の湾岸高速道路と首都高速道路を時速300㎞超で走る者たちの物語です。

「悪魔のZ」と呼ばれる初代フェアレディZ（の改造車）を駆る、主人公アキオを中心に、さまざまな人生と車たちが交錯していきます。

ライバル役の湾岸の帝王ブラックバード（ポルシェ911、黒色）は現役の大学病院医師。主人公を見守るレイナ（スカイラインGT－R32型、600馬力）は、19歳の超人気モデル、等々。

みんなわかっています。公道時速300㎞、それがいかに**愚かな行為**かということを。

この本では乗り手以上につくり手、つまりチューナーたちが大きな役割を果たしています。

ボディワーク（車体の改造）の天才高木。燃調セットアップの鬼富永。そして、11年前、自ら悪魔のZをつくり上げた地獄のチューナー北見淳《じゅん》。

彼は1000基以上の高性能改造エンジンを組み上げ、その力を操《あやつ》り切れなかった数十人もの人生を狂わせてきました。

Zや911を追う時速250㎞の車中、レイナに自分の若さを自慢され、彼は答えます。

「うらやましい……?」「ぜんぜん」「だってオレにも19の時はあったんだぜ」「それもとびきりの19が……」

「21年前、19の時にオレはあのZにあったのョ」

「オレはいっぱつで魅せられた」

「19の時も そして40になった今でも、オレはずっととびきりの時を過ごしている」

「工場はつぶしたし……家族も去っていった」

「でもオレが一番幸せだッ」「19の時からずうっと」

「オレはスピードにとりつかれている」

「これ以上の 幸せが どこにあるッ」

これほどの言葉を、言い切れるのか。その強さこそが自らの人生の価値を決めるのでしょう。

## 誰にわかって欲しいのか、それがダイジ

主人公アキオと、Zのセッティング面で関わっていく富永が言います。

「人ってホラ ただ 生きているだけじゃ ツライだろ」

「意味と ゆーか……そーゆうの」「それぞれ 求めるモノ あるだろ 人って」

「で オレは 何かなって 考えたとき――」

「わかって ほしいって コトかな……と」

「チューニングという 行為を介して」「オレという人間を わかってほしい――と」

「それも」「ただ **誰でもって ワケじゃない**」

「誰に わかって ほしいのか」「それが 大事だと この年でやっと 気づいたんだ」


商売上手な外車修理工場社長として、久しく現場から離れていた高木。

事故でボロボロになったZのボディワークを、北見が彼に命じます。

「330㎞／hに耐えるボディにしろ」

10年ぶりにZを目の前にし、高木は心の中でアキオに問いかけます。

「……アキオ」「……選ばれし者よ」

「与えてくれ」「オレに 勇気を」「オレは 今でも やれる……と」

「勇気を 与えてくれ」

1ヶ月間、不眠不休のボディワーク仕事をやり遂げ、過労で入院した高木をアキオがZで見舞います。そのとき、高木は叫ぶのです。

「アキオ……」「オレは よくやったか?」

「オレの 作った ボディは」「お前が 命をのせて 走れるか?」

「アキオッ オレは オレは」「本当によくやったか!」

マズローの欲求5段階説[35]的にいえばこれらは4段階目である「尊敬欲求（esteem needs：他人からの尊敬や責任ある地位を希求したり、自律的な思考や行動の機会を希求したりする）」となるのでしょう。

いや、少し違います。富永の望みは決して5段階目の「自己実現欲求（self-actualization needs）」の手前のものではありません。その先にあるものなのです。

チューナーにとって自己実現、つまり「独自の能力の利用および自己の潜在能力の実現を希求」することは当然の行為です。しかし、それは独善でもあります。一方、尊敬欲求には主体性が十分ではありません。ではこれは何なのでしょう。

これこそ「士は己を知る者のために死す」（↓370頁）なのでしょう。

35_アブラハム・マズローはユダヤ系ロシア人の貧困家庭の長男としてニューヨーク・ブルックリンで生まれ育った。現在ではポジティブ心理学など、より多様なモチベーション理論が生まれている。

富永や高木の言葉にあるように、自らの認める（超一流の）乗り手に、自らも超一流と認められてこその、自分。そして、それがすべて。

人生の価値観を決めるような一言でした。

“誰にわかって
ほしいのか。
それが大事だと
やっと気づいた。”

## 「いつかまた」はない。迷っている時間もない

北見たちは古い知り合いであるシゲを訪ねて大阪まで走ります。ブラックバードを呼び出して「西へ走ってくれ」で大阪まで（笑）

そこで出会ったランエボ（三菱ランサー エボリューション）を駆る大阪の走り屋 神谷との出会いと別れ。

「こっちからも いつか いくし」

との神谷の言葉に対して、北見は言い放ちます。

「ムリだな おそらく……」「シゲの時でも 10年以上会わなかった」「あいつが東京から 大阪に帰る時 またいつか会おう そう言ったのにナ」「**いつかは**」「**あんがいと こないんだよナ**」

「東京―大阪 距離にして500㎞ トバせば4時間」「だが距離や時

間じゃないんだよナ」

そう、距離でも時間でもない。気持ちの、そして行動の問題なのです。

**本当にまた会いたいと思っているなら、その場で動きましょう。**次に会う時間を場所を今、決めましょう。

自分から一歩、動くことが「いつか」の再会を現実のものとし、人と人とをつなぎ合わせるのです。

神谷は若い義母[36]に頼みます。3ヶ月間だけ、自分なしで会社を回して欲しいと。

「ずっと東京行きたかったわ 行って勝負したかったんや」「……でも行けんかった」「なんやかんや言《ゆ》ーても こっちが 居心地ようて……」「行かんかったんや 結局」「今さらプロの車屋になろうとは 思うてへん」「ゆーなら ダメをもらう気持ちや」「お前は ダメやと」「はっきり もらってくるわ」「東京で――」

北見の言葉に、神谷は動きました。

最後に三度《みたび》、レイナに対しての北見の言葉です。彼の父は61歳で亡くなっています。

「オレの人生も61までだと思っている」「あと21年……19のお前が オレの歳に なるまで

36_ 実父の再婚相手。しかし父は離婚して会社と借金を残したまま家を出た。

だ」

「オレが初めて あのZに会ったのも 19の時だった」

「もう一度 あの時まで 折り返せば それで終わりだ」

「21年……」「長くて そして短い 迷っている 時間はない」

そう、時間は、ないのです。

## どんなプロフェッショナルを目指すのか

対象が非合法な行為（公道時速３００㎞）だというところは置いておいて、この『湾岸ミッドナイト』で語られているのは明らかに、プロフェッショナルのあり方であり、その価値観です。

これは「自らに自らを問うための学び」ともいえるでしょう。

**自分は何のために生きているのか**、何のために仕事をし、何を得たいと思っているのか。私にとってそれは、「自分が素晴らしいと認める・尊敬する人に」「認めてもらいたい」という欲求なのでしょう。それを自覚したとき、自ずとどういう仕事をするのかは定まってきます。

プロである限り、受けた仕事は完遂《かんすい》しますし、相手にその期待以上の成果をもたらすことは当然です。しかしそれは「お金になるならなんでも引き受ける」とは違います。

「社会を変えたい」「政治を変えたい」「今の安心や環境を守りたい」「子どもたちを健康に育て上げたい」、人によって、自分の人生を賭けたいものや相手は違うでしょう。

私の周りを見渡しても、本当にさまざまです。

ただその中でも、合法的に、かつ迅速に、ヒトや社会を良くしたいと思うのであれば、経営コンサルティングという仕事は、良い場でした。

多くの人は企業や組織に属し、そこで多くの時間を費やしています。それを有意義なものに変えていく仕事でもありました。

しかも、クライアントは常に「最速で」を望んでいましたし（笑）

みなさんは、どんなプロフェッショナルを目指しますか？

# 終章

# 知と行のサイクル

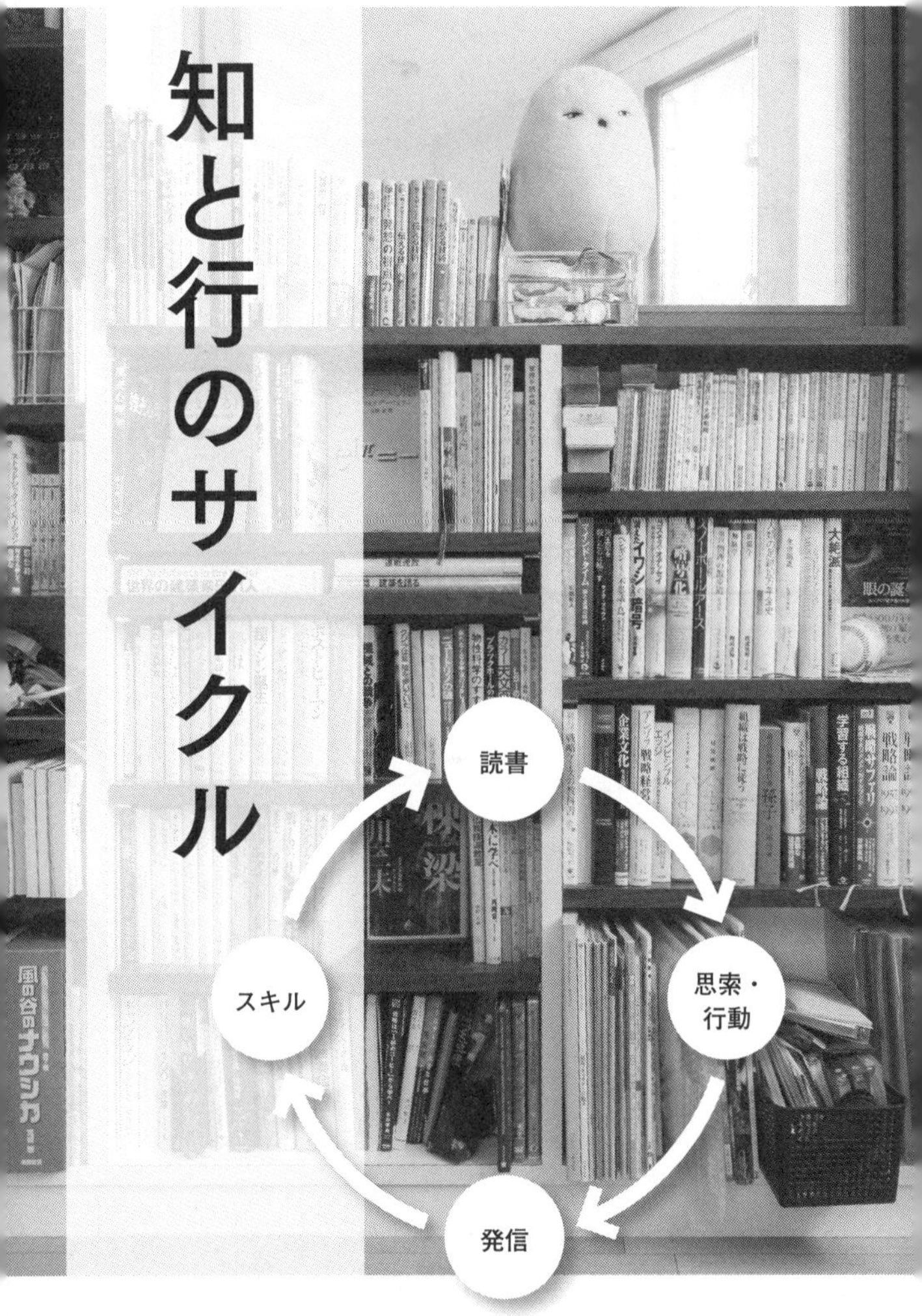

## 読書から思索・行動へ

### 百聞は一見にしかず、学而不思則罔、というが……

百聞《ひゃくぶん》は一見《いっけん》にしかず（百聞不如一見）、はよく耳にする言葉です。前漢の名将　趙充国《ちょうじゅうこく》の言葉です。[1]

既に引退していた彼は王に対し、「ここ本陣から戦いの前線は遠いので、戦略を立てにくい。私自身が馬で前線に行き、戦略を立てましょう」というのです。

なんという行動力。

後世につくられた続きがあります。

**●百聞不如一見　百見不如一考　百考不如一行**

1_『漢書・趙充国伝』より。趙充国はもともと騎士だったが、戦いの中で出世し将軍となった。紀元前52年、86歳で没。

この3句は、聞く、見る、考える、行う、を比較して、「ものごとの真の理解のためには、100回聞くより1回直接見ることだ。でも100回見たって、ちゃんと自分で考えないと真の理解には達しない。そしてさらに、100回考えるより1回自分自身でやってみることの方が、真の理解のためにははるかに近道である」ということを語っています。

この3句をかけ算すると……**100万回聞いたって1回の試行錯誤に及ばない**、ということでしょうか。

似たものに『論語』、つまり孔子[2]の言葉で、

**●学而不思則罔思而不学則殆**（学びて思わざれば則《すなわ》ち罔《くら》し、思いて学ばざれば則ち殆《あやう》し）

があります。ここでは、学びと思索（考える）を組み合わせて、「**他者から学んでもそれについて自分なりに考えなくては身につかない**し、自分で考えるばかりで他者から学ぼうとしないなら考えが偏って危険である」と言っています。

これらの「百聞」や「学ぶ」には、「聞く」「教わる」だけではなく「読む」ことも入って

2_中国 春秋戦国時代の哲学者。儒教の祖であり3000人の弟子がいた。紀元前479年、74歳で没。

います。読んだだけじゃ、ダメなのです。そこから自ら考え、行動につなげていくことがなくては。それは、何をどう考えることなのでしょうか？　そこにどんな行動をつなげることなのでしょうか？

## データを価値ある情報に変えるための視点と考え方

第3章で見たように、同じ情報を得ても、そこから読み取れること（読め方）は何倍も違います。

「対比」「反常識」「数字」「一段深く」「抽象化」の5つの視点によって、同じ記事（データ）からでも多くのインフォメーション、インサイトが得られました。それらを組み合わせれば、新しいコンセプトにまでなっていきます（↓212頁）。

また、第1章の「ビジネス系」セグメントの本の選び方では、分厚い少数の基礎本を、しっかり時間をかけて読み込もうといいました（↓58頁）。

知識だけではなく基本的な考え方（思考法）を与えてくれるからです。マーケティングとはどう考えることか、経営戦略とはどんなプロセスで考えていくことか。

それに沿って情報を取り込むことで、自然と考えが進みます。

知識と違って、思考法は簡単には身につかないのでいくつもは要りません。でも、もし新しい思考法を得たくなったら、ビジネス書に頼らず、「非ビジネス」セグメントとして「リベラルアーツ」の本は絶好です（→106頁）。

哲学や美学、論理学の本たちが、読み手に新しい思考法を与えてくれます。気に入った本やそこでの論を、じっくり読み込みましょう。

## 思考とは「拡げる」ことと「絞る」こと

世の中には多くの思考法が溢れていますが、やることは結局、「拡げる」ことと「絞る」ことの2種類に過ぎません。

そしてそこで、ジャンプがしたいなら「**発想思考**」を用い、確実に決めたいなら「**論理思考**」を使いましょう（『**超図解 全思考法カタログ**』参照）。

考えを拡げるためには、

『超図解
全思考法カタログ』

三谷宏治
ディスカヴァー・トゥエンティワン
2013年

発想思考　オズボーン[3]が開発した「ブレインストーミング」や「オズボーンの73質問」（次頁参照）、ゴードンとプリンスによる「類比法」など

論理思考　「ロジックツリー」「アンゾフ・マトリクス」など

考えを絞るためには、

発想思考　「KJ法」「直感投票法」など

論理思考　「演繹法」「トレードオフ・マトリクス」「重要思考」など

が有用でしょう。

## 20の思考法

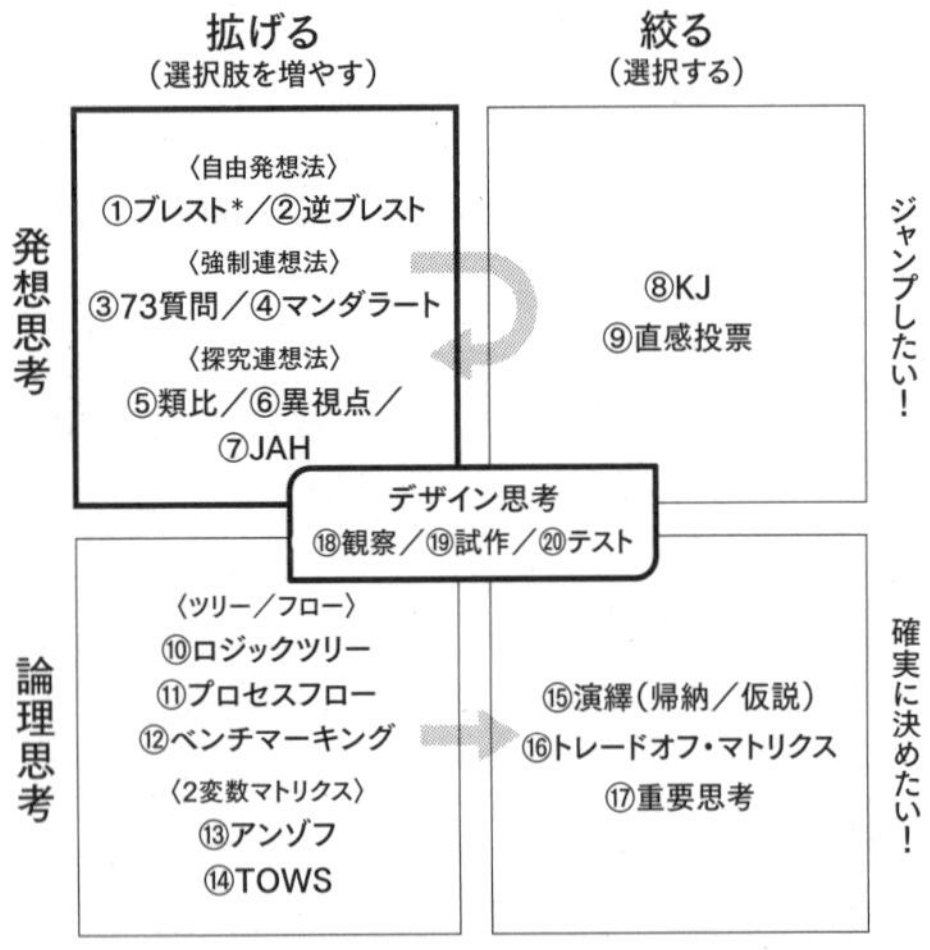


＊ブレインストーミングの略　出所：『超図解 全思考法カタログ』

3_広告代理店の役員だったオズボーンが、部下たちのアイデア欠乏症をなんとかするために開発した。1939年頃のこと。なお「73質問」には質問が71しかない。

こういった思考法は、個人ひとりの頭の中にあっても役立ちますが、チームで共有されることで大きな効果を発揮します。同じことについて議論するとき、思考法が揃っていれば議論が発散せず、効率がいいからです。

逆に、普段の会議や話し合いがなぜあれほどまでに非効率かは、考え方が揃っていないから、といえるでしょう。

思考法は、チームでひとつ選んで徹底的に使いこなすことが大切です。

## 〈強制連想法〉オズボーンの73質問とは

**Osborn's 73 Idea-Spurring Questions**

**A 転用**：①他のことに使えないか ②違う使い方はできないか ③改造したらどうか

**B 応用**：④応用できないか ⑤他に似たものはあるか ⑥何かこれが示唆するものはないか ⑦過去に匹敵するものはあったか ⑧何かのマネはできるか ⑨何かの代行をできるか

**C 変更**：⑩修正できないか ⑪新しいひねりは加えられないか ⑫意味、色、動き、音、香り、姿、形を変えられないか ⑬他に何か変えられないか

**D 拡大**：⑭より大きくできないか ⑮何か加えられないか ⑯もっと回数を増やせないか ⑰もっと頻度高くしたらどうか ⑱強くしたらどうか ⑲高くしたらどうか ⑳長くしたらどうか ㉑分厚くしたらどうか ㉒価値を加えられないか ㉓成分を追加したらどうか ㉔複製したらどうか ㉕何倍かにしたらどうか ㉖誇張してみたらどうか

**E 縮小**：㉗より小さくできないか ㉘何か差し引けないか ㉙縮小したらどうか ㉚濃縮したらどうか ㉛ミニチュアにしたら ㉜低くしたらどうか ㉝短くしたらどうか ㉞軽くしたらどうか ㉟なくしてみたらどうか ㊱つなげて流れにしてみたらどうか ㊲分割してみたらどうか ㊳過小に表現してはどうか

**F 代用**：㊴代替してはどうか ㊵他の人ではできないか ㊶他のものではできないか ㊷他の成分ではできないか　㊸他の材料ではできないか ㊹他のプロセスではどうか ㊺他の動力ではどうか ㊻他の場所ではどうか ㊼他のアプローチではどうか ㊽他の口調ではどうか

**G 置換**：㊾アレンジし直してはどうか ㊿部品を取り替えたらどうか (51)他のパターンではどうか (52)他のレイアウトではどうか (53)他の順番ではどうか (54)因果関係を逆転してはどうか (55)ペースを変えたらどうか (56)スケジュールを変えたらどうか

**H 逆転**：(57)逆転させたらどうか (58)楽観と悲観を入れ替えたらどうか (59)真逆ではどうか (60) 逆行させたらどうか (61)上下逆さまではどうか (62)役割を入れ替えたらどうか (63)状況を変えてみたらどうか (64)立場を入れ替えたらどうか (65)甘んじて受け入れたらどうか

**I 結合**：(66)結合したらどうか (66)混合、融合、詰め合わせ、統一してはどうか (68)ユニットをくっつけたらどうか (69)目的をくっつけたらどうか (70)訴えをくっつけたらどうか (71)アイデアをくっつけたらどうか

出所：『Applied imagination』Osborn,A.F.（1963）より三谷作成

## そして試行錯誤を素速く効率的に続けること

発想の面白さも結論の正しさも、試行錯誤の量と比例します。問題や解決策を考え込むのでなく、すぐ手足を動かし、何かをつくって試してみることなのです。

そのための思考法が、全思考法マトリクスの中央にある「デザイン思考」です。「デザイン思考（Design Thinking）」はＩＤＥＯ《アイデオ》が１９８０年代につくり出した手法です。その特長は、思考法というより、**「哲学」に支えられた「人材」と「プロセス」**そのものにあります。

**「良い解決策はユーザーを中心とした試行錯誤からしか生まれない」**という割り切り（哲学）のもとに、Ｔ型（深い専門性と幅広い見識・コミュニケーション力）やΠ型（Ｔ型にもうひとつの専門性）の人材（↓３６１頁）を集めて、どんどん試作品を作って試してみる、試行錯誤を中核としたアプローチです。

だからプロセスといっても直線型の一方通行ではなく、柔軟なくり返し型のものです。

ＩＤＥＯはデザイン思考として基本的に５つのステップを定めています。

**① Empathy（理解・共感）**
**② Define（問題定義）**

## デザイン思考

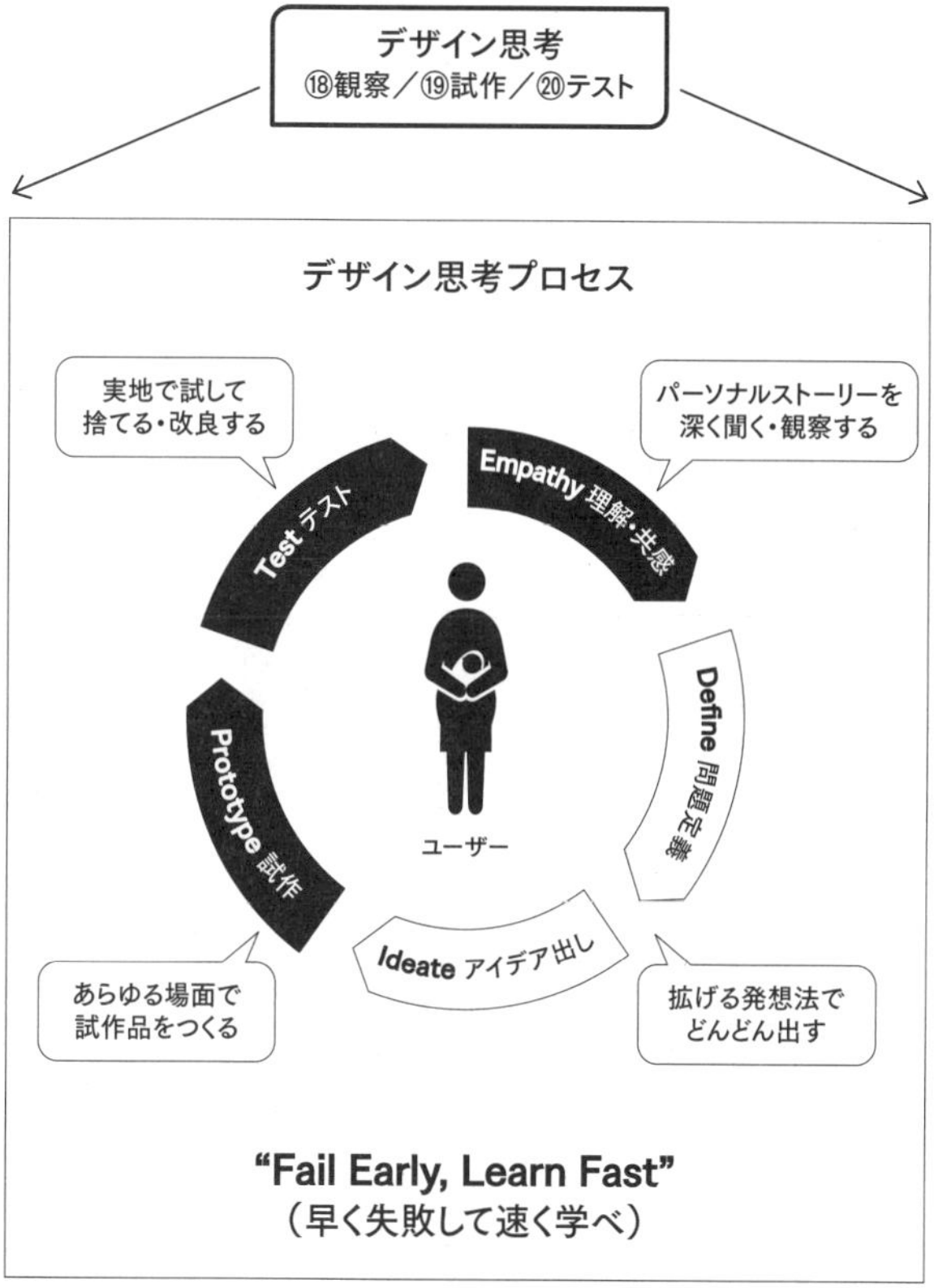


参考図書・情報：『デザイン思考が世界を変える』ティム・ブラウン、『発想する会社！』トム・ケリー／ジョナサン・リットマン

③ Ideate（アイデア出し）
④ Prototype（試作）
⑤ Test（テスト）

そしてこれを、良い解決策に辿りつくまで永遠に回し続けるのです。

何かテーマが生まれたら、まずはターゲットとなるユーザーを選んで、深いインタビューや観察をします。知りたいのはその人のパーソナルストーリーや行動。ひとつの商品を買う（使う）にも、さまざまな要因があり、それに共感できない限り良いアイデア（解決策案）などでないと考えるからです。

そして、問題を定義し、それを解決するためのアイデアを出していきます。ここでは、「発想思考」のブレインストーミングや73質問、類比法などが活躍します。

アイデアが出たらすぐ、試作とそれを使ってのテストをくり返します。

特に**試作は、どこのステップでも利用する、最強の「思考」ツール**です。

デザイン思考では、試作品を使って理解し、アイデアを出していき、そして絞り込みます。演繹法でも直感でもなく、ユーザーに直接聴くのです。これでいいか、と実物（の試作品）で。

プロセス個々において、本による知識は、考えを拡げるための助けに過ぎません。しかし同時に、読書を通じた能力開発（メタ認知の獲得など）は、こういった熱い議論に参加するための必須の力であるともいえるでしょう。

そして、デザイン思考が求めるものは、Π型《パイ》の人材です。各々が複数の専門性を求めます。そして横棒である幅広い知識関心や、異質とのコミュニケーション力も。

「百聞不如一見　百見不如一考　百考不如一行」。読む聞くだけでなく考えましょう。考えたことは試してみましょう。それによってこそ、真の理解に届くのです。

# 読書から発信へ

## 読む側から書く側へ。12年目の『CRM　顧客はそこにいる』

ＢＣＧでキャリアをスタートしてから10年目の夏、アクセンチュア（当時はアンダーセン・コンサルティング）に転職しました。日本での戦略グループ立ち上げ期の助《すけ》っ人《と》として、でしたが、結局10年間をそこで過ごしました。

自らの学びのサイクルで考えたとき、ここでの最大の進化は「読む側から書く側へ」「受信側から発信側へ」の転換でした。

転職して３年目の春、上司に呼ばれてこう告げられました。「ＣＲＭ《シーアールエム》って本を書いてくれ。出版社は東洋経済新報社だ。話はつけてある。今年中に出せよ」

びっくりです。それまで雑誌記事一本すら書いたことないのに、いきなり書籍とは！　いや、ビジネス雑誌の記事どころか、ネットでのブログひとつ書いたことのない私にとって、本を書くという作業はまるで素人のエベレスト登山に思えました。

今思うとフシギですが、経営コンサルタントとして働き始めてそれまでの12年間、何かを書き、モノとして発信したことはただの一度もありませんでした。ブログなどという手段もない時代、発信場所は限られたビジネス誌だけであり、そこに一介《いっかい》の若手コンサルタントの入り込む余地などありませんでした。

……いや違います。そもそも私自身が、「世間になにかを発信したい」などと考えていなかったのです。


上司に指名された私を含む4人の若手幹部たちは不承不承《ふしょうぶしょう》、「CRM本」の執筆に取りかかりましたが、忙しい盛りでもあって執筆はまったく進まず、あっという間に暗礁《あんしょう》に乗り上げました。誰かが船頭《せんどう》となって全体のストーリーをつくり、章立てを示し、執筆の分担を決めなくてはいけません。

執筆者4人の中では相対的にヒマで、かつ、その上司の直下《ちょっか》にいた私が、自然とその役となりました。

ただそこまでは普段の仕事（経営戦略コンサルティング）と、あまり変わりはありません。いろいろ調べて、本の概要をつくり上げました。

『CRM［増補改訂版］顧客はそこにいる』
村山徹／三谷宏治
東洋経済新報社
2001年

ある日、私は残り3人をオフィスから離れた都内のホテルに軟禁します。

「これから本の全体のストーリーと章立て、担当を説明しますから、今日中に、担当章の概要を完成させてください」「それまで、ここから出しません」

実に見事な椿山荘《ちんざんそう》のお庭を眼下《がんか》に眺めながら、3人はモクモクと作業を続け、7時間後、ようやく執筆の目途《めど》が立ちました。

でも私にとって、本当の問題はここからでした。

果たして自分に、「読んで面白い文章」など書けるのでしょうか？

A4サイズ1枚に5行100文字しか列ばないようなプレゼンテーションスライド書きは、得意です。でも、見開きに40行1200文字もあるような長い文章など、どうやったら書けるのでしょう。

**悩んでいても仕方ありません**。とにもかくにも、私はパソコンに向かって、担当章を書き始めました。

「顧客は進化し続ける。そんな顧客を理解し満足させようと、過去多くの企業が……」

原稿締め切り日まで、あと60日。絶体絶命の日々が始まりました。

## 書くことで整理される。書くことでコンセプト化される

艱難辛苦《かんなんしんく》の末にみなで書き上げた『**CRM　顧客はそこにいる**』は、その後の増補改訂版も含めて5万部に達する超ロングセラーとなりました。

出版直後からのCRMブームにも乗って、ビジネス誌・IT誌から、記事の執筆依頼が山のように来るようになりました。慣れというのは恐ろしいもので、そのうち2000〜5000文字という原稿書きも、楽にできるようになってきました。

ある意味、本や記事の原稿書きは、私がコンサルタントとしてもっとも苦手にしていた「プレゼンテーション」のトーク原稿書きと同じだったのです。プレゼンテーションが致命的に下手だった私は、トーク原稿をつくり込んで練習して丸覚えして、を何年も続けていました。その**プレゼンテーショントークのように書く、が私の見つけた「伝わる書き方」**[4]だったのです。

だから書きながらいつも頭の中で、その文章を読んでいます。プレゼンテーションのように。読むのと違ってライブで聞くことは大変です。聞き返すこともできませんし、文章が長かったり話が複雑だったりするとすぐ理解できなくなります。必然的に文章は短く、構造は

4_2014年にPHP研究所より『伝わる書き方』を、出版。翌年、ムック版として増補改訂し『図解 伝わる書き方超入門』を同社より出版。

シンプルになっていきます。だからこそ書くことで、言いたいことがどんどん整理されていきます。

同時に、**書くことでコンセプト化もされていきます。**ものごとを印象深く伝えるには、バラバラと素のまま相手に投げつけてはいけません。簡潔なネーミングが必須です。その事象の本質を一言で言い表すキャッチフレーズや喩えが必要なのです。それは「戦略とは捨てることなり」かもしれませんし、「中古車は大根だ！」かもしれません。

自分の思考や経験に過ぎなかったことが、書くことを通じて整理され、コンセプト化されていくのです。

# 発信を続けること。それがボクたちの世界を拡げる

## 話すことでわかりやすくなる。教えることでスキルになる

知識を得るためには本を読み、Wikipedia から出典サイトを辿り、検索結果を何百と眺め渡します。NewsPicks[5] やグノシーに頼るのもいいでしょう。

そこで読んだことは、そのままではただの知識です。書くことを通じて整理され、コンセプト化もされるでしょう。

でもその前に、そこで得た知識を人に話して伝えてみましょう。

口頭で人にものをちゃんと伝えるのは、書きもので伝えるより難しかったりします。

書きものなら相手は、自分のスピードで読めますし、読み返しもできます。ところが話し言葉では、そうはいきません。

「トウキガタイセツ」と言われても、当期か冬期か、陶器か闘鬼か、登記か投棄か、投機か



5_ ニュースキュレーションサービス。ピッカーと呼ばれる人（著名人を含む）がニュースを取り上げ、そこに各人のコメントが連なる。

謄貴か、前後をよーく聞いていないとわかりません。ひとつひとつの文章も短くしないと、頭の中のワーキング・メモリが溢れてしまいます。

自分が得た新しい知識は、まずは誰かにしゃべってみましょう。

相手の知識レベルや情報処理能力に合わせて、伝えなくてはいけません。短くしたり長くしたり、抽象的にしたり具体化したり。ダメなら何度もくり返します。

そうやって、「話して伝えよう」とすることで、その知識はわかりやすいものになり、相手に「教えよう」とすることで、自分自身のスキルにまでなるでしょう。

**「教学相長《きょうがくあいちょう》ず」**[6]。中国『礼記』の言葉です。人に教えることと、自らが学ぶことは、実は同じことなのです。

## 発信が世界を拡げ、自分を深めてくれる

自分の気に入ったテーマを人に話したりネットで発信し続けたりすることで、面白いことが起こります。ほぼ同時に、同じテーマの本の執筆依頼を受けたりするのです。

**『発想の視点力』**（２００９）（のちに**『発想力の全技法』**〔２０１５〕として文庫化）のときがそうでした。たった１週間違いで、２つの出版社から「発想力系の本を書かないか」とお

6_ 他人に教えようとして、最初に気がつくのは、自分がそのことを十分理解していないということである。だからこそ、教えることが学びになる。

声がかかったのです。

企画内容がほぼ同じだったので、早い者勝ち、としましたが、ちょっとびっくりしました。その前数年間、ずっと「発想力」の発信を続けていたのになぜ今？　しかも2社から？

確かにその年、何冊か「水平思考」などの発想力本が売れていました。

一方、私がそれに近い本として書いていたのは『**観想力　空気はなぜ透明か**』（2006）くらいでしたが、その後も3年間、自己のブログや、キャリアインキュベーションのホームページなどで『三谷3研ブログ』や『学びの源泉』として発信を続けていました。

私は世の中の流行りに関係なく「発想力」の発信を続け、ネット上にはその蓄積が残ります。そしてある日、「発想力」がブームになってその蓄積が発掘されるわけです。

出版社の編集者は誰よりも流行りに敏感です。その流行りテーマを、まずはネット検索して、そこで出てくる人を品定めしてアプローチします。だから急に流行りを追いかけてもダメなのです。

『発想力の全技法』

三谷宏治
PHP 文庫
2015 年

『観想力
空気はなぜ
透明か』

三谷宏治
東洋経済新報社
2006 年

**自分の好きなテーマ・得意なテーマが、いつか流行ると信じて、発信を続けましょう。**本や雑誌、サイトの執筆機会があれば、そのテーマはもっと深まり、自分のものになっていくでしょう。

## 出版社やリアル書店の存在意義

今は自分を信じて「いきなりネット書籍として発信」も可能です。

SFの項で紹介した『**火星の人**』(↓322頁)は当初、作者アンディ・ウィアーが個人のサイトで公開したものでした。この後ブックガイドに登場する藤井太洋も、処女作『Gene Mapper』をkindleに自分でアップロードしました。

米国Amazonでは、出版社をまったく通さないセルフプロデュースのネット書籍が盛んにアップされており、すでに「ネット書籍で100万部達成」という人が何人も出ています。これが次世代の発信形態なのでしょう。

そうなったとき、出版社の価値は、その企画・編集能力と販促能力に尽きるでしょう。つまり、どれだけ著者や作品の価値を上げられるかと、どれだけ読者や書店にそれを伝えられるか、です。

さらには、紙版にこだわる（収益の柱とする）なら、電子版などそのおまけにしてしまってもいいでしょう。読者としての私は、それでだいぶん助かります（笑）

もし電子版がメインになると思うなら、逆もあるでしょう。まずは電子版だけ出して、売れたら紙版も出す、とか。

リアル書店の存在意義もまた然り。その「どの本を推すか」の選択能力と集客・展開・販促能力がその未来を決めるでしょう。あの手この手で来店客を増やし、本当に良い本（だけ）をオススメするのです。出版社が陥りがちな粗製濫造《そせいらんぞう》の「囚人の罠」[7]に巻き込まれず、ちゃんといい本だけを選び取り、来店客層に合った提案の仕方をすることです。しかもリアルな体験付きで。

これはとっても手間がかかります。本を選ぶにも、それをテーマ別に並べて維持をするのにも。でもそれを乗り越えるヒントこそがネットにあるのでしょう。今こそ群衆《クラウド》の力を借りるとき！

……おっと話がちょっと逸《そ》れました。

7_ ゲーム理論の一種。囚人（被疑者）が２人のとき、互いに得をするのは２人が協調（秘密をバラさない）するときだが、一番損をするのは自分が約束を守って相手が裏切るときなので、結局、両方が相手を裏切ってしまうこと。出版社の場合、発刊数をみんなで絞った方が全体の得になるが、自分だけ絞ると損をするのでみんなが数を出す。

## 2年で自分を変え、3年で世界とのつながりを変える

この本の結論です。

**①年間100冊の本や雑誌を読みましょう。** 時間はスマートフォンとの付き合い方を変えるだけで生み出せます。通勤通学途中を上手に使いましょう。序章

**②100冊の本を「読書ポートフォリオ」として管理・再配分しましょう。** 今のビジネス系か否か、基礎か応用・新奇かで4分します。1章

**③その「読書ポートフォリオ」を、自分の社会人ステージに合わせて、意思を持って変えていきましょう。** ビジネス系から非ビジネス系に、基礎から応用・新奇へと。1章

**④各セグメントでの読み方も、意図的に変えましょう。「粗読み」「斜め読み」「熟読」「重読」です。** 基礎ができれば、粗読みや斜め読みが効率的にできるようになります。2章

**⑤同じ文章を読むにしても「読め方」によって価値は何倍も変わります。**「対比」「反常識」「数字」「一段深く」「抽象化」の5つの視点で読み込みましょう。3章

この努力を2年間、200冊分で続けられたらきっとあなたは変われます。今いるキャリア

ステージで読む本も読み方も違うはずですが、その200冊がその思索や発想・意思決定の柱となり、血肉となるでしょう。読書には「想像力」「批判的思考力」「メタ認知能力」を鍛える力があるのですから。

それを少し、手助けするのが「書斎や本棚」でした。

**⑥廊下の一部でもいいから書斎（コーナー）を持つ。**浅めの天井までの本棚で蔵書を開架し、棚ごとに分類・面陳する。4章

こういったカタチから入ってもいいでしょう。確実に読書に対するテンションは上がります。そして書斎までつくった手前、本を買って読まざるを得なくなります（笑）

そして最後が「読書→発信サイクル」でした。

**⑦読書→思索・行動→発信→スキル、のサイクルを回す。**思考法のパターンを少数身につけ使い込み、必ず自分でやってみる（試行錯誤）。流行りにかかわらず発信を続けてスキル化し、世の中が追いついてくるのを待つ。終章

3年それを続けるうちに、きっと世の中との関わり方が変わります。あなたを必要とする人が、この世界にはいっぱいいいるのだということがわかるでしょう。

それまでの旅のお供として、ここで紹介した本（私の愛読書や著作）たちが、ご一緒できたらうれしいです。楽章2 付録

私も読書の旅を続けます。それはこれまでもとても楽しいものでしたが、これからもきっと私を鍛え、さまざまな世界へ誘《いざな》ってくれることでしょう。そしてまた、次の発信を、いつか。

楽章1

# おわりに

この本には、ここまで延べ232冊の本が登場[1]しました。そのうち何冊、読みたくなったでしょうか？

読みたくなった本をすぐ入手できるように、なるべく入手可能な版を選びました（そのために、出版年がオリジナルの出版年と異なるものが多数ありますが、ご了承のほど）。もちろん図書館で借りても構いません。

私がこれまで読んで、面白いと思った本だけを紹介しているので、趣味さえ合えば、絶対楽しめるはずです。

特に「これから自分の読書ポートフォリオを変えてみよう」と決意したヒトには、よい水先案内書となるでしょう。

この本の目的は、

1_ 付録のリストのみ登場を除く。

**① 読者諸氏が自らの読書に「戦略」を持ち込み**
**② そこでスキルと経験を効率よく得て、自己を改造し**
**③ 量産機《コモディティ》にならず、オリジナリティのある存在（量産機改造型試作機）になること**

でした。もちろんこの本を1冊読んだだけでそれらが実現されるわけではなく、ここからどれだけ「新しい読書」が展開されていくかが勝負です。

なので、書籍紹介を主とする第4章や付録以外でも、多くの本やマンガが本文中に紛れ込んでいます。心に引っかかった本は、騙《だま》されたと思って読んでみてください。きっと楽しめます。

そうやって、楽しみながら第1・2章を実践することで①「読書の戦略化」が、第3章を試みることで②「スキル・経験獲得」が実現されるでしょう。

あれ、③「カスタム化」は？

③に向かっては、①②の継続あるのみ。2年後、3年後、みなさんからの実現報告を、待っています。そのときは是非「こんな本を読みましたリスト」を一緒に送ってください。

この本の読み方は自由ですが、最初にこの「おわりに」から読んでいる人向けに書いておくと、まずは序章から、をお勧めします。そこに全容が書いてあるので（ネタバレ含む！）。

楽章1は私の読書全史です。小学1年からこれまでの、読書遍歴とキャリアとの関わりについて述べていますが、とりあえずとばしても大丈夫。

そこから学んだ読書戦略・戦術は、第1〜3章、終章にあります。なかでも第1〜3章の、読書への戦略的資源配分方法やそのシフトのさせ方（第1章）、効率的な読み方（第2章）と効果的な読め方（第3章）がその戦略の中核です。

でも本質やプロセスばかりでは飽きるので、楽章2では（この本の特長でもある）視野を拡げるための本やマンガの個別紹介をしています。1冊あたり平均3000文字弱で15冊！　まずはそこから読む、もありでしょう。

第4章は書斎や本棚の持ち方で、終章が読書からスキルの変換法です。私の本棚の中身にさらに興味のある方は、付録のブックガイドもどうぞ。41冊分のミニ解説付きです。

この本のコアはでも、戦略そのものではなくて（!?）読書の価値・本の面白さを伝えることにあります。だから、読むのはどこからでもいいのです。目次を眺めて、読みたいところからどうぞ。この本は本好きのための、そして本好きをつくるための本なのですから。

なぜこの本が生まれたのか、を辿《たど》るとそれがわかります。

スタートは、本や本棚の紹介サイト「ホンシェルジュ」の特集記事です。運営会社リグネ社長東海林真之《しょうじまさゆき》さんの「本好きを増やしたい！」という想いと、ライターの崎谷実穂《さきやみほ》さんの筆力で、すてきな特集記事（Ｖｏｌ．１〜３）がアップされました。２０１４年10月に取材、12月初旬から3週にわたって、わが家の本棚大公開です。家中が本棚で、マンガとＳＦ・科学書、歴史小説だらけです。

それに即座に反応したのが、ダイヤモンド社の市川有人《ゆうと》さんでした。12月中旬には連絡があり、打ち合わせは年明けかと思いきや、暮れも押し迫った12月27日でした。「三谷流読書術と学びのすべてを1冊で！」と誘ってくれました。

これまでもいろいろな場所で「発信」はしていました。

ＳＦがいいんだ、宮大工の本は人材育成の参考になる、科学書の面白さ……。

それらを、1冊に、しかも「戦略」として。

私が速攻でつくった最初の目次案（12月27日バージョン）には「四六判で２２０頁くらい？」と書いてあります。その1ヶ月後の企画書には「３００頁くらい？」とも。

どちらも大ウソになりました。私的読書全史や本の紹介が、どんどん膨らんでいったからでしょう。でもそんな進捗報告に市川さんはビビらず、「思う存分」と。著者冥利《みょうり》に尽《つ》きる言葉です。あとでかなり後悔したそうですが（笑）

２０１５年の4月末から書き始めて、初稿の完成が7月末。とても楽しい3ヶ月弱でした。

まずは、書きやすいところ（私的読書全史）から書き始めました。途中、「戦略パート」は調子のいいときに力業《ちからわざ》で乗り切り、後半はまた書きやすい「本紹介」に。

初稿を書き上げてからは、デザイナーの二ノ宮匡《ただし》（nixinc《ニクスインク》）さん、イラストレーターの金井淳《あつし》さん、カメラマンの京嶋良太さんの登場です。

多様な本文と、膨大な書籍データを、A5変形判440頁に一体どう収めるのか。二ノ宮さんにはデザインだけでなく、頁ごとのバランスや書影ごとのデータの見せ方まで、緻密なDTP作業もお願いしました。さあ、その出来映えは？ 電子書籍版では、そのデザインの精妙さが伝わらないかもしれません。ぜひ、紙版も手に取ってみてください。

市川さんのこだわりで、巻末のブックガイドはただの文章情報ではなく、書影付きのインパクトあるものになりました。なんといっても、日本の本はその装丁やカバーが素敵です。64頁を費やした価値がありました。これは逆に、電子書籍ではその「フルカラー版」を無料配布する予定です。もう見ていただいているでしょうか。

そして最後が、小口《おぐち》翔平（tobufune）さんの登場です。みんなして「本好きがワクワクするカバーを！」などと無理言いまくりましたが、見事に応えてくれました。さすがです。

私が本好きなのはきっと生まれつきです。その血は亡き父からのものでしょう。黙って本を読んでいた姿を、覚えています。
本好きが加速されたのは、その両親と小学校の担任の先生方のお陰です。見守り、見逃し、励ましてもらいました。吉野小学校などの図書室・図書館にも大恩があるので、数年前から延べ1000冊以上を寄贈してきました。かなりSF・ファンタジーが多めです（笑）
娘たちの読書を、私はただ見守りましたが、大量で多様な本（やマンガ）に囲まれる生活で、彼女たちはどう育ち、形づくられていくでしょうか。
そしてこの本で、本好きの社会人が何人育つでしょうか。もともと本好きな人が、どれだけ多くの良書と出会えるでしょうか。本から読み取れるものが増えて、その世界が大きく拡がるでしょうか。

あとはみなさんからの「読書レポート（こんな本が良かったよ！）」を楽しみに待つことにして、筆を置きたいと思います。
みなさんの人生が、読書とともにより豊かになりますように。

2015年11月　秋、高き空のもと、万巻の書とともに

三谷　宏治

# 文庫版のあとがきとして

この度、日経BPから『戦略読書　増補版』を出版することになりました。これは、2015年にダイヤモンド社から刊行された『戦略読書』の増補改訂版です。付録のブックガイドを84冊追加し、本の紹介文も11冊分1万文字以上増えました。増補分には各々★がついています。また、本文中のデータをすべてアップデートし、全面的に表現を見直しました。

文庫化の際にこんなに分量を増やしたのは始めてです。だって判型（本の大きさ）が随分小さくなるのに……。

でも一体どれくらい違うのか、ちゃんとハカってみましょう。（321頁の『火星の人』解説参照）

元の本がA5変形版で縦21㎝×横13・5㎝、今回の文庫が縦15・6㎝×横10・6㎝。縦横各々2割強縮んでいます。だから面積比ではなんと42％減！　元原稿のまま文庫化したら760頁の本になってしまいます。追加原稿の分を入れれば800頁超……。さすがにこれはあり得ません。厚みにしても価格にしても。

かといって書影やイラスト、図表を減らしたら、この本のワクワクがなくなります。それでは文庫化する意味がありません。これは「本好きのための本」であり、それをより多くのみなさんに届けるための文庫化なのですから。

そこでさまざまなレイアウト上の工夫をしています。元のA5変形版での読みやすさ（文章のすぐ下に関連する書影がある等）や楽しさを保ちつつ、頁数を適切な範囲に収めるための。それらの工夫はふつうの文庫本では、あり得ないようなものなのですが、いくつ気がつきましたか？　これも一種の、本の「読め方」（第3章参照）でしょうか（笑）

結局ここに至るまでに試したレイアウトデザイン案は、計8種類。章毎にデザインは異なるので案ひとつつくるのも大変です。夏来怜さん、ご苦労さまでした。もちろん各々、パソコン上で眺めるだけでなく、ちゃんと紙に印刷して切って畳んで、本の形にして眺めました。どれがいいかなぁ。

この本のレイアウトの最大の「工夫（＝ふつうじゃないところ）」は、縦の文字数を頁毎・場所毎に可変にしたことです。

一般に、本文レイアウトの根本は、頁の「行数×文字数」を決めること。同時に文字の大きさ（Q数）、余白、ノンブル（頁表記）、注釈の位置等々を定めれば、レイアウトデザインのできあがりです。そこに原稿の文字データを流し込めば、初校ゲラが自動的に生成されるはずなのですが、この本ではまったくそうなっていません。下部にある書影の大きさ、注釈の行数によって文字数を違えています。貴重なスペースを最大限活かすために。

だからこの本では「頁毎にレイアウトがすべて異なる」と言っても過言ではありません。最初のレイアウトデザイン案に対する私のアイデアを、取り入れてもらいました。

でもこれで大変になったのがＤＴＰです。データの流し込みでは済まなくなりました。全頁で、どこに注釈を置き何行にするのか、書影の大きさや並べ方をどうするのか、どこにイラストを配するのか等を考え、調整しなくてはいけません。ＤＴＰ担当のマーリンクレイン甲斐《かい》飛鶴《ひづる》さん、本当にお手間かけました。でもお陰さまで単行本から１００頁増の５４０頁に綺麗に収まりました。

今回もカバーや表紙デザインは、tobufune の小口翔平さん（と喜來詩織さん）にお願いしました。ドキッとするものになったと思いませんか。やっぱり本好きにはカバーですよね。

そして日経ＢＰ編集の永野《ながの》裕章《ひろあき》さん。大学生時代に『戦略読書』を読んだという若者です。その文庫化という難しい企画を、よくぞ通しました。エラい！　その熱意がみなさんにも届きますように。

この5年間で、私自身の読書ポートフォリオも本の読み方も、少しだけ変わりました。より幅広いジャンルの本を読むようになり、でも原点であるSFや科学書が増えています。その分ビジネス書が減りましたが、これは私の次の変化への予兆《よちょう》なのでしょうか。

紙の本を読む量は減りましたが、電子書籍は少し増えました。ただ自分の読書モチベーションを考えると、やっぱり紙の本が好き。関わった人たちの気合いが伝わってきます。なので電子書籍は検索性が必要なものや、場所を取りたくないものに限っています。

みなさんはどうでしょう。1年に一度くらいは自分の読書資源配分（RPM）を見直してみましょう。そして次の一歩へ。

文庫化のあとがきでも、どう本をつくるのか、を中心に書きました。これはやっぱり「本の本」だから、本の使い方、読み方、選び方、そしてつくり方、という訳[2]です。

最後にわが家族・友人たちに感謝を。追加する本の選定や校正、デザイン選びといろんな面で活躍してもらいました。いつも、ありがとう。

本をつくるって、ホントに楽しいねえ。

2020年5月　ウイルスに負けない「読書の力」を世界に拡げるために！

三谷 宏治

2_ 最後に残ったのは本の書き方ですが、これはまたいつかどこかで。

付録

# セグメント別ブックガイド

## ——独自の視点と思考をつくるための519冊

書籍は、セグメントごとに五十音順に並んでいます。
★付きが文庫版での増補分です。

ビジネス基礎 ― セグメント①「ビジネス基礎」

ビジネス応用 ― セグメント②「ビジネス応用」

『発想する会社！』

トム・ケリー／ジョナサン・リットマン

早川書房、2002年

世界屈指のデザイン会社であるIDEO《アイデオ》。古くはアップルとともにつくったリサ用ワンボタン・マウス、PDAとして初めて大きな成功を収めたパームV、そして無印良品の壁掛け式CDプレイヤーも、IDEOのデザインだ。1992年、アップルは独創的なノートブックPCを世に送り出した。FDD《フロッピーディスクドライブ》も何もない、超薄型、超軽量（1・9kg）のパワーブック デュオ210だ。これを平たいデュオドックなるものに格納すると、処理能力がアップし、デスクトップ機と同等の性能を発揮する。

開発中、デュオドックへの収納機構が問題になった。アップル側が考えていたのは、手で入れて機械式にカチリと留める方法。確実で安価だ。でもIDEO側は「ビデオデッキ」みたいにしたかった。閉じて平たい板状になったデュオを、ドックの入り口に差し入れるだけで自動的に中に吸い込まれて固定され、自動的に起動される。これこそクールだ。

ビデオデッキ式では高コストで開発期間も伸びると渋るアップル側を説得するために、IDEOの開発担当者は賭けに出た。機械式の開発を止めて、ビデオデッキ式の試作をするようチームに命じたのだ。期限は2週間！　コストの問題は玩具用のモーター（1ドル強）を利用することで乗り切った。そして、板とプラスティックだけのものに始まって、10以上のプロトタイプをつくり、どんどん改良した。

2週間後、アップルの担当者は試作品の出来に感動し、みなに見せて回り、その場で権利を買い取ったという。その試作品が置かれた会議室は、展示場のように大勢の人を集め、当時のCEOジョン・スカリーの心も動かした。名作デュオドックが生まれた瞬間だ。

アイデアのもつパワーを引き出し、共有してもらうために、試作品は大切だ。良い試作品は、そのアイデアのもつ「感動」レベルをハカる手段でもある。

『イノベーションの達人』
トム・ケリー／ジョナサン・リットマン
早川書房、2006年

アップルデュオドックは、IDEOの「組織としての試作力」が存分に発揮された例だった。たった2週間の間に10以上の試作品をつくり続けたこと、出来上がった試作品でアップル側を感動させたことは、まさにプロ集団のなせる技、試作力の賜《たまもの》だった。しかしIDEOには、一個人によるブレークスルーの例も多い。

あるとき、デザインの対象となったテーマは「慢性副鼻腔炎《ふくびくうえん》（俗《ぞく》に蓄膿症《ちくのうしょう》）」。クライアントは世界有数の手術器メーカーであるジラスだ。その耳鼻咽喉科《じびいんこうか》部門がIDEOと新しい手術器具の構想を練ることになった。

ジラスお声掛かりの医学博士たち相手に、いつもと違ってお堅い雰囲気《ふんいき》の中、IDEOのメンバーたちは議論を進める。新しいアイデアについて身振り手振りの議論は、しかし膠着《こうちゃく》してまったく進まない。困った……。そのときIDEOの若手エンジニアが、突然部屋を飛び出した。

5分後、彼は「ホワイトボードのマーカー」を銃身にした、おもちゃの鉄砲のようなモノを持ってきて、斯界《しかい》の権威たちに手渡して言った。「みなさんは、こういうものを考えていたのではないですか？」「そう、まさにこれだよ！」

新しい手術用器具の構想は一気に進み、『ディエゴ』という製品に結実した。小型の銃のように握り、細い針状の回転ブレードを備え、リング状のつまみで回転数を調整する。この特異な形状の電動メスが、今や業界のスタンダードだ。この試作品（とも呼べないような初期モデル）をつくるのにかかった時間は、5分ほど。コストは……、3ドルくらいだろうか。

イメージを具現化することが、まずは試作品の役割だ。そしてここでの教訓は「試作品は粗削りで良い」「高きを望むな」ということ。

IDEOのトム・ケリーは言う。

「粗削りな試作品をどんどんつくる、が社風となったとき、見違えるほど多くのアイデアが具体化するようになる」

『インビジブル・エッジ』
マーク・ブラキシル／ラルフ・エッカート
文藝春秋、2010年

元BCGの幹部だったマーク・ブラキシルとラルフ・エッカートが、独立して知財戦略家として書いた本である。特許や商標といった知的財産権（知財）の力を刃（エッジ）として表現し、それこそが（これまでも、そして）これからの競争力の根源であると説いている。

●蒸気機関の開発に失敗し妻を亡くし2億円の借金を抱えた37歳のジェームズ・ワットを救ったのは、当時イギリスでようやく制度化された特許
●タイガー・ウッズが2000年に驚異的な成績を残せたのは、新開発のブリヂストン製ボールのお陰。市場シェアトップのタイトリストは追随《ついずい》し大成功したが知財に引っかかり、ブリヂストンに1・5億ドルを支払ったとか
●ジレットの「フュージョン」は30件以上の特許（5枚刃の間隔から取っ手との接続部の構造まで）で守られている。打ち破ることは難しく、そのそり心地・洗いやす

さと圧倒的な収益力[1]を支えている

- トヨタは知財（研究開発）面でも系列企業との連携を強めており、欧米企業のように部品会社と敵対的ではない。それが系列全体での将来へのイノベーション投資を加速している
- フェイスブックはその知財戦略において競合より遥かに優れている。ドメイン（facebook.com）を20万ドルで買い、「ニュースフィード」「ソーシャル・タイムライン」などの機能に特許を申請し、競合だったフレンドスターから4000万ドルで主要特許を買い取った

「他がいくら良くても、知財で失敗したら儲けられないし、そもそも勝てない」とエッカートたちは断じている。

---

1_ジレットの替え刃は昔「1ドル札を刷るより儲かる」と表現された。ちなみに1ドル札を刷るのにかかるコストは10セント。

★

『謙虚なコンサルティング』
エドガー・H・シャイン
英治出版、2017年

組織・キャリア論の大家《たいか》エドガー・シャイン。彼は心理学者であり、かつ一流の企業コンサルタントなのだが、その到達点がこの『謙虚なコンサルティング』である。シャイン88才の著作だ。

「複雑で曖昧な未来を読もうとするから失敗する。経営者が自ら取り組むなら、ただ一点の問題を見定めるのに調査は要らない、行動するのに時間は要らない。それらを経営者に促すことこそが、コンサルティングだ」とシャインは見切った。

外部の人間がいくら頑張って企業の問題点を診断して、適切な処方箋を書こうが、多くは反発を買い実行せずに終わる。だからこそ、問題を理解し、その対処法を考え、それを実行に移すのはすべて経営者自身でなくてはならない。コンサルタントの役割は、その支援（だけ）なのだ。シャインはそれを「プロセス・コンサルティング」と名付けた。

コンサルタントが成すべきは診断ではなく、診断的な「3つの問い」だ。「なぜ」によって原因や内容の考察を促し、「どう感じたか」や「どんな行動をとったか」によってそれらの重要性や自身の価値観を確認させる。それを繰り返すのだ。経営者自身が答えに辿りつくまで。

ただ最初が肝心、とシャインは言う。この手法ではコンサルタントと経営者が「適度な距離を保つ」のではなく、「個人的な話を率直にし合える関係になる」ことが必須だからだ。そのために彼は、有名企業のCEOからコンサルティング案件での面談の依頼電話が来ても、そそくさ出かけたりしない。数百キロ離れた自宅に招くのだ。「会社以外の場所で話しましょう」「これも有料ですよ」と。

そして2週間後、シャイン宅の庭で半日かけた三者会談が実現する。シャインとCEO、COO（最高執行責任者）との。もちろんお茶と軽食付きだ。これでもうこのコンサルティングプロジェクトは、半分成功したようなものだろう。

ああ、初対面のCEOを自宅に呼びつけるなんて、なんと「謙虚でない」コンサルティングであることか（笑）

こんなコンサルタントになりたかった気もするが、シャインだってこの本を書くのに50年かかったのだ。そう自分を慰《なぐさ》めつつ、学べることは学び、即実践しよう。もしあなたが、本当にヒトの役に立ちたいのなら。

## ビジネス書リスト

『アイデア・バイブル』
マイケル・マハルコ
ダイヤモンド社
2012年

『アイデアのつくり方』
ジェームス・W・ヤング
CCCメディアハウス
1988年

★

『IT全史』
中野明
祥伝社
2017年

『アンゾフ戦略経営論〔新訳〕』
H・イゴール・アンゾフ
中央経済社
2015年

『あぽやん』
新野剛志
文春文庫
2010年

『アダプト思考』
ティム・ハーフォード
武田ランダムハウスジャパン
2012年

★

『新しい経営学』
三谷宏治
ディスカヴァー・トゥエンティワン
2019年

『一瞬で大切なことを伝える技術』
三谷宏治
かんき出版
2011年

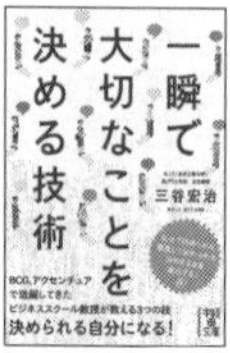


『一瞬で大切なことを決める技術』
三谷宏治
中経の文庫
2014年

『生き方』
稲盛和夫
サンマーク出版
2004年

『アントレプレナーの教科書』
スティーブン・G・ブランク
翔泳社
2009年

★

『「イノベーターのジレンマ」の経済学的解明』
伊神満
日経 BP
2018 年

『イノベーションの DNA』
クレイトン・クリステンセン他
翔泳社
2012 年

『イノベーションのジレンマ』
クレイトン・クリステンセン
翔泳社
2001 年

『イノベーションと企業家精神』
P・F・ドラッカー
ダイヤモンド社
2007 年

『オープン・アーキテクチャ戦略』
国領二郎
ダイヤモンド社
1999 年

『MBAが会社を滅ぼす』
ヘンリー・ミンツバーグ
日経 BP
2006 年

『エクセレント・カンパニー』
トム・ピーターズ他
英治出版
2003 年

『HPウェイ［増補版］』
デービッド・パッカード
海と月社
2011 年

★

『会計の世界史』
田中靖浩
日本経済新聞出版社
2018 年

『小倉昌男 経営学』
小倉昌男
日経 BP
1999 年

『オープン・サービス・イノベーション』
ヘンリー・チェスブロウ他
CCC メディアハウス
2012 年

『オープンイノベーション』
ヘンリー・チェスブロウ他
英治出版
2008 年

『感じる
マネジメント』
リクルートHC
ソリューショングループ
英治出版
2007年

『仮説思考』
内田和成
東洋経済新報社
2006年

『学習する組織』
ピーター・M・センゲ
英治出版
2011年

『科学的管理法の
諸原理』
フレデリック・ウィンスロウ・テイラー他
晃洋書房
2009年

『キャリア・デザイン・
ガイド』
金井壽宏
白桃書房
2003年

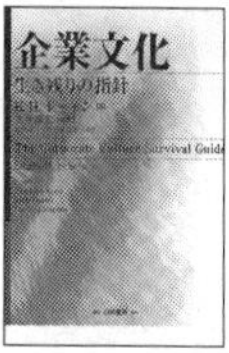


『企業文化
生き残りの指針』
エドガー・H. シャイン
白桃書房
2004年

『企業とは何か』
P.F. ドラッカー
ダイヤモンド社
2008年

『企業戦略論』
ジェイ・B・バーニー
ダイヤモンド社
2003年

『巨象も踊る』
ルイス・V・ガースナー
日本経済新聞社
2002年

『競争優位の戦略』
M・E・ポーター
ダイヤモンド社
1985年

『新訂 競争の戦略』
M・E・ポーター
ダイヤモンド社
1995年

『教育×破壊的
イノベーション』
クレイトン・
クリステンセン他
翔泳社
2008年

『経営革命大全
新装版』
ジョセフ・H・ボイエット
ジミー・T・ボイエット
日経ビジネス人文庫
2014 年

『クリエイティブ・クラスの世紀』
リチャード・フロリダ
ダイヤモンド社
2007 年

『Google 誕生』
デビッド・ヴァイス他
イースト・プレス
2006 年

『金融は人類に
何をもたらしたか』
フランクリン・アレン他
東洋経済新報社
2014 年

『経営戦略の
巨人たち』
ウォルター・キーチェル
三世
日本経済新聞出版社
2010 年

『経営戦略の核心』
ブルース・D・
ヘンダーソン
ダイヤモンド社
1981 年

『経営戦略全史』
三谷宏治
ディスカヴァー・トゥエンティワン
2013 年

『経営者の役割』
C・I・バーナード
ダイヤモンド社
1968 年

『コア・コンピタンス
経営』
ゲイリー・ハメル他
日経ビジネス人文庫
2001 年

『ゲーム理論で
勝つ経営』
B・J・ネイルバフ他
日経ビジネス人文庫
2003 年

『ゲームの変革者』
A・G・ラフリー他
日本経済新聞出版社
2009 年

『経営戦略を
問いなおす』
三品和広
ちくま新書
2006 年

『ザ・プロフィット
利益はどのようにして
生まれるのか』

エイドリアン・J・スライウォツキー

ダイヤモンド社
2002 年

『最高の戦略教科書
孫子』

守屋淳

日本経済新聞出版社
2014 年

『コトラー&ケラーのマーケティング・マネジメント
第 12 版』

フィリップ・コトラー他

丸善出版 2014 年

『広報室沈黙す』

高杉良

講談社文庫
1987 年

『下町ロケット』

池井戸潤

小学館文庫
2013 年

『シゴトの流れを
整える』

三谷宏治

PHP 文庫
2015 年

『ジェフ・ベゾス
果てなき野望』

ブラッド・ストーン

日経 BP 社
2014 年

『CRM
顧客はそこにいる』

村山徹／三谷宏治他

東洋経済新報社
2001 年

『シリコンバレー・
スピリッツ』

デイビッド・A・カプラン

ソフトバンククリエイティブ
2000 年

『シリコンバレー・
アドベンチャー』

ジェリー・カプラン

日経 BP
1995 年

『シマノ 世界を制した
自転車パーツ』

山口和幸

光文社
2003 年

『下町ロケット 2
ガウディ計画』

池井戸潤

小学館
2015 年

『ストーリーとしての競争戦略』
楠木建
東洋経済新報社
2010年

『ストラテジック・イノベーション』
ビジャイ・ゴビンダラジャン他
翔泳社
2013年

『全思考法カタログ』
三谷宏治
ディスカヴァー・トゥエンティワン
2013年

『真実の瞬間』
ヤン・カールソン
ダイヤモンド社
1990年

『改訂新版 戦略経営論』
マイケル・A・ヒット他
同友館
2014年

『ゼロ・トゥ・ワン』
ピーター・ティール他
NHK出版
2014年

『新版 セブン-イレブンの経営史』
川辺信雄
有斐閣
2003年

『世界を変えたビジネス思想家』
ダイヤモンド社（編）
ダイヤモンド社
2006年

『戦略プロフェッショナル』
三枝匡
日経ビジネス人文庫
2002年

『戦略は直観に従う』
ウィリアム・ダガン
東洋経済新報社
2010年

★

『戦略は「1杯のコーヒー」から学べ！』
永井孝尚
中経出版
2014年

『戦略サファリ 第2版』
ヘンリー・ミンツバーグ他
東洋経済新報社
2012年

『断絶の時代』
P・F・ドラッカー
ダイヤモンド社
2007年

『タイムベース
競争戦略』
ジョージ・ストーク・Jr. 他
ダイヤモンド社
1993年

★

『ダイナミック
競争戦略論・入門』
河合忠彦
有斐閣
2012年

『組織は戦略に従う』
アルフレッド・D・
チャンドラーJr.
ダイヤモンド社
2004年

★

『ティール組織』
フレデリック・ラルー
英治出版
2018年

『知的財産戦略』
丸島儀一
ダイヤモンド社
2011年

『知識創造の経営』
野中郁次郎
日本経済新聞出版社
1990年

『知識創造企業』
野中郁次郎／竹内弘高
東洋経済新報社
1996年

『トヨタ生産方式』
大野耐一
ダイヤモンド社
1978年

『鉄の骨』
池井戸潤
講談社文庫
2011年

『デッドライン』
トム・デマルコ
日経BP
1999年

『テキスト経営学
[第3版]』
井原久光
ミネルヴァ書房
2008年

『爆速経営
新生ヤフーの
500日』
蛯谷敏
日経BP
2013年

『ネット資本主義の
企業戦略』
フィリップ・エバンス他
ダイヤモンド社
1999年

『七つの会議』
池井戸潤
日本経済新聞出版社
2012年

★

『トレードオフ』
ケビン・メイニー
プレジデント社
2009年

『P&G式
「勝つために戦う」
戦略』
A・G・ラフリー他
朝日新聞出版
2013年

『破天荒!』
ケビン・フライバーグ他
日経BP
1997年

『発想力の全技法』
三谷宏治
PHP文庫
2015年

『ハゲタカ』
真山仁
講談社文庫
2013年

『ビジネスモデル・
ジェネレーション』
アレックス・オスターワルダー他
翔泳社
2012年

『ビジネス・プロセス・
ベンチマーキング』
ロバート・C・キャンプ
生産性出版
1996年

『ピクサー
早すぎた天才たちの
大逆転劇』
デイヴィッド・A・プライス
ハヤカワ文庫
2015年

『BCG
戦略コンセプト』
水越豊
ダイヤモンド社
2003年

『人を動かす
新装版』

デール・カーネギー

創元社
1999 年

『人と企業はどこで
間違えるのか?』

ジョン・ブルックス

ダイヤモンド社
2014 年

『ビジョナリー・
カンパニー』

ジム・コリンズ他

日経 BP
1995 年

『ビジネスモデル
全史』

三谷宏治

ディスカヴァー・
トゥエンティワン
2014 年

★

『FACTFULNESS』

ハンス・ロスリング他

日経 BP
2019 年

『ファイナンシャル・
マネジメント
改訂 3 版』

ロバート・C・ヒギンズ

ダイヤモンド社
2015 年

『ピープルウエア
第 3 版』

トム・デマルコ他

日経 BP
2013 年

★

『人を助けるとは
どういうことか』

エドガー・H・シャイン

英治出版
2009 年

『新版 物流の基礎』

阿保栄司

税務経理協会
1990 年

『不確実性の時代』

ジョン・K・ガルブレイス

講談社学術文庫
2009 年

『フェイスブック
若き天才の野望』

デビッド・カークパトリック

日経 BP
2011 年

『V字回復の経営』

三枝匡

日経ビジネス人文庫
2006 年

『[新版]ブルー・オーシャン戦略』
W・チャン・キム／レネ・モボルニュ
ダイヤモンド社
2015年

『フリー〈無料〉からお金を生みだす新戦略』
クリス・アンダーソン
NHK出版
2009年

『フラット化する世界［増補改訂版］』
トーマス・フリードマン
日本経済新聞出版社
2008年

『フューチャーセンターをつくろう』
野村恭彦
プレジデント社
2012年

『マッキンゼー経営の本質』
マービン・バウワー
ダイヤモンド社
2004年

『「マーケティング」大全』
酒井光雄／武田雅之
かんき出版
2014年

『ペンギン、カフェをつくる』
三谷宏治
東洋経済新報社
2011年

『プロフィット・ゾーン経営戦略』
エイドリアン・J・スライウォツキー他
ダイヤモンド社
1999年

『MAKERS』
クリス・アンダーソン
NHK出版
2012年

★

『マンガ ビジネスモデル全史［新世紀篇］［創世記篇］』
三谷 宏治
PHP研究所
2018年

★

『マンガ 経営戦略全史［革新篇］［確立篇］』
三谷 宏治
PHP研究所
2016年

『マネジメント』
P.F.ドラッカー
ダイヤモンド社
2008年

『リエンジニアリング革命』
マイケル・ハマー他
日経ビジネス人文庫
2002年

『リーン・スタートアップ』
エリック・リース
日経BP
2012年

『第2版 リーダーシップ論』
ジョン・P・コッター
ダイヤモンド社
2012年

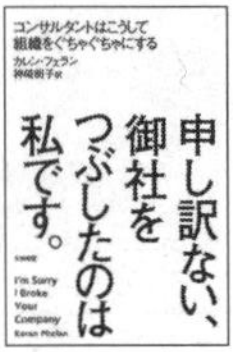


『申し訳ない、御社をつぶしたのは私です。』
カレン・フェラン
大和書房
2014年

『論点思考』
内田和成
東洋経済新報社
2010年

『ロングテール』
クリス・アンダーソン
ハヤカワ・ノンフィクション文庫
2014年

『レゴはなぜ世界で愛され続けているのか』
デビッド・C・ロバートソン
ビル・ブリーン
日本経済新聞出版社
2014年

『リバース・イノベーション』
ビジャイ・ゴビンダラジャン他
ダイヤモンド社
2012年

『ONE to ONE マーケティング』
ドン・ペパーズ他
ダイヤモンド社
1995年

『私のウォルマート商法』
サム・ウォルトン
講談社+α文庫
2002年

『Yコンビネーター』
ランダル・ストロス
日経BP
2013年

『ワーク・シフト』
リンダ・グラットン
プレジデント社
2012年

非ビジネス基礎

## セグメント③ 「非ビジネス基礎」SF・ファンタジー

### 『戦闘妖精・雪風〈改〉』

神林長平

ハヤカワ文庫、2002年（原作は1984年）

### 『グッドラック』

神林長平

ハヤカワ文庫、2001年

AI（人工知能）が究極まで発達したとき、人間の存在意義とは何だろうか。

雪風《ゆきかぜ》とは、未知の異星知性体ジャムとの戦いのために開発された人工知能付き戦闘偵察機だ。主人公であるパイロット深井《ふかい》中尉は雪風にとって、ある意味、邪魔ですらある。旋回や急上昇・急降下といった戦闘性能を極限まで発揮するには、脆くてやわい「人間」は大きな性能低下要因となるからだ。

ついに雪風は、自身の判断で行動し、パイロットを放出してしまう。グッドラック、と。しかし最後、この戦闘においては「理解しにくさ」こそが勝敗を分ける。敵が技術で勝るがゆえに、敵に完全に理解されてしまうことはイコール、敗北を意味するのだ。とはいえ、戦闘機械からすればヒトは不完全に過ぎる……。機械と人間、合理性と非合理性の相克がそこでは描かれる。

さて、あなたはどちらに与《くみ》するであろうか？

2009年に第3作『アンブロークンアロー』が出版されたが、決してこれからは読まないこと。存在と認識の迷宮だから。

★

## 『おうむの夢と操り人形』

藤井太洋（『年刊日本SF傑作選』に収録）
創元SF文庫、2019年

作家 藤井太洋（1971年生まれ）の人生は、『火星の人』（322頁参照）作者のアンディ・ウィアー（1972年生まれ）ととてもよく似ている。技術者として働きながらネットでSF小説を発表し、Amazon Kindle版の自己出版で成功を収めた。「セルフ」

×「ネット」でキャリアをスタートさせたSF作家なのだ。

藤井太洋が描く近未来SFは、あまりにリアルだ。国家間の電子戦を描いた『オービタル・クラウド』もそうだったが、今まさに起きようとしている未来に、彼なりの独自の答えを与えている。この『おうむの夢と操り人形』でいえば、ヒトとAIとの関わりの本質は何か、高度なAIは本当に必要なのか、ロボットにヒトが感じる親近感と拒絶感は何なのか……。

時は2023年。この物語は、機能不足でちょっと邪魔者《じゃまもの》扱いされるようになった人型ロボット「パドル」[2]から始まる。オリンピック・パラリンピックで外国人観光客相手の案内役を終えた後は役目がなくなり、倉庫に山積み、だそうだ。しかしコミュニケーションしかできないはずのパドルには、意外な使い途《みち》があった。モノが持てなくても、階段を上れなくても、その「存在感」こそが価値だったのだ。そこから急展開！

この作品は、文庫版でもたった47頁の小品だ。だけどそこには、是非実現してみたい未来がある。

2_ イメージや仕様はソフトバンクのペッパー（Pepper）そのもの。

## 『百億の昼と千億の夜』（マンガ版）

光瀬龍／萩尾望都
秋田文庫、１９９７年

登場人物（?）はゴータマ・シッダールタ（仏陀《ブッダ》の若い頃の名前）や阿修羅《あしゅら》、イエス・キリスト、帝釈天《たいしゃくてん》などだ。舞台は過去から未来の数百億年にわたるこの宇宙全体。

神を信じるシッダールタに阿修羅は迫る。

「なぜ、『神』たちはみな、滅びと、そしてその後の救済を預言するのか」「全能と言いながら、神はなぜ滅びの前に衆生《しゅじょう》を救わないのか」と。

仏教では、56億７０００万年後が滅びの時だ。その時、弥勒菩薩《みろくぼさつ》が如来《にょらい》（仏《ほとけ》）となって現れ、人々を救うと説く。キリスト教も言う。全ての魂は、最後の審判で裁かれ神による千年王国《ミレニアム》が始まる、つまり、今の世は滅ぶのだ、と。

神というものはかくも冷たい。なぜなのだろう?

神すらを問う、それを哲学と呼ぶ。その意味で、良いＳＦは良い哲学の書である。

## 『合成怪物の逆しゅう』

レイモンド・F・ジョーンズ
岩崎書店、2004年

死んだ人間の脳をパーツとする超高性能の生体コンピュータ。その秘密に気づいた研究者は殺され、その一部とされる。しかしその脳たちは意識を持ち、「生きて」いたのだ。

彼は合成生物「ゴセシケ」をつくり出し、その陰謀に立ち向かう。ゴセシケを次々改良して進化させ、ついには目的を達するが、途中で恋人も同じ者たちに殺され、2人とも脳だけの存在になってしまう。

そして衝撃の結末が。2人は相談して自爆し、この生体コンピュータを破壊してしまうのだ。『フランダースの犬』じゃあるまいし、主人公が最後死ぬのか!

この子ども向けSFは、「生きる」とはどういうことなのか、人ができること(してしまうこと)の恐ろしさを示していた。

## 『寄生獣』

岩明均
講談社、1990～1995年

主人公は、高校生の新一と、彼と一体化した寄生獣ミギー。物語は、人類とそれに寄生し捕食する生物 寄生獣の間の戦いと共生をつづる。さまざまな戦いが終わり、最後のシーン（第10巻）でミギーが静かに問いかける。

「ある日 道で……」「道で出会って 知り合いになった生き物が」「ふと見ると 死んでいた」「そんな時 なんで悲しくなるんだろう」

「そりゃ人間がそれだけ ヒマな動物だからさ」「だがな それこそが 人間の 最大の取り柄《え》なんだ」「心に余裕《ヒマ》のある生物」「なんと すばらしい!!」


新石器時代以降、人間の生活時間配分は劇的に変わった。特に近代においては大衆一般にまで「ヒマな時間」が行き渡った。それこそが人間の特異性を支えている。この限りない（身を滅ぼすほどの）探究心、好奇心、そして慈悲《じひ》の心。人であるために、人であることの意味を最大限活《い》かすために、心に余裕《ヒマ》を持とう。

## 『深く美しきアジア』

鄭問
講談社、1992～1994年

台湾の異才 鄭問《チェンウェン》の『深く美しきアジア』は神どうしの戦いの物語であり、単純な善悪二元論のそれではない。主人公は百の疫災を抱え込んだ、厄災《やくさい》王 百兵衛《ひゃくべえ》。彼の至《いた》る所、災い有り。ものが壊れ、陸が揺れる。善良さの塊である百兵衛はそのことに苦悩する。対するは、世界の言語・文化・宗教・思想・経済の統一を図る、理想王。規律・整合・統合こそを絶対とし、乱れや欠如・過剰を嫌う。彼は部下にこう語る。

「生と死も関係ない！ 魔界と人間界も関係ない！」「それらの境界を越えて存在する唯一のもの」「それが理想だ」

これは理想というものの本当の力を言い当てている。しかし後半、理想王はあまりに強大な力を得、世界を滅ぼす「絶滅者」となってしまう。力を持ちすぎた一個人の「理想」は、限りなく破滅に近いのだ。

この世における「理想」の強さや怖さ、「善意」の尊さや強さ、を知りたくなったときに良き本だろう。

★

## 『図書館の魔女』

高田大介
講談社、2013年

舞台は産業革命前後の異世界。「図書館の魔女」と呼ばれる主人公は、言語の才に長《た》け、膨大な知識をもった少女マツリカだ。その任は重く、武力でなく知力と言葉の力だけで一国《いっこく》を、そして世界を発展・安定させることを期待されている。

彼女の思考や言葉（声は出せないのだが）の深さや巧みさも素晴らしいが、なんといってもその圧倒的な観察眼や洞察力が気持ちよい。王の間に掲げられた一幅《いっぷく》の書《しょ》から何が見抜けるのか、数カ国にまたがった多種雑多《ざった》な情報から何が見抜けるのか。一種の推理小説なのだが、それがすべて言葉というものに絡《から》んでくるのが、なんとも楽しい。

でもマツリカは孤独だ。そして人を動かす情《じょう》に乏《とぼ》しい。でもそれを補い支える者たちが現れ、育ち、マツリカ自身をも変えていく。

本好きならきっとハマるはず！

## 日本ファンタジーノベル大賞受賞作等

『後宮《こうきゅう》小説』酒見賢一、新潮文庫、1993年

まったくの架空の中国史。若き皇帝とその正妃となった主人公の少女の物語。その緻密な描写や論考も圧巻。科学的要素はない。恩田陸はこれを読んで小説家を目指したとか。

『六番目の小夜子《さよこ》』恩田陸、新潮文庫、2001年

とある地方の高校では、奇妙なゲームが受け継がれてきた。3年に一度、サヨコと呼ばれる生徒が選ばれるのだ。今年は6番目のサヨコが選ばれる年。サヨコとは何か、一体何が起きるのか。恩田陸のデビュー作。

『楽園』 鈴木光司、角川文庫、2010年

遠い昔モンゴルで、別れ別れになった恋人たち。その魂は生まれ変わり、世代を超え、4万km（つまり地球一周）を旅して、1万年後に再会を果たす。『リング』『らせん』『ループ』の鈴木光司のデビュー作。ホラー度、ゼロ。

『太陽の塔』 森見登美彦、新潮文庫、2006年

受賞当時、京都大学の大学院生だった森見登美彦《とみひこ》は、『四畳半神話大系』（京都に巣くうどうしようもない大学生が、4つの並行宇宙を生き、それを統合する物語）、『夜は短し歩けよ乙女』『有頂天家族』『ペンギン・ハイウェイ』と傑作を連発。

『宇宙のみなもとの滝』山口泉、新潮社、1989年

少年の魂の救済と移動劇団の児童劇が、全5幕の劇構成＋全7章の小説と終章で構成される。複雑だがとても魅力的な「世界の滅びと再生」の物語。

『星虫《ほしむし》』岩本隆雄、朝日ソノラマ文庫、2000年

ある日突然、額に見知らぬ（つまり地球外の）虫が張り付いたら？　その虫たちは人間の身体能力を上げてくれるが、イヤだと思えばはがれて絶命する。その存在意義は何なのか。命と宇宙と少女の物語。SF度、高し。

## SF・ファンタジー リスト

『青い星まで飛んでいけ』
小川一水
ハヤカワ文庫
2011年

★

『アイの物語』
山本弘
角川文庫
2009年

★

『ILC/TOHOKU』
小川一水 他
早川書房
2017年

『アンドロメダ・シティ』
光瀬龍
ハヤカワ文庫
1980年

『アンドリューNDR114』
アイザック・アシモフ他
創元SF文庫
2000年

『暗号機エニグマへの挑戦』
ロバート・ハリス
新潮文庫
1996年

『アルタイルから来たイルカ』
マーガレット・セント・クレア
ハヤカワ文庫
1983年

『歌う船』
アン・マキャフリー
創元SF文庫
1984年

『歌うクジラ』
村上龍
講談社文庫
2013年

『遺跡の声』
堀晃
創元SF文庫
2007年

★

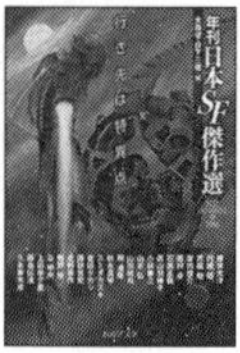


『行き先は特異点』
大森望 編
創元SF文庫
2017年

『エンダーのゲーム［新訳版］』
オースン・スコット・カード
ハヤカワ文庫
2013年

『英雄ラファシ伝』
岡崎弘明
新潮社
1990年

★

『AIと人類は共存できるか?』
人工知能学会 編
早川書房
2016年

『有頂天家族』
森見登美彦
幻冬舎文庫
2010年

『オービタル・クラウド』
藤井太洋
早川書房
2014年

『オーデュボンの祈り』
伊坂幸太郎
新潮文庫
2003年

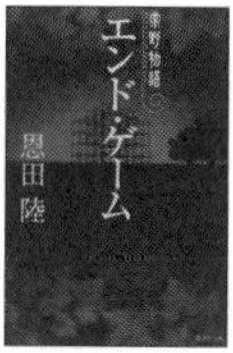


『エンド・ゲーム 常野物語』
恩田陸
集英社文庫
2009年

★

『エンタングル:ガール』
高島雄哉
創元日本SF叢書
2019年

『拡張幻想（年刊日本SF傑作選）』
大森望／日下三蔵（編）
創元SF文庫
2012年

『戒』
小山歩
新潮社
2002年

『終りなき戦い』
ジョー・ホールドマン
ハヤカワ文庫
1985年

★

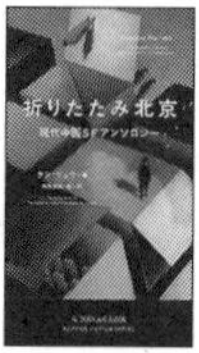


『折りたたみ北京』
郝景芳
早川書房
2018年

★

『神々自身』
アイザック・アシモフ
ハヤカワ文庫
1986年

『ガニメデの優しい巨人』
ジェイムズ・P・ホーガン
創元SF文庫
1981年

『象られた力 kaleidscape』
飛浩隆
ハヤカワ文庫
2004年

『火星の人』
アンディ・ウィアー
ハヤカワ文庫
2014年

『神の目の小さな塵』
ラリー・ニーヴン他
創元SF文庫
1978年

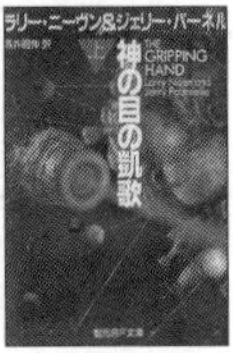


『神の目の凱歌』
ラリー・ニーヴン他
創元SF文庫
1998年

★

『紙の動物園』
ケン・リュウ
新☆ハヤカワ・SF・シリーズ
2015年

『神狩り』
山田正紀
ハヤカワ文庫
2010年

『銀河パトロール隊（レンズマン・シリーズ）』
E.E. スミス
創元SF文庫
2002年

『銀河英雄伝説』
田中芳樹
創元SF文庫
2007年

『巨人たちの星』
ジェイムズ・P・ホーガン
創元SF文庫
1983年

『完璧な涙』
神林長平
ハヤカワ文庫
1990年

★

『公正的戦闘規範』
藤井太洋
ハヤカワ文庫
2017 年

『啓示空間』
アレステア・レナルズ
ハヤカワ文庫
2005 年

『クリスタル
サイレンス』
藤崎慎吾
ハヤカワ文庫
2005 年

『グラン・ヴァカンス
廃園の天使』
飛浩隆
ハヤカワ文庫
2006 年

『コンタクト』
カール・セーガン
新潮文庫
1989 年

『五分後の世界』
村上龍
幻冬舎文庫
1997 年

『ゴエモンの
ニッポン日記』
小松左京
ハルキ文庫
2000 年

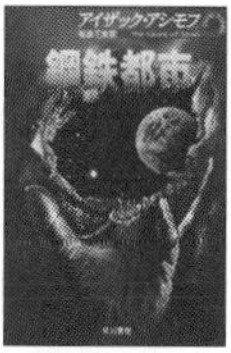


『鋼鉄都市』
アイザック・アシモフ
ハヤカワ文庫
1979 年

『時間封鎖』
ロバート・チャールズ・ウィルスン
創元 SF 文庫
2008 年

★

『三体』
劉慈欣
早川書房
2019 年

『今春屋ゴメス』
西條奈加
新潮文庫
2008 年

『混沌の城』
夢枕獏
光文社文庫
2014 年

★

『人工知能の見る夢は』
人工知能学会（編）
文春文庫
2017 年

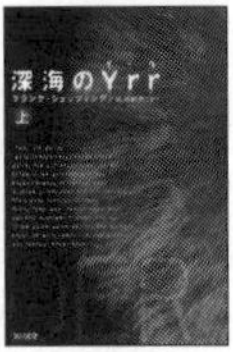


『深海のＹrr』
フランク・シェッツィング
ハヤカワ文庫
2008 年

『上弦の月を
喰べる獅子』
夢枕獏
ハヤカワ文庫
2011 年

『司政官 全短編』
眉村卓
創元 SF 文庫
2008 年

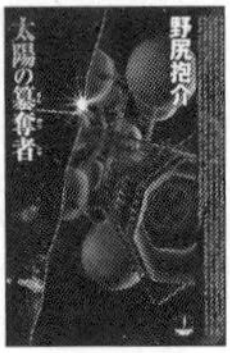


『太陽の簒奪者』
野尻抱介
ハヤカワ文庫
2005 年

『タイムライン』
マイクル・クライトン
ハヤカワ文庫
2003 年

『空の中』
有川浩
角川文庫
2008 年

『総門谷』
高橋克彦
講談社文庫
1989 年

『たったひとつの
冴えたやり方』
ジェイムズ・ティプトリー・
ジュニア
ハヤカワ文庫
1987 年

『たそがれに還る』
光瀬龍
ハルキ文庫
1998 年

『たくさんのタブー』
星新一
新潮文庫
1986 年

『妙なる技の
乙女たち』
小川一水
ポプラ文庫
2011 年

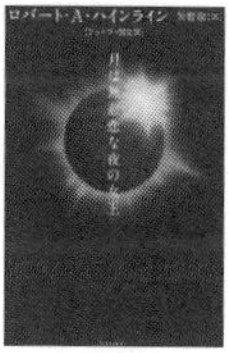


『月は無慈悲な夜の女王』
ロバート・A・ハインライン
ハヤカワ文庫
2010年

『沈黙のフライバイ』
野尻抱介
ハヤカワ文庫
2007年

『超弦領域（年刊日本SF傑作選）』
日下三蔵／大森望（編）
創元SF文庫
2009年

『知性化戦争』
デイヴィッド・ブリン
ハヤカワ文庫
1990年

『ディアスポラ』
グレッグ・イーガン
ハヤカワ文庫
2005年

『デイ・アフター・トゥモロー』
アート・ベル他
メディアファクトリー
2004年

『冷たい方程式』
トム・ゴドウィン他
ハヤカワ文庫
2011年

『継ぐのは誰か?』
小松左京
ハルキ文庫
1998年

『時砂の王』
小川一水
ハヤカワ文庫
2007年

『天の向こう側』
アーサー・C・クラーク
ハヤカワ文庫
2007年

『天使の歩廊』
中村弦
新潮文庫
2011年

『デカルトの密室』
瀬名秀明
新潮文庫
2008年

『〔決定版〕2001 年宇宙の旅』
アーサー・C・クラーク
ハヤカワ文庫
1993 年

★

『なめらかな世界と、その敵』
伴名練
早川書房
2019 年

★

『図書館の魔女 烏の伝言』
高田大介
講談社
2015 年

『都市と星〔新訳版〕』
アーサー・C・クラーク
ハヤカワ文庫
2009 年

『バーサーカー 星のオルフェ』など 3部作
フレッド・セイバーヘーゲン
ハヤカワ文庫
1980 年

★

『know』
野崎まど
ハヤカワ文庫 JA
2013 年

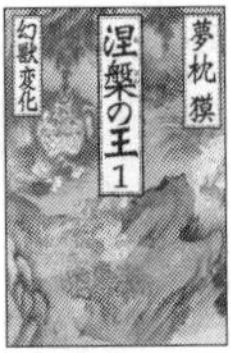


『涅槃の王』
夢枕獏
祥伝社文庫
2000 年

『ねじの回転 FEBRUARY MOMENT』
恩田陸
集英社文庫
2005 年

『ハル』
瀬名秀明
文春文庫
2005 年

『果しなき流れの果てに』
小松左京
角川文庫
1974 年

『バビロニア・ウェーブ』
堀晃
創元 SF 文庫
2007 年

『ハーモニー〔新版〕』
伊藤計劃
ハヤカワ文庫
2014 年

『光の帝国
常野物語』
恩田陸
集英社文庫
2000 年

『光の王』
ロジャー・ゼラズニィ
ハヤカワ文庫
2005 年

★

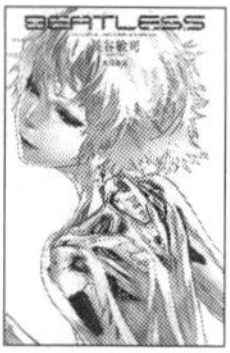


『BEATLESS』
長谷敏司
KADOKAWA
2012 年

『万物理論』
グレッグ・イーガン
創元 SF 文庫
2004 年

『ブラッド・
ミュージック』
グレッグ・ベア
ハヤカワ文庫
1987 年

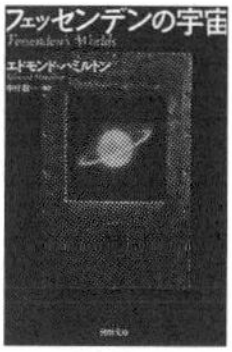


『フェッセンデンの
宇宙』
エドモンド・ハミルトン
河出文庫
2012 年

『ファウンデーション
銀河帝国興亡史』
アイザック・アシモフ
ハヤカワ文庫
1984 年

★

『Final Anchors』
八島游舷
早川書房
2018 年

★

『プロジェクト：
シャーロック』
大森望 編
早川書房
2018 年

『BRAIN VALLEY』
瀬名秀明
新潮文庫
2005 年

『フリーランチの
時代』
小川一水
ハヤカワ文庫
2008 年

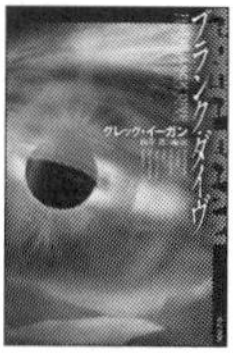


『プランク・ダイヴ』
グレッグ・イーガン
ハヤカワ文庫
2011 年

『星々の海をこえて』
グレゴリイ・ベンフォード
ハヤカワ文庫
1986 年

『星ぼしに架ける橋』
チャールズ・シェフィールド
ハヤカワ文庫
1982 年

『ペンギン・ハイウェイ』
森見登美彦
角川文庫
2013 年

『プロバビリティ・ムーン』
ナンシー・クレス
ハヤカワ文庫
2008 年

『昔、火星のあった場所』
北野勇作
徳間デュアル文庫
2001 年

『弥勒戦争』
山田正紀
ハルキ文庫
2015 年

『ボッコちゃん』
星新一
新潮文庫
1971 年

『星を継ぐもの』
ジェイムス・P・ホーガン
創元 SF 文庫
1980 年

★

『文字渦』
円城塔
新潮社
2018 年

『もし星が神ならば』
グレゴリイ・ベンフォード他
ハヤカワ文庫
1988 年

『無伴奏ソナタ〔新訳版〕』
オースン・スコット・カード
ハヤカワ文庫
2014 年

『無限記憶』
ロバート・チャールズ・ウィルスン
創元 SF 文庫
2009 年

『四畳半神話大系』
森見登美彦
角川文庫
2008年

『幼年期の終り』
アーサー・C. クラーク
ハヤカワ文庫
1979年

★

『夢みる葦笛』
上田早夕里
光文社
2016年

『モノレールねこ』
加納朋子
文春文庫
2009年

『夜は短し
歩けよ乙女』
森見登美彦
角川文庫
2008年

『夜の大海の中で』
グレゴリイ・ベンフォード
ハヤカワ文庫
1986年

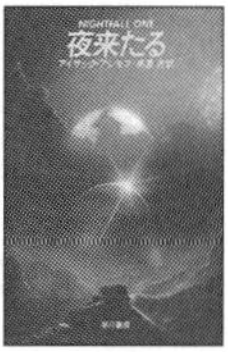


『夜来たる』
アイザック・アシモフ他
早川書房
1986年

『黄泉がえり』
梶尾真治
新潮文庫
2002年

『レックス・ムンディ』
荒俣宏
集英社文庫
2000年

『龍は眠る』
宮部みゆき
新潮文庫
1995年

『竜の卵』
ロバート・L・フォワード
ハヤカワ文庫
1982年

『4000年の
アリバイ回廊』
柄刀一
光文社文庫
2002年

『アフター0
著者再編集版』
岡崎二郎
小学館
2002 年

『アキラ』
大友克洋
講談社
1984 年

『我語りて世界あり』
神林長平
ハヤカワ文庫
1996 年

『老ヴォールの惑星』
小川一水
ハヤカワ文庫
2005 年

『LEGEND OF
GIANTS
巨人たちの伝説』
星野之宣
小学館
2011 年

『GANTZ』
奥浩哉
集英社
2000 年

★

『風の谷のナウシカ』
宮崎駿
徳間書店
1983 年

『海皇紀』
川原正敏
講談社
1998 年

『スキエンティア』
戸田誠二
小学館
2010 年

『11 人いる! 復刻版』
萩尾望都
小学館
2019 年

『サイボーグ 009』
石ノ森章太郎
秋田文庫
1994 年

『攻殻機動隊』
士郎正宗
講談社
1991 年

『不思議な少年』
山下和美
講談社
2001年

『百万畳ラビリンス』
たかみち
少年画報社
2015年

『ナンバーファイブ　吾』
松本大洋
小学館
2001年

『地球《テラ》へ…』
竹宮惠子
中公文庫
1995年

『PLUTO』
浦沢直樹・手塚治虫
小学館
2004年

『BLAME!』
弐瓶勉
講談社
1998年

『プラネテス』
幸村誠
講談社
2001年

★

『不滅のあなたへ』
大今良時
講談社
2017年

★

『ロボット小雪』
業田良家
竹書房文庫
2013年

★

『ロボ・サピエンス前史』
島田虎之介
講談社
2019年

★

『ほしのうえでめぐる』
倉橋ユウス
マッグガーデン
2012年

『ブルーシティー』
星野之宣
MF文庫
1999年

セグメント③

## 「非ビジネス基礎」科学

『大絶滅』
デイヴィッド・M・ラウプ
平河出版社、1996年

異端の古生物学者デイヴィッド・M・ラウプは、古生物学に統計学を持ち込みこう看《かん》破《ぱ》した。過去5回[3]の大量絶滅の繰り返しの中で、この地球に存在した生物種のほとんどすべて（99・9%以上）は、すでに絶滅している。ゆえに統計的に見れば、「絶滅」は種の本質のひとつである。個々の生命種は統計という名の海に浮かぶ小舟のように、誠に儚《はかな》い危うい存在なのだ。

それゆえ、種の生き残りのための戦略は「多様性」となる。一族郎党《ろうとう》みな揃《そろ》って討《う》ち死《じ》にしないよう、いろいろな「生き残り戦略」を試すのだ。環境の激変が起こってからでは間に合わない。将来に、備えよう。

将来の不安に備える。これはヒト以外には出来ない、非常に高度な能力だ。本能や進

3_一番最近のものが白亜期末（6500万年前）の大量絶滅で恐竜類もほぼ絶滅した。

化に任せるのではなく、知性を持って自ら環境変化に備え、環境を変えることさえやってのける。この能力が今までのところ、環境適応や種の保存でなく、「環境破壊」「種の絶滅」により多く貢献していることは皮肉なことだ。

それでも……それでもいつかは、自らの絶滅の日がやってくる。

## 『スノーボール・アース』

ガブリエル・ウォーカー
ハヤカワ文庫、2011年

氷河や氷の下でしか生まれない地層[4]が、世界中にある。しかも当時赤道直下であった地域にも。そこから、「地球は22億年前と6億年前の2度、全面的に凍結した。すべてを雪と氷で覆《おお》われた、雪玉《スノーボール》になっていた」とする「全球凍結説」が生まれた。この本には全球凍結説がどうつくられ、叩かれ、磨かれてきたかの科学闘争史が詳述されている。著者はその説の主張者本人、ガブリエル・ウォーカーだ。

全球凍結は「ありえない」と思われていた。理由は簡単。

理由① もし全球凍結が起これば、地表の反射率が上がって永遠に雪玉のままのはず

4_たとえば、氷山の下に付いた石が落ちて残った「まいご石」など。

だが、今そうではないから。

理由② もし全球凍結が起これば、気温マイナス100℃となり海面もすべて数十メートルの氷で覆われ生命全滅のはずだが、今そうではないから。

しかし、大胆な仮説と詳細な分析はそれらを覆した。現象を徹底的に探究し、当時、その場所で何が起こったのかを純粋に考え抜いた者の勝利だった。

「今」に縛られては、いけない。

『大陸と海洋の起源』
アルフレッド・ヴェーゲナー
岩波文庫、1981年

「大陸移動説」は大学の図書館での発見から生まれた。世界地図を眺めていた気象学者アルフレート・ヴェーゲナーは直観する。「アフリカ西岸と、南アメリカ東岸の形はあまりにそっくりだ。昔は一体だったに違いない」。動植物の分布から地層・地形・化石・古季候まで、さまざまな証拠を集めて5年後、彼は『大陸と海洋の起源』を著《しる》した。

しかしそれは強い批判にさらされ、やがて無視された。年に数センチとはいえ、こんな堅く重い大陸が動く[5]なんて信じられない。何よりも、その原動力が分からない。世界中の地理学者・地球物理学者たちが彼を糾弾《きゅうだん》した。「門外漢《もんがいかん》の気象学者が何を言うか」と。

彼は自説を補強せんがための5度目のグリーンランド探検で1930年、命を落とした。享年50、失意の中の退場だった。当時の「専門家」たちの常識と「どうやって」の追及が、彼とその大発見を文字通り殺したのだ。

だから、発見（What）が先で、方法や手段、理由（How・Why）は後。何かあったら現場に行って現物を見ることから始めよう。

## 『美しくなければならない』

グレアム・ファーメロ
紀伊國屋書店、2003年

「この世を支配する法則」、つまり強い理論（を表す方程式）は必ず美しい。これは全ての科学者たちが奉ずる究極の信念だ。アインシュタインが机上の思考実験から導き出した「$E=mc^2$」は、まさにそのひとつだった。

5_ 今はプレートテクトニクスとして知られ、またその動きが直接的に観測もされている。

Eはエネルギー〔J《ジュール》〕、mは質量〔kg〕、cは定数で光速3億〔m／秒〕だから、この式の意味は「質量とエネルギーは等価であり」「ある反応において質量が1g減少したとすれば、そこで90兆Jのエネルギーが放出される」となる。そのエネルギーは、TNT火薬1万トン分の熱量、つまり広島型原爆1個分ということだ。たった、1gの質量で、だ。

ウランの核分裂反応では、ウラン質量のわずか0・01％がエネルギーに変わるだけだが、太陽の中で起きる水素2個→ヘリウム1個の核融合反応ではその70倍、0・7％がエネルギーとなり放出される。いわゆる水爆もこれだ。

アインシュタインの美しい方程式は、人類の存在を支えかつ脅かすほどの強さを秘めていたのだ。

強い企業は必ず美しく力強いビジョンや理念、戦略を持つ。現実はどんどん移り変わり、あまりに複雑だ。しかしその混沌《こんとん》の海を渡るに必要なのは「単純な美しさ」なのだろう。

## 『偶然の科学』

ダンカン・ワッツ
ハヤカワ文庫、2014年

この本の原題は『Everything is Obvious＊ ＊Once You Know the Answer』だ。書題は2つに分断されて離れて置かれ、アスタリスク記号でつながれている。直訳すれば「すべては自明である。答えを知ってしまえばね」。この本では、こういった強烈な「あと知恵」バイアスを裏付ける、山ほどの実験や調査結果が示される。

戦場では田舎出が勇敢だったという分析結果には「都会出はひ弱だからな」と勝手に納得し、実は逆で都会出が勇敢だったと言われれば「田舎の長男は命を惜しむから」と理由を見つけ出す。そしてどちらも「そんなことは当たり前だ」と言い放つ。

ヒトは結論（答え）に対して、それがいかに必然的（当たり前）であるかの理由を勝手につけ、解釈してしまう生き物なのだ。特に「意外なことにあったとき感情が動かない」冷静な人ほど、あと知恵バイアスが強いのでお気をつけあれ。

★

# 『絶滅の人類史』

更科功
ＮＨＫ出版新書、２０１８年

そもそも「直立二足歩行」を特徴とするわれわれ人類は、数百万年もの間、他の動物との厳しい生存競争を、いかに生き抜いてきたのだろうか。

速くも走れず木登りも不得意な二足歩行のサル（猿人）は、長い長い間、狩る側ではなく狩られる側だったという。それを大きく変えたのが石器だ。チンパンジーにはいくら教えても、石器はつくれない。多くの複雑な手順が必要だからだ。

しかし例えば２４０万年前のホモ・ハビリスには、二足歩行によって自由になった手を使って高度な石器をつくる能力があり、それによって動物を狩り、獲物を（ある程度）調理することができた。

石器によって「切り分けられた肉」という消化の良い高カロリー食を得たことで、人類はさらに２つのことを手に入れた。それが「大きな脳」と「ヒマな時間」だ。１９０万年前に生まれたホモ・エレクトスは、長距離を効率よく走ることもできたので、動物を長く追って捕らえ、獲物をその手で持ち帰ることができた。消化のいいものを食べていたお陰で、ヒマな時間もできた。その時間を使って、よりよい石器をつくる時間にも充てられただろう。

この『絶滅の人類史』では、他にも多くのテーマが描かれる。筆者も前書きで書くように、人類史はこの10年で大きく進歩した。年代測定法や遺伝子の解析などさまざまな技術の発達により、常識が次々と覆されている時代なのだ。

人類はわれわれだけではない。700万年前に現れた初期猿人に始まり、240万年前には原人（ホモ・エレクトスなど）が出現、50万年前には旧人（ネアンデルタール人など）が生まれた。われわれ新人（ホモ・サピエンス）も含めて、25種以上が人類の仲間として知られている。

そして今、人類はわれわれのみである。10万年前には新人、旧人、原人が地球上に共存していたにもかかわらず、ホモ・サピエンスだけが生き残り、他はすべて絶滅してしまった。これは偶然なのだろうか、それとも必然だったのか。

人類史最大の謎、ネアンデルタール問題。なぜ、ネアンデルタール人は滅び、ホモ・サピエンスが生き残ったのか？二者にはどんな差があったのか？

気になる方はぜひどうぞ。

★

## 『バッタを倒しにアフリカへ』

前野ウルド浩太郎
光文社新書、２０１７年

著者はしがないポストドクター（ポスドク、当時）。苦労して博士号をとったのに、正規の研究職に就けなかった宙ぶらりんの若手研究者である。そして無類《むるい》のバッタ好き。究極の夢は「バッタに食われること」。本の題も本当は「バッタに食われにアフリカへ」にしたかったというのだから、この著者は相当ヤバい。

バッタで食っていく唯一の道は「人類に害をなすバッタの研究」だ。アフリカではサバクトビバッタによる農作物被害が毎年４００億円以上にのぼり、大発生《アウトブレイク》時にはその駆除《くじょ》コストが５００億円を超えるという。バッタは国家的な研究対象なのだ。

しかし彼がなんとか助成を得てアフリカに渡った年、バッタの大発生は起きなかった。国家的には幸運な、ポスドク的には地獄の日々だった。

それでも車を飛ばして現場に足を運べば、論文ネタがゴロゴロ転がっているから面白い。なぜこちらの草むらにはバッタが少ないのだ？ トゲがあるからか？ そんな話聞いたことがないぞ！ これで論文２本は書けるぞ!!

この本の楽しさはなんといってもその語り口にある。アフリカでひとり戦う日本人ポスドクの悲喜劇を、抱腹絶倒《ほうふくぜっとう》、諧謔《かいぎゃく》に満ちた文章で、絶好のエンターテインメントに仕上げている。

現地モーリタニアの人々から、もっとも敬意に満ちたミドルネームを授けられた著者前野ウルド浩太郎は、現在国際農林水産業研究センターの任期付き研究員。テニュア（任期なし）目指して頑張れ！

★

## 科学書
リスト

『"意識高い系"がハマる「ニセ医学」が危ない!』
桑満おさむ
扶桑社
2019 年

『暗号解読』
サイモン・シン
新潮文庫
2007 年

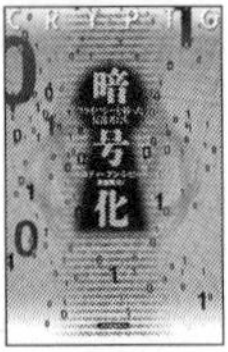


『暗号化』
スティーブン・レビー
紀伊國屋書店
2002 年

『カイアシ類・水平進化という戦略』
大塚攻
NHK ブックス
2006 年

『オイラーの贈物』
吉田武
東海大学出版会
2010 年

『インフレーション宇宙論』
佐藤勝彦
講談社ブルーバックス
2010 年

『意識はいつ生まれるのか』
ジュリオ・トノーニ他
亜紀書房
2015 年

『消えた反物質』
小林誠
講談社ブルーバックス
1997 年

『消えたイワシからの暗号』
河井智康
三五館
1999 年

『海馬』
池谷裕二／糸井重里
新潮文庫
2005 年

『定本 解析概論』
高木貞治
岩波書店
2010 年

★

『恐竜まみれ』
小林快次
新潮社
2019年

★

『京大変人講座』
酒井敏 他
三笠書房
2019年

★

『気候文明史』
田家康
日経ビジネス人文庫
2019年

『機械との競争』
エリック・ブリニョルフソン他
日経BP
2013年

★

『この世界を知るための人類と科学の400万年史』
レナード・ムロディナウ
河出書房新社
2016年

『ことばの発達の謎を解く』
今井むつみ
ちくまプリマー新書
2013年

『高校生のための東大授業ライブ』
東京大学教養学部（編）
東京大学出版会
2015年

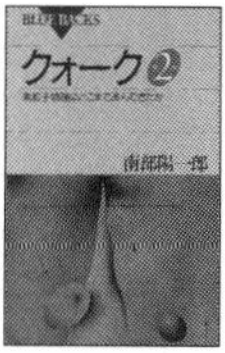


『クォーク 第2版』
南部陽一郎
講談社ブルーバックス
1998年

★

『時間はどこから来て、なぜ流れるのか?』
吉田伸夫
講談社ブルーバックス
2020年

★

『酸素のはなし』
三村芳和
中公新書
2007年

『サイエンス・ブック・トラベル』
山本貴光（編）
河出書房新社
2015年

★

『こわいもの知らずの病理学講義』
仲野徹
晶文社
2017年

『進化しすぎた脳』
池谷裕二
講談社ブルーバックス
2007 年

『16 歳からの
東大冒険講座』
東京大学教養学部（編）
培風館
2005 年

『重力とは何か』
大栗博司
幻冬舎新書
2012 年

『渋滞学』
西成活裕
新潮選書
2006 年

『世界恐竜発見史』
ダレン・ネイシュ
ネコ・パブリッシング
2010 年

★

『10 歳からの
相対性理論』
都筑卓司
講談社ブルーバックス
1984 年

『人類の足跡
10 万年全史』
スティーヴン・オッペンハイマー
草思社
2007 年

★

『人類と気候の
10 万年史』
中川毅
講談社ブルーバックス
2017 年

『強い力と弱い力』
大栗博司
幻冬舎新書
2013 年

★

『鳥類学者だからって、
鳥が好きだと思うなよ。』
川上和人
新潮社
2017 年

『地球大進化』
NHK「地球大進化」プロジェクト（編）
NHK 出版
2004 年

『大量絶滅が
もたらす進化』
金子隆一
サイエンス・アイ新書
2010 年

『ノラネコの研究』
伊澤雅子（文）
平出衛（絵）
福音館書店
1994 年

『ニュートリノ
天体物理学入門』
小柴昌俊
講談社ブルーバックス
2002 年

★

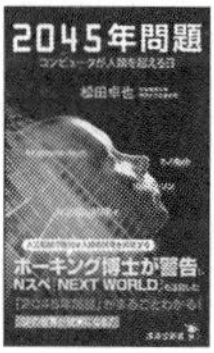


『2045 年問題』
松田卓也
廣済堂新書
2012 年

★

『動物の賢さがわかる
ほど人間は賢いのか』
フランス・ドゥ・ヴァール
紀伊國屋書店
2017 年

『物理と数学の
不思議な関係』
マルコム・E・ラインズ
ハヤカワ文庫
2004 年

『物理学とは
何だろうか』
朝永振一郎
岩波新書
1979 年

『フェルマーの
最終定理』
サイモン・シン
新潮文庫
2006 年

『ファインマン
物理学〈1〉力学』
ファインマン
岩波書店
1986 年

『法医学教室の午後』
西丸與一
朝日文庫
1985 年

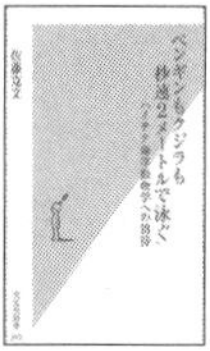


『ペンギンもクジラも
秒速 2 メートルで泳ぐ』
佐藤克文
光文社新書
2007 年

『新 物理の散歩道
〈第4集〉』
ロゲルギスト
ちくま学芸文庫
2009 年

『新 物理の散歩道
〈第1集〉』
ロゲルギスト
ちくま学芸文庫
2009 年

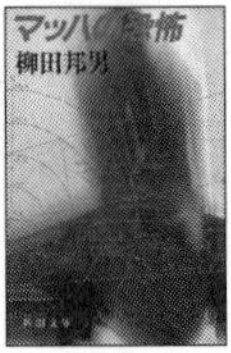


『マッハの恐怖』

柳田邦男

新潮文庫
1986 年

『マインド・タイム
脳と意識の時間』

ベンジャミン・リベット

岩波書店
2005 年

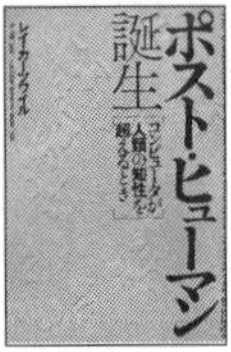


『ポスト・ヒューマン
誕生』

レイ・カーツワイル

NHK 出版
2007 年

『法隆寺を支えた木』

西岡常一／小原二郎

NHK ブックス
1978 年

『眼の誕生』

アンドリュー・パーカー

草思社
2006 年

『冥王星を
殺したのは私です』

マイク・ブラウン

飛鳥新社
2012 年

『無駄学』

西成活裕

新潮選書
2008 年

『続・マッハの恐怖』

柳田邦男

新潮文庫
1986 年

『ワンダフル・ライフ』

スティーヴン・ジェイ・
グールド

ハヤカワ文庫
2000 年

『ルークの冒険』

三谷宏治

実務教育出版
2011 年

『弱いロボット』

岡田美智男

医学書院
2012 年

『ものの大きさ』

須藤靖

東京大学出版会
2006 年

## セグメント③「非ビジネス基礎」歴史

### 『竜馬がゆく』

司馬遼太郎
文春文庫、1998年

坂本龍馬は多《た》士《し》済々《せいせい》の幕末においても、特異で強烈な光を放っている。既存の組織や枠組みの中でなくその外《そと》で働け、しかも新しい枠組みを作り出せる力を持っていた。

なぜ、西郷隆盛や勝海舟らは、一介《いっかい》の浪人《ろうにん》である彼に耳を貸したのか。なぜ福井藩主松平春嶽《しゅんがく》は大金を海援隊に出資したのか。なぜみな喜々《きき》として死地に赴《おもむ》いたのか。

それこそが彼の持つ「ビジョン」の力だったのだろう。

渡航経験のなかった彼は、主に書に学び、欧米の、「カンパニー」（会社）、「ネイション」（統一国家）、「入札《いりふだ》による君主指名」（大統領の直接選挙制度）を理解していた。そしてそれらをベースに彼は、次の日本がどういう形であるべきかを明確に描き、語っていった。竜馬は叫んだ。「みな共に、きょうから日本人じゃ」

## 『樅ノ木は残った』

山本周五郎
新潮文庫、2003年

山本周五郎の代表作『樅ノ木《もみのき》は残った』は、孤独に耐える伊達《だて》藩家老《かろう》原田甲斐《かい》の物話だ。藩を取りつぶそうとする幕府の策謀《さくぼう》から逃れるために、彼は味方をも欺《あざむ》き、悪評にめげず戦い抜く。そのための覚悟は峻烈《しゅんれつ》だ。

「人は誰でも、他人に理解されないものを持っている」

「もっとはっきり云えば、人間は決して他の人間に理解されることはないのだ。親と子、良人と妻、どんなに親しい友達にでも」

「人間はつねに孤独だ」

幼君《ようくん》を守るため、彼はひとり自分を鼓舞《こぶ》する。

「自分を信じ、自分を強くしろ。世評《せひょう》などに惑《まど》わされて人を信ずるのは、それだけで敗北者だ、しっかりしろ」

原田甲斐に対する「伊達騒動の首謀者《しゅぼうしゃ》」という従来の見方を一変させた快作である。

## 『ダ・ヴィンチ・コード』

ダン・ブラウン
角川文庫、2006年

『ダ・ヴィンチ・コード』世界7000万部の大ベストセラーだ。中核とした「事実」が「偽書《ぎしょ》」「架空《かくう》」とわかったために種々の批判もあるが、娯楽歴史小説と割り切ろう。

ダン・ブラウンは主人公に人類最強の書「聖書」について語らせる。

「聖書は人の手によるものだということだ。神ではなくてね」「今日の形に聖書をまとめたのは、異教徒のローマ皇帝であったコンスタンティヌス帝だ」「コンスタンティヌスは資金を提供して新たな聖書を編纂《へんさん》するように命じ、イエスの人間らしい側面を描いた福音書《ふくいんしょ》を削除させ、神として描いた福音書を潤色《じゅんしょく》させた」

「神の子イエス」も同じだ。もともとは、「神」がいて、その「伝道者」たるイエスがいた。それではイエスの位置づけが弱すぎる、ということで会議が開かれた。「〝神の子〟というイエスの地位は、ニケーア公会議で正式に提案され、投票で決まったものだ」

ちゃんと疑いを持とう。世の常識こそは時の権力者、過去の権力者によって「つくられたもの」かもしれないのだ。

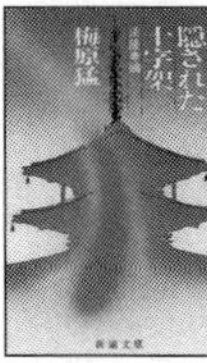


## 『隠された十字架――法隆寺論』

梅原猛、新潮文庫
1981年

1972年に出たこの書は、世に衝撃をもたらした。聖徳太子が仏教普及のために創《そう》建《けん》した法隆寺《ほうりゅうじ》はその後、その一族の怨霊《おんりょう》を鎮《しず》めるための寺となっていたというのだ。まさか歴史学に「怨霊」が登場するとは！

太子は時の英雄であり、悲劇の人でもあった。次期天皇候補の最右翼でありながら、生涯を皇太子として過ごし、その息子、山背大兄王《やましろのおおえのおう》の代で一族虐殺の目に遭う。陰の主謀者は藤原氏、舞台は法隆寺だ。ところがその後、藤原氏を度重《たびかさ》なる「不運」「不幸」が襲う。これらを「太子の怨霊」のせいと感じた藤原氏が、その魂を鎮めるために焼失した法隆寺を再建し、寄進《きしん》を続けたのだという。

この書で梅原は2つの視点を教えてくれた。ひとつは「寺社建立の理由」へのこだわり。大寺の再建・維持には膨大な経費がかかる。それを藤原氏が元政敵のために行ったのなら、それはなぜか、ということ。

もうひとつは、古代人の「闇」や「怨霊」に対する恐怖心の強さだ（↓380頁）。

「後世につくられたイメージでの聖徳太子（聖人君子）」でなく「その時代に生きた厩《うまや》戸皇子《どのおうじ》」を「その時代の視点」で見つめよう。

## 『神々の流竄《るざん》』

梅原猛
集英社文庫、1985年

出雲大社《いずもたいしゃ》の造りは異様である。

本殿《ほんでん》の「間取り」は、基本的に田の字の造りになっていて、神座《しんざ》は右側奥、左側を向いている。普通、寺社仏閣の本殿・本堂の造りでは、真ん中に正面を向いて神・仏像が安置される。当然、正面の柱の数は偶数だ。それに対し、出雲大社 本殿は正面に三本の柱が立っている。出雲大社に参内《さんだい》するわれわれは、柱の向こうの神様の横顔に、手を合わせているわけだ。

これほど異様な造りは何のためだったのか。「理由」が、あるはずだ。

梅原猛は文献を読み直し、史実を集め、地形を調べ、建物を分析する。そういう総体からひとつの古代の「意思」を読み取ろうとする。

行き着いた答えが「出雲系の神（と言われている神々）はもともと大和《やまと》の出」「大和系・出雲系、各々の神々を信奉《しんぽう》する人々の間での権力闘争が大和で起きた」「これに敗れて出雲系の神々とその信奉者達は出雲に流刑《るけい》となった」「出雲大社はその神々の監獄《かんごく》であり、その造りは神を逃がさぬ為のもの」というものだ。

それまでの古代史学者が頼りにしていた『古事記』『日本書紀』こそは、彼にとっては「権力者の意思の下に改竄《かいざん》・修正されたもの」であった。

★『組織サバイバルの教科書 韓非子』

守屋 淳

日本経済新聞出版社、２０１６年

中国の古典がなぜ現代のわれわれに役立つのだろう？ それは中国が日本より何十倍も広くて複雑だからだ。

日本の国土はしょせん線状。北海道から九州・沖縄に至る２〜３本の線の上に平地はあり、戦うにしても前と後を固めればＯＫ。でも国土が面状で、しかも多種多様な民族を擁《よう》する中国ではそうはいかない。

後ろを固めて前を攻めた途端、左右の国から挟撃《きょうげき》されるから。仮に勝利を収めても、その後の統治は簡単ではない。まさに合従連衡《がっしょうれんこう》、呉越同舟《ごえつどうしゅう》、背水《はいすい》の陣の世界なのだ。

その統治と戦いの智慧《ちえ》から学ぼう！

ヒトの可能性を信じたのが孔子。彼は『論語』で、ヒトは善であり仁（人を愛し尊重すること）と論じた。本来それは君主（統治者）のあり方を説いたものだったが、これを「人間、なんでもやればできる！」と曲解して、日本企業は根性経営に陥った。

しかし、君主も民もしょせん「弱きヒト」。法と秩序で守ってあげなくては、いけない。そう説いたのが中国春秋《しゅんじゅう》・戦国時代の思想家である韓非《かんぴ》だった。その著『韓非子』[6]で彼は厳格な法治主義を唱え、信賞必罰の徹底を主張し、君主権の確立や法による富国強兵などを訴えた。

でも『韓非子』はただの性悪説や信賞必罰《しんしょうひつばつ》主義ではない。

権力を持つ君主がいれば、その部下たちは必ず君主におもねり、正しい判断をしなくなる。いくら法で縛ろうが機密書類を即座にシュレッダーにかけ、過去の書類を改竄する。それでは君主自身が正しい判断ができなくなる。部下の忖度《そんたく》やおもねりや、互いの嫉妬《しっと》をどう防げばいいのだろうか……。

一方部下としても大変。君主の気分ひとつで自分の首が飛ぶのだから。たまたま自分

6_ 全20巻55篇で構成される。

の下に、優秀な若手を見つけちゃったらどうする。その若手を君主に推挙《すいきょ》したら、自分の仕事がなくなるだろう。でも推挙しなかったことが後でバレたら、「信ならず」と左遷《せん》どころか断首《だんしゅ》されるかもしれない。君主の信をどう得つづけるのか……。『韓非子』は君主にとっての統治の書であると同時に、中間管理職に対する「組織サバイバル」の書だ。

この『組織サバイバルの教科書 韓非子』は、『最高の戦略教科書 孫子』に続く、中国史家 守屋淳《あつし》の傑作だ。この1冊で、今の日本企業にとっての『韓非子』と『論語』の価値がわかる。

## 『バガボンド』

井上雄彦（著）／吉川英治（原作）
講談社、1999～2015年（休載中）

井上雄彦の『バガボンド』では4～8の5巻にわたって描かれる、武蔵《むさし》と宝蔵院《ほうぞういん》胤《いん》舜《しゅん》との戦いが秀逸《しゅういつ》だ。宝蔵院流槍術《そうじゅつ》の2代目胤舜は、圧倒的な天賦《てんぷ》の才を誇るがゆえに、自分を高めるに足る相手がいない。そこに現れたのが野人《やじん》武蔵である。胤舜は武蔵を相手に、命の遣《や》り取りレベルの死闘を渇望《かつぼう》する。ただ、強くなるために。

一度は敗れた武蔵だが、山中での修行を通じ「とらわれること」の弱さに気づく。

「心が何かにとらわれれば　剣は出ない」「一本の木にとらわれては　森は見えん」

深夜、森の中、2度目の真剣勝負の中で、武蔵は遂に自在《じざい》の境地を得る。

「この満天から見下ろせば　胤舜も俺も変わりはない」「大丈夫だ　よく見える」

死闘の結末は読んでいただくものとして、著者の本当のメッセージはそのあとに現れる。戦いの後日、傷が癒《い》えた胤舜は祖父に、借りていた真剣の十文字槍を返す。「もう無用」と。その言葉に、胤栄はひとり喜びをかみしめる。

「無刀《むとう》――この世のあらゆる事象の中で　言葉で言い尽くせるものが一体どれほどあろうか」

「理屈ではない　感じるものじゃったんじゃ」

「晴ればれじゃ」

## 歴史書
リスト

『鬼と人と
信長と光秀』
堺屋太一
PHP 文庫
1993 年

『新装版
王城の護衛者』
司馬遼太郎
講談社文庫
2007 年

『晏子』
宮城谷昌光
新潮文庫
1997 年

『花杖記』
山本周五郎
新潮文庫
1981 年

『楽毅』
宮城谷昌光
新潮文庫
2002 年

『華栄の丘』
宮城谷昌光
文春文庫
2003 年

『介子推』
宮城谷昌光
講談社文庫
1998 年

★

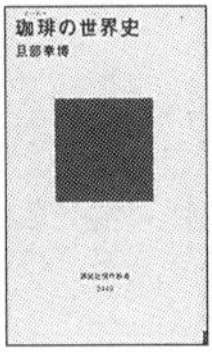


『珈琲の世界史』
旦部幸博
講談社現代新書
2017 年

★

『空海の風景』
司馬遼太郎
中公文庫
1994 年

★

『清須会議』
三谷幸喜
幻冬舎
2012 年

『花神』
司馬遼太郎
新潮文庫
1976 年

『猿丸幻視行』
井沢元彦
講談社文庫
2007年

『崑崙の玉』
井上靖
文春文庫
1974年

『五郎治殿御始末』
浅田次郎
新潮文庫
2009年

『胡蝶の夢』
司馬遼太郎
新潮文庫
1983年

★

『戦略の本質』
日本経済新聞出版社
野中郁次郎
2005年

★

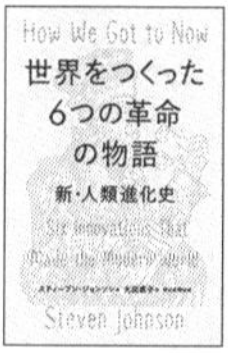


『世界をつくった
6つの革命の物語』
スティーブン・ジョンソン
朝日新聞出版
2016年

『新十八史略』
駒田信二・常石茂他
河出文庫
2015年

『写楽殺人事件』
高橋克彦
講談社文庫
1986年

『天才力 三巨匠と
激動のルネサンス』
雨宮紀子
世界文化社
2013年

『長城のかげ』
宮城谷昌光
文春文庫
1999年

『蒼龍』
山本一力
文春文庫
2005年

『蒼穹の昴』
浅田次郎
講談社文庫
2004年

『図書館の誕生』
ライオネル・カッソン
刀水書房
2007 年

『峠』
司馬遼太郎
新潮文庫
2003 年

『塔』
梅原猛
集英社文庫
1985 年

『天平の甍』
井上靖
新潮文庫
1964 年

『武士の家計簿』
磯田道史
新潮新書
2003 年

『日御子』
帚木蓬生
講談社文庫
2014 年

『恨の法廷』
井沢元彦
徳間文庫
1995 年

『豊臣秀長』
堺屋太一
PHP 文庫
2015 年

『孟夏の太陽』
宮城谷昌光
文春文庫
1994 年

★

『名画は嘘をつく 2』
ビジュアルだいわ文庫
木村泰司
2015 年

『壬生義士伝』
浅田次郎
文春文庫
2002 年

『水底の歌
柿本人麿論』
梅原猛
新潮文庫
1983 年

★

『酔っぱらいの歴史』
マーク・フォーサイズ
青土社
2018年

『義経はここにいる』
井沢元彦
徳間文庫
2005年

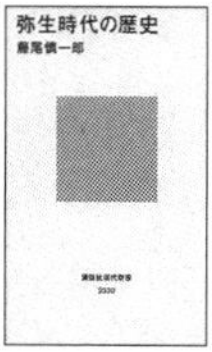


『弥生時代の歴史』
藤尾慎一郎
講談社現代新書
2015年

『孟嘗君』
宮城谷昌光
講談社文庫
1998年

『あさきゆめみし
完全版』
大和和紀
講談社
2008年

★ マンガ

『阿・吽』
おかざき真里
小学館
2014年

『現代語訳
論語と算盤』
渋沢栄一
守屋敦（訳）
ちくま新書
2010年

『米内光政』
阿川弘之
新潮文庫
1982年

★

『乙嫁語り』
森薫
エンターブレイン
2009年

★

『ヴィンランド・サガ』
幸村誠
講談社
2006年

『暗黒神話』
諸星大二郎
集英社文庫
1996年

『アド・アストラ
スキピオとハンニバル』
カガノミハチ
集英社
2011年

『蒼天航路』
李學仁／王欣太
講談社
1995年

『諸怪志異』
諸星大二郎
光文社
2011年

★

『角川まんが学習シリーズ日本の歴史』
山本博文
KADOKAWA
2015年

『陰陽師』
岡野玲子／夢枕獏
白泉社
1999年

『日出処の天子完全版』
山岸凉子
メディアファクトリー
2011年

『はいからさんが通る』
大和和紀
講談社
2002年

『東周英雄伝』
鄭問
講談社
1990年

『チェーザレ 破壊の創造者』
惣領冬実
講談社
2006年

★

『レイリ』
岩明 均
秋田書店
2016年

『雪の峠・剣の舞』
岩明均
講談社
2001年

『ヘウレーカ』
岩明均
白泉社
2002年

『ヒストリエ』
岩明均
講談社
2004年

非ビジネス基礎

セグメント③

## 「非ビジネス基礎」プロフェッショナル・心理・哲学

### 『簡単に、単純に考える』

羽生善治
PHP文庫、2004年

稀代の棋士羽生善治[7]は言う。形勢不利なら、相手を混沌《カオス》に引き摺《ず》り込むと。

「自分が不利になったときにはどこかで逆転しなくてはならないわけですが、自分の力だけでは逆転するのは難しくて、相手が自分と同じようなミスをどこかでしてくれないとひっくり返すことはできないんです」「普通に決着をつけにいったら必ず一手足りないわけですから、決着を急がないでできるだけ難しい局面にもっていこうとはする」「争点がはっきりしているとそこを攻められるので、なるべく混沌《こんとん》とした状況をつくり出せば勝機が出てくる場合もあります」

経験や知識が役に立たない場所では、素《す》の力こそがものをいう。その場で局面を読み、考え、決断する力だ。それを鍛え、相手を混沌に誘い、大逆転を!

7_1996年2月に史上初の7冠独占を達成。2017年12月には永世7冠、2019年6月には通算勝利数で歴代1位(1434勝)に。

## 『MASTERキートン 完全版』

浦沢直樹、勝鹿北星
小学館、２０１１年

しがない保険会社の調査員 平賀《ひらが》キートン太一は、イギリス西南の果てコンウォール（Cornwall）で育った。物語そのものは毎回、歴史と事件が絡《から》んだもの。彼がアマチュア考古学者であり、元特殊部隊員だからだ。彼はＳＡＳ[8]でサバイバル術の教官を務め、達人《マスター》キートンとあだ名されていた。キートンは卓越《たくえつ》した観察眼と危機克服能力をもって事件を解決し、人の心を開いてゆく。

彼の幼少時の回想シーンの中、顔見知りのバス運転手がキートンに語りかける。

「キートン、お前はきっと人生の達人（マスター・オブ・ライフ）になれる。いい目をもっているからな」

同じ風景を見ても、見えるものは人によって違う。同じ文章を読んでも気がつくことは違う。同じ経験をしても学ぶものは違う。物事の本質を見いだす力、美しさや優しさを感じる力、そういったものがきっと「いい目」なのだろうと思う。

１９９２年の夏、私はコンウォールを旅した。その海の色をこの目で見るために。

8_Special Air Service：英国陸軍 特殊空挺部隊

★

## 『実践 行動経済学』

リチャード・セイラー
キャス・サンスティーン、日経BP、2009年

著者は2017年にノーベル経済学賞[9]を得た行動経済学の権威、リチャード・セイラー。そしてこの『実践行動経済学』の原題は『Nudge《ナッジ》』、つまり人に何かの行動を促すための「ちょっとした一押し」だ。

大きな政策や広告も良いが、ヒトはほんのちょっとしたことでその行動が大きく左右される。そのポイントを正しく突けば、人は副題通り「健康、富、幸福へのより賢明な選択」をなすようになるのだ。……ホントかな？ 本当だ。

たとえばヒトは選択肢が多いことを望むが、その現状維持バイアス（つまり惰性）により実は「デフォルトの選択肢」をもっとも好む。同じ欧州各国でも、運転免許証の臓器提供意思表示欄でのデフォルトが、拒否（正確には、意思表示したときだけ受諾と見なす＝オプト・イン）であるドイツでは同意率が12％だが、受諾（意思表示しなければ受諾と見なす＝オプト・アウト）であるオーストリアやフランスでは同意率がなんと99％に達するという。

9_ 正式名称は「アルフレッド・ノーベル記念経済学スウェーデン国立銀行賞」。ノーベル財団は「ノーベル賞」としては認めていない。

同時にヒトは「多くの人が正しいと考えること」や「ほとんどの人が実践していること」を行いたい存在だ。規範の力、とセイラーは呼ぶ。アメリカのイリノイ州では臓器提供意思表示をネットで登録できるようにし、そこでは「イリノイ州の成人の87％は臓器提供者登録が正しいと感じている」「60％が登録している」と謳っている。これで登録者は大幅に伸びたという。

行動経済学とは従来の経済学への反乱だ。ヒトは経済合理性に従わない。多くの強いバイアスを持ち、ちょっとしたことで行動を変え経済を動かす。ナッジとはその象徴なのだ。そしてそれを経済学的に研究し、解き明かすことこそが行動経済学！なんと矛盾に満ちた存在だろう。

興味ある方はティム・ハーフォードの『人は意外に合理的』、ダン・アリエリーの『予想どおりに不合理』を。

日本でももっとナッジを採用しないかなあ。

プロフェッショナル・心理・哲学
リスト

『木に学べ
法隆寺・薬師寺の美』
西岡常一
小学館文庫
2003年

『鵤工舎の仕事』
塩野米松
文藝春秋
2008年

★ プロフェッショナル

『新たな"プロ"の
育て方』
原田宗亮
クロスメディア・マーケティング
2017年

『銀嶺の人』
新田次郎
新潮文庫
1979年

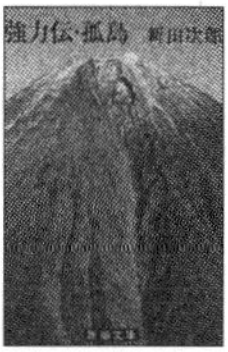


『強力伝・孤島』
新田次郎
新潮文庫
1965年

『狂言サイボーグ』
野村萬斎
文春文庫
2013年

『木のいのち
木のこころ
天・地・人』
西岡常一／小川三夫／
塩野米松
新潮文庫
2005年

★

『チャーチル・ファクター』
ボリス・ジョンソン
プレジデント社
2016年

★

『ゼロからの
プレゼンテーション』
三谷宏治
プレジデント社
2017年

『集中力』
谷川浩司
角川 one テーマ 21
2000年

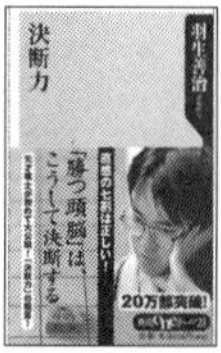


『決断力』
羽生善治
角川 one テーマ 21
2005年

『笛師』
新田次郎
講談社文庫
1975 年

『火の島』
新田次郎
新潮文庫
1976 年

『棟梁　技を伝え、
人を育てる』
小川三夫／塩野米松
文春文庫
2011 年

『帝国ホテル
厨房物語』
村上信夫
日経ビジネス人文庫
2004 年

★

『未来のイノベーターは
どう育つのか』
トニー・ワグナー
英治出版
2014 年

『プロジェクトX 新・リー
ダーたちの言葉』
今井彰
文春文庫
2006 年

『プロジェクトX
リーダーたちの言葉』
今井彰
文春文庫
2004 年

『プラネタリウムを
作りました。』
大平貴之
エクスナレッジ
2010 年

★

『人の心は読めるか?』
ニコラス・エプリー
早川書房
2015 年

『捜査心理学』
渡辺昭一（編）
北大路書房
2004 年

心理

『選択の自由』
ミルトン・フリードマン他
日経ビジネス人文庫
2002 年

『連戦連敗』
安藤忠雄
東京大学出版会
2001 年

★

『ヤバい経済学』
スティーヴン・D・レヴィット、スティーヴン・J・ダブナー
東洋経済新報社
2006年

★

『まっとうな経済学』
ティム・ハーフォード
ランダムハウス講談社
2006年

『不合理だから
うまくいく』
ダン・アリエリー
ハヤカワ・ノンフィクション文庫
2014年

『人は意外に合理的』
ティム・ハーフォード
武田ランダムハウスジャパン
2008年

哲学

『人生の教科書
[よのなかのルール]』
藤原和博／宮台真司
ちくま文庫
2005年

『孤立無援の思想』
高橋和巳
岩波書店（同時代ライブラリー）
1991年

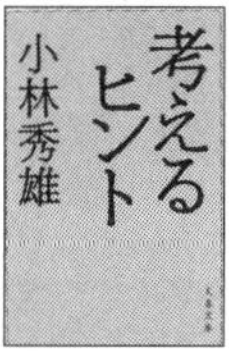


『考えるヒント』
小林秀雄
文春文庫
2004年

『予想どおりに不合理』
ダン・アリエリー
ハヤカワ・ノンフィクション文庫
2013年

★

『続・哲学用語図鑑』
田中正人
プレジデント社
2017年

『哲学用語図鑑』
田中正人
プレジデント社
2015年

『哲学書で読む
最強の哲学入門』
竹田青嗣（監修）
学研パブリッシング
2013年

★

『超訳 哲学者図鑑』
富増章成
かんき出版
2016年

★

『法哲学入門』
長尾龍一
講談社学術文庫
2007 年

★

『ヘタな人生論より徒然草』
荻野文子
河出文庫
2006 年

『100 分 de 名著「老子」』
蜂屋邦夫
NHK 出版
2013 年

★

『NHK「100 分 de 名著」ブックス
パスカル パンセ』
鹿島茂
NHK 出版
2013 年

★

『ストーリー』
戸田誠二
宙出版
2004 年

マンガ

『おたんこナース』
佐々木倫子
小学館
1995 年

『私たちは
どこから来て、
どこへ行くのか』
宮台真司
幻冬舎
2014 年

『わが解体』
高橋和巳
河出文庫
1997 年

『湾岸ミッドナイト』
楠みちはる
講談社
1993 年

『もやしもん』
石川雅之
講談社
2005 年

『Heaven?』
佐々木倫子
小学館
2005 年

『ブラック・ジャック』
手塚治虫
秋田書店
1974 年

セグメント④

# 「非ビジネス新奇」

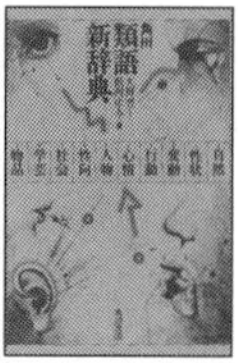

## 『角川類語新辞典』

大野晋／浜西正人
角川書店、1981年

「憲法」は米語でthe Constitution（合衆国憲法）、そしてconstitutionには定款《ていかん》、国家構造、法令、慣行《かんこう》の他にも、体格、体質、気質、組成《そせい》といった意味がある。憲法という言葉に込められたヒトの意思が、見えてくる。

『角川類語新辞典』でもそうだ。そこでは、この世のすべて（の言葉）が10×10の100に分類され、その中で更に細分類され、そこでの類語が並べられている。

たとえば、①大分類の3が「行動」、②その4つ目が33「陳述《ちんじゅつ》」、③「陳述」は、発言、沈黙、進言、談話、相談、議論、問答、説明、演説、主張、の10に分けられる、④そのひとつ「進言」には、言上《ごんじょう》、啓上《けいじょう》、建言《けんげん》、献言《けんげん》、建白《けんぱく》、建議《けんぎ》、などなど61の類語が挙げられ、その意味や差異が解説される、といった具合。

恐るべき知の体系であり、言葉に潜む意味を探るのに最適なツールだ。

『言葉の海へ』
高田宏
新潮文庫、1984年

「猫《ねこ》」は「寝る子」の略。

日本で最初につくられた国語辞典『言海《げんかい》』には、そう解説されている。

『言海』の編纂《へんさん》は、日本という国の言葉を定めるという国家的事業でもあった。中心は大槻文彦《おおつきふみひこ》。文部省勤務時代にその任を命ぜられ11年をかけて完成させた。なのに文部省には出版予算がないという。ついには自費出版を決意し、その3年後から2年かけて刊行した。

『言海』の増補拡張版が『大言海』。

復刻版が今でも売られている。旧仮名遣《づか》いで、文語体で、読みづらいこと甚《はなは》だしいが、言葉にこだわる者としては必携《ひっけい》。特に言葉の「語源」に強く、明治初期における語源研究の集大成ともいえる。

この『言海』の誕生物語は新潮文庫の『言葉《ことば》の海《うみ》へ』で。『舟を編む』より面白いかも（笑）

★

## 『最後の秘境 東京藝大』

二宮敦人
新潮文庫、2019年

これは東京藝術《げいじゅつ》大学、略して「藝大《げいだい》」のお話である。藝大生を妻にもつ著者が、多数のインタビューを通じて藝大の実態解明に挑んだ書なのだ。

上野駅の公園口から歩くと、東京文化会館、国立西洋美術館、東京都美術館、東京国立博物館を越えて藝大に辿《たど》りつく。キャンパスは左右に分かれ、右が音楽学部のある「音校」、左が美術学部のある「美校」だ。どっちも芸術系の大学としては最難関で、才能溢《あふ》れる若者の巣窟である。そしていずれも就職先は極めて限られる。音校生は入学後すぐに10万円かけてプロフィール写真を撮る。同級生はもれなく、数少ないオーケストラの席を奪い合うライバルである。一方美校生には就職という概念がない。あまりの食えなさに仲間意識が強い。

音校では教授は絶対的存在。特に邦楽科《ほうがく》では「師匠」である。学生はレッスンの30分前には集合し、部屋を整え、譜面《ふめん》を読み、心を整える。当然のようにレッスンは定刻に始まる。

美校ではそもそも教授会に教授自身が定刻に来ない。下手すると雨が降っただけで休講になる。学生の作品への講評も「愛だね！」で終わったりする。どうも美術とは、他人に教えられるものではないらしい。

ましてや毎年の新入生への学長挨拶には、こんな一節が入っていたりする。「キミたちは、この中にたったひとりいるかもしれない天才の、ライバルに過ぎないのだ」

いや、学生たちも覚悟と自負をもってここにいる。「音楽って、生きていくうえでなくてもよいものなんです。でも、長い年月をかけて発展してきました。やっぱり、なくてはならないものなんだなって思います」「『私たちは音楽の末端でしかない。しかしその末端は本当に美しくなければならない』って先生に言われました。本当にそうだと思っていて。私は、音楽の一部になりたいんです」

卒業後、半分は「行方不明」になるという藝大生たちよ。ガンバレ。私は応援しているよ。

## 『動物のお医者さん』

佐々木倫子
白泉社、1989〜1994年

このマンガで、心の硬さチェックだ。純粋さを素直に笑えないようでは重症、余裕度ゼロだ。純粋といえば「子ども」か「動物」、ということで、チェックの素材としては佐々木倫子《のりこ》やあずまきよひこのものが最適だろう。

佐々木倫子の『動物のお医者さん』はH大獣医学部（どう読んでも北海道のH）を舞台にした、動物ものだ。主人公ハムテル（本名 西根公輝《きみてる》）は獣医を目指す学生なのだが、毎回のテーマが見事に動物。巻末にはいつも数十名に及ぶ「取材協力者」の名前が並ぶ。

というわけで動物関係の蘊蓄《うんちく》構築にも役立つが、私は所々出てくるチョビ（ハムテルの愛犬。シベリアンハスキー……）のセリフが好きだ。もちろん声を出して喋《しゃべ》るわけではない。「ゴメンね」とか「なに、それ？」とかちょっとした合いの手のようなものだ。

これが、いい。

## 『よつばと』

あずまきよひこ
KADOKAWA、2003年〜

『よつばと!』はまったくの日常がテーマだ。主人公は最近ド田舎（海外のどこか）から、町に越してきた推定6才の女の子よつば。「とーちゃん」曰《いわ》く「外国に行ったとき拾ってきて、なぜか育てることになった」そうな。

このとてつもなく無邪気で純粋な子どもが、隣家の3姉妹を巻き込んで引き起こす、小さな出来事がユーモアたっぷりに綴《つづ》られていく。

よつばに複雑さは通用しない。楽しいものは楽しいし、コワいものはコワい。特に鳥除けの大きな目玉の風船は大嫌い。にわか雨は大好き。雷が鳴れば長靴を履いて傘なしで外に飛び出す。打上花火を初めて見て感動し「おっきーなー」「はなや意味ねーなー」と叫び、花屋のあんちゃんを焦らせる。

彼女は「無敵だ」

## 『ぼのぼの』

いがらしみきお
竹書房、1987年〜

空白にこそ余韻《よいん》や空想がある。『ぼのぼの』はそういう空白に溢れている。

主人公ぼのぼの（ラッコ）を中心に、アライグマ、シマリスといった子どもたちが森の中でいろいろなことに遭遇《そうぐう》し、探究し、少しずつ（たぶん）成長していく。周りを取り巻く大人（の動物）たちは、妙に哲学的でその発言は意味深《いみしん》だ。スナドリネコ、ヒグマの大将、カシラ（ひぐま）、長老さま（シャチ）、アライグマ君のお父さん、みなそれぞれの哲学をもっている。

しかし、もっとも味わうべきはこのマンガに満ちる「間《ま》」だ。4（や8）コマは起承転結にならずに承や転で終わったりするし、狭い画面のはしっこだけ使ってその外を想像させる。これは、読者の「時間」を遅くするための手法、ではないか。焦って読み進んでも、この面白さは味わえない。

時間の余裕と心の余裕《ヒマ》をもって、人としての進化を遂げよう！（474頁参照）

## 新奇
リスト

★ marks three of the covers in the first two rows (『生きるぼくら』, 『具体と抽象』 and 『失敗図鑑 すごい人ほどダメだった!』) and two in the third row (『失敗図鑑 すごい人ほどダメだった!』 and 『「在宅ホスピス」という仕組み』).

『海辺のカフカ』
村上春樹
新潮文庫
2005年

『いま、会いにゆきます』
市川拓司
小学館文庫
2007年

★

『生きるぼくら』
原田マハ
徳間文庫
2015年

★

『具体と抽象』
細谷功
dZERO
2014年

『きよしこ』
重松清
新潮文庫
2005年

『カラフル』
森絵都
文春文庫
2007年

『風の歌を聴け』
村上春樹
講談社文庫
2004年

★

『失敗図鑑 すごい人ほどダメだった!』
大野正人
文響社
2018年

『辞書を編む』
飯間浩明
光文社新書
2013年

『ジェネラル・ルージュの凱旋』
海堂尊
宝島社文庫
2009年

★

『「在宅ホスピス」という仕組み』
山崎章郎
新潮選書
2018年

★

『戦略子育て』
三谷宏治
東洋経済新報社
2018 年

『1973 年のピンボール』
村上春樹
講談社文庫
2004 年

『世界の中心で、愛をさけぶ』
片山恭一
小学館文庫
2006 年

『失敗の本質』
野中郁次郎 他
中公文庫
1991 年

★

『読破できない難解な本がわかる本』
富増章成
ダイヤモンド社
2019 年

『チーム・バチスタの栄光』
海堂尊
宝島社文庫
2007 年

『新編 大言海』
大槻文彦
冨山房
1982 年

★

『戦略読書』
三谷宏治
ダイヤモンド社
2015 年

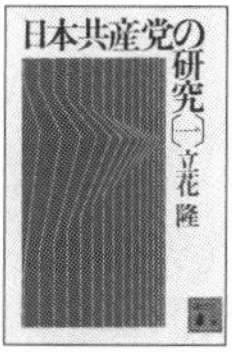


『日本共産党の研究』
立花隆
講談社文庫
1983 年

『西の魔女が死んだ』
梨木香歩
新潮文庫
2001 年

『ナイチンゲールの沈黙』
海堂尊
宝島社文庫
2008 年

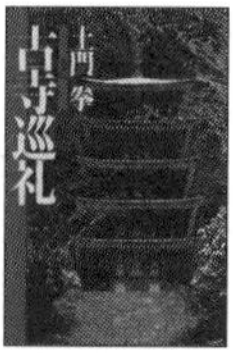


『土門拳 古寺巡礼』
土門拳
小学館
1998 年

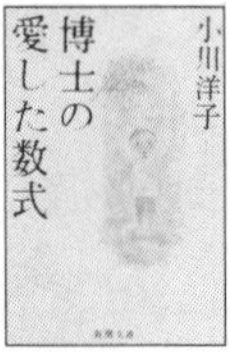


『博士の愛した数式』
小川洋子
新潮文庫
2005 年

『ノルウェイの森』
村上春樹
講談社文庫
2004 年

『残りの人生で、今日がいちばん若い日』
盛田隆二
祥伝社
2015 年

『ねじまき鳥クロニクル』
村上春樹
新潮文庫
1997 年

『ブラックペアン 1988』
海堂尊
講談社文庫
2012 年

★

『平場の月』
朝倉かすみ
光文社
2018 年

『羊をめぐる冒険』
村上春樹
講談社文庫
2004 年

『橋をかける』
美智子
文春文庫
2009 年

『大草原の小さな家』
ローラ・インガルス・ワイルダー
福音館文庫
2002 年

絵本・児童書

『星の王子さま』
サン＝テグジュペリ
新潮文庫
2006 年

『猛スピードで母は』
長嶋有
文春文庫
2005 年

『本命』競馬シリーズ
ディック・フランシス
ハヤカワ文庫
1976 年

『100万回
生きたねこ』
佐野洋子
講談社
1977年

『八郎』
斎藤隆介（作）
滝平二郎（画）
福音館書店
1967年

『きょうりゅう
一ぴきください』
竹下文子（著）
高畠純（絵）
偕成社
1994年

『あしながおじさん』
ジーン・ウェブスター
新潮文庫
1954年

★ マンガ

『サトコとナタ』
ユペチカ
星海社COMICS
2017年

★

『わたしのわごむは
わたさない』
ヨシタケシンスケ
PHP研究所
2019年

★

『よあけ』
ユリー・シュルヴィッツ
福音館書店
1977年

『モチモチの木』
斎藤隆介（作）
滝平二郎（画）
岩崎書店
1971年

★

『夜廻り猫』
深谷かほる
講談社
2017年

『やさぐれぱんだ』
山賊
小学館文庫
2007年

『蟲師』
漆原友紀
講談社
2000年

『二週間の休暇』
フジモトマサル
講談社
2007年

本書は、２０１５年12月にダイヤモンド社から刊行された『戦略読書』を文庫化にあたって大幅に加筆修正したものです。

日経ビジネス人文庫

戦略読書《せんりゃくどくしょ》〔増補版《ぞうほばん》〕

2020年6月1日　第1刷発行
2020年6月18日　第2刷

著者
三谷宏治
みたに・こうじ

発行者
白石 賢

発行
日経BP
日本経済新聞出版本部

発売
日経BPマーケティング
〒105-8308 東京都港区虎ノ門4-3-12

ブックデザイン
小口翔平・喜來詩織（tobufune）

本文DTP
マーリンクレイン

印刷・製本
中央精版印刷


Printed in Japan ISBN978-4-532-19977-7

nbb 好評既刊

## 35歳からの勉強法
齋藤 孝

勉強は人生最大の娯楽だ！　音楽・美術・文学など興味ある分野から楽しく教養を学び、仕事も人生も豊かにしよう。齋藤流・学問のススメ。

## 佐藤可士和のクリエイティブシンキング
佐藤可士和

クリエイティブシンキングは、創造的な考え方で問題を解決する重要なスキル。トップクリエイターが実践する思考法を初公開します。

## LEAN IN
シェリル・サンドバーグ
川本裕子＝序文
村井章子＝訳

日米で大ベストセラー。フェイスブックCOOが書いた話題作、ついに文庫化！　その「一歩」を踏み出せば、仕事と人生はこんなに楽しい。

## サイゼリヤ　おいしいから売れるのではない　売れているのがおいしい料理だ
正垣泰彦

「自分の店はうまい」と思ってしまったら進歩はない――。国内外で千三百を超すチェーンを築いた創業者による外食経営の教科書。

## 自分をあきらめない　20の人生の物語
日本経済新聞社＝編

糸井重里、山本耀司、増田明美、髙樹のぶ子――。いくつもの苦難に直面しながらも、前向きに、納得できる生き方を貫いてきた20人の生き様。

nbb 好評既刊